本书是国家民委民族研究后期资助项目
"选择与适应：海南黎族习俗变迁研究"（2017 – GME – 030）
中南民族大学中央高校基本科研业务费专项资金资助项目
"海南黎族习俗六十年变迁与发展研究"
（CSH17005） 的结项成果

中 南 民 族 大 学 民 族 学 文 库

选择与适应

海南牙开村黎族习俗变迁研究

范 军 著

中国社会科学出版社

图书在版编目（CIP）数据

选择与适应：海南牙开村黎族习俗变迁研究／范军著 . —北京：
中国社会科学出版社，2018.9
（中南民族大学民族学文库）
ISBN 978 - 7 - 5203 - 3202 - 6

Ⅰ. ①选… Ⅱ. ①范… Ⅲ. ①黎族—少数民族风俗习惯—变迁—
研究—海南 Ⅳ. ①K892. 381

中国版本图书馆 CIP 数据核字（2018）第 214869 号

出 版 人	赵剑英
责任编辑	郑 彤
责任校对	周 昊
责任印制	李寡寡

出 版	中国社会科学出版社
社 址	北京鼓楼西大街甲 158 号
邮 编	100720
网 址	http://www. csspw. cn
发 行 部	010 - 84083685
门 市 部	010 - 84029450
经 销	新华书店及其他书店

印 刷	北京君升印刷有限公司
装 订	廊坊市广阳区广增装订厂
版 次	2018 年 9 月第 1 版
印 次	2018 年 9 月第 1 次印刷

开 本	710×1000 1/16
印 张	18
字 数	270 千字
定 价	75. 00 元

凡购买中国社会科学出版社图书，如有质量问题请与本社营销中心联系调换
电话:010 - 84083683

总　序

　　民族学是中南民族大学的特色学科、优势学科，曾先后被评为国家民委重点学科、湖北省重点学科、湖北省优势学科。中南民族大学民族学学科形成了从预科、本科到硕士、博士、博士后完整的人才培养链条。民族学本科专业是教育部特色品牌专业、湖北省特色优势专业，马克思主义民族理论与政策是国家级精品课程、国家精品资源共享课程。拥有民族学一级学科博士点、一级学科硕士点，其中，一级学科博士点下设民族学、马克思主义民族理论与政策、中国少数民族史、中国少数民族经济、中国少数民族艺术、民族教育、民族法学和少数民族语言文学8个二级学科博士点，一级学科硕士点下设民族学等5个二级学科硕士点，设立有民族学专业博士后科研流动站。在2013年教育部公布的学科评估中，中南民族大学民族学在全国同类学科中排名第四，保持了在该学科中的领先水平。

　　中南民族大学民族学历史悠久，底蕴深厚。早在1951年，由我国著名民族学家岑家梧教授领衔，学校创建了民族研究室。20世纪五六十年代，以岑家梧、严学宭、容观琼、刘孝瑜等先生为代表的一批学者，积极开展民族研究工作，参与了新中国成立初期的全国民族大调查，并为京族、毛南族、土家族、黎族等中南、东南地区的民族识别做出了突出贡献。1983年，著名民族学家、社会学家吴泽霖先生在中南民族学院创建了国家民委直属重点研究机构——民族研究所，由此民族学学科发展迅速。20世纪八九十年代，在吴泽霖先生的带领下，涌现了彭英明、吴永章、吴永明、答振益、李干、张雄、刘美崧、杨清震等一批具有全国影响的专家，在南方少数民族历史与文化、马克思主义民族理论与政策、少数民族经济等研究领域取得了一大批突出的成果。

近十余年来，中南民族大学大力开展民族学学科群建设，在进一步突出民族学传统学科方向和研究领域的同时，以民族学一级学科为平台，形成了民族教育、民族法学、民族语言文学、民族艺术、民族药学等多个特色交叉学科，学科覆盖面日益扩大。学科发展支撑条件优势明显，现有湖北省南方少数民族研究中心、国家民委南方少数民族非物质文化遗产研究中心、国家民委中国城市民族与宗教事务治理研究中心、国家民委少数民族教育发展研究基地、国家民委民族团结进步创建活动研究中心、湖北省中国少数民族审美文化研究中心、湖北省民族地区经济社会发展研究中心、湖北少数民族非物质文化遗产保护基地、湖北省民族立法研究中心、湖北区域历史文化研究基地和中国人类学民族学研究会散杂居民族问题研究专业委员会等十余个省部级研究中心和研究基地。2016 年，获批国家民委"武陵山片区减贫与发展协同创新中心"，同时，中国武陵山减贫与发展研究院、中南民族大学与湖北恩施州共建的"恩施发展研究院"也依托该一级学科。

该学科条件优良，设施完备，团队实力雄厚。建有藏书十万余册的"民族学人类学文献资料中心"、设施完备的"民族学人类学田野调查实验室"，拥有国内第一家民族学博物馆，馆藏民族文物 2 万余件。学科还打造了国家民委创新团队"民族文化传承与发展创新团队"，以及南方少数民族历史文化研究、散杂居民族研究、南方少数民族非物质文化遗产、民族社会发展研究、中国边疆民族与宗教问题研究、民族地区减贫与发展等校级资助的研究团队。

学科现有专职研究人员 79 人，其中教授 33 人，副教授 38 人，博士生导师 20 余人。学科团队结构合理，具有雄厚的教学科研实力。学科带头人雷振扬、段超、许宪隆、田敏、柏贵喜、李吉和、李俊杰、李忠斌、康翠萍、哈正利、闫天灵等学者表现突出，在中国特色民族理论与民族政策、南方民族历史文化、散杂居民族问题、城市民族问题、少数民族非物质文化遗产保护、民族地区社会发展、民族地区减贫与区域发展、民族教育与管理等研究领域取得一大批最新成果，形成新的研究特色和学科优势。高层次学科专家发挥重要影响，有国务院学位委员会学科评议组专家 1 人、国家"万人计划" 1 人、国家社科基金评委 2 人、国家出版基金评委 2 人、"新世纪百千万人才工程"人才 3 人、享受国务院津贴专家 5 人、国家民委领军人才 1 人、国家民委突出贡献专家 4 人、教育部新世纪优秀人才计划支持人选 4 人，另有湖北省突出贡献专家、国家民委民族问题优秀青年专家、国家民委中青年英才等多人。近 20 余人次担任国家级学会及省部级学会的会长、副会长、秘书长和常务理事。

中南民族大学民族学学术研究成果丰硕，近 5 年就累计主持完成国家级和省部级科研课题 140 余项，承担国家社科基金重大项目、教育部哲学社科重大攻关项目 5 项，主持国家社科基金 63 项；发表核心期刊论文和出版专著 230 篇（部），40 余项成果获教育部及省部级奖，其中教育部人文社科优秀成果奖 5 项，省部级一、二等奖 20 余项。部分成果为国家级及省部级领导批示或地方政府采纳，在服务民族地区经济社会发展方面做出了突出贡献。

当前，国家正在统筹推进以建设一流大学和一流学科为主旨的"双一流"建设，我们将以此为契机，以建设一流师资队伍、培养拔尖创新人才、取得标志性科研成果、传承创新优秀文化、切实服务民族社会为抓手，不懈努力，开拓创新，争创一流民族学学科。为及时推出中南民族大学民族学学科建设的最新成果，特编辑出版《中南民族大学民族学文库》，以期为中国民族学学科发展做出新的贡献。

目　录

绪　　论

　　黎族是中华民族大家庭中的一员。据海南省 2010 年第六次人口普查资料，截至 2010 年 11 月 1 日零时，海南省总人口为 867.15 万人，其中黎族人口 127.74 万人，占全省总人口的 14.73%。[①] 海南省黎族主要分布在海南岛中部和南部。在数千年的历史长河中，黎族创造了灿烂而独特的文化，黎族文化是我国少数民族文化瑰宝的重要组成部分。1954 年，受原中南民族事务委员会指派，中南民族学院严学窘教授率领中南民族学院研究室的 8 名研究人员，与从广西民族学院、中共华南分局以及广东省、海南行署等相关部门抽调的干部组成"中南海南工作组"，对海南黎族、苗族 20 多个村落进行调查。调查结束后，写成了《海南黎族情况调查》和《海南苗族情况调查》，并内部发行。20世纪 90 年代，《海南黎族情况调查》经过中南民族学院整理，以《海南岛黎族社会调查》[②] 为名公开出版。该书对海南 22 个黎族村寨的人口情况、经济结构、社会组织、物质文化和精神文化等方面进行了深入细致的介绍及分析，是"黎学"研究的一本基础性著作。[③] 海南省五指山市毛阳镇毛路村委会的牙开村就是这 22 个黎族村寨之一。

---

① 海南省统计局网站，http：//www.hi.stats.gov.cn/tabid/185/InfoID/11328/Default.aspx。
② 中南民族学院编辑组：《海南岛黎族社会调查》，广西民族出版社 1992 年版。
③ 王建成：《"黎学"的历史、现状及发展构想》，海南民族文化网，www.hnmzwh.org/read.php？ID＝542。

中华人民共和国成立 60 多年来，牙开村村民的生活已经或者正在发生怎样的变化？这些变化是如何发生的？还将如何继续？带着这样一些问题，笔者前往牙开村进行了田野调查，并试图通过最能直接反映其生活变化的风俗习惯的变迁，描绘黎族社会的具体生活图景，寻找民族文化的发展规律。本书是对牙开村的追踪研究，也是在田野调查基础上的研究性总结。

第一节　研究缘起及意义

一　研究缘起

笔者之所以确定以海南黎族为研究对象，主要出于三个方面的考虑。一是学术传承的使命感。笔者就读与工作的中南民族大学，20 世纪 50 年代对黎族地区所开展的调查，为我们呈现了一幅生动的黎族生活画卷。出于对学术传统的承续，笔者把目光投到远在祖国南部的海南黎族地区。二是对黎族传统文化的仰慕。海南国际旅游岛建设使世界越来越多的人关注海南，"隆闺、船形屋、山栏酒"等具有鲜明黎族特色的文化，也随之受到越来越多人的关注。黎族社会这些独特文化，也吸引着笔者不断去探索和研究。三是对新形势下黎族社会变迁的关切。中华人民共和国成立 60 多年以来，全国的政治、经济、文化、社会都经历了巨大的变革，黎族社会也发生了翻天覆地的变化。如何认识黎族社会的现实景况，如何看待现代社会生活下黎族人的思想、行为、情感等，这些都有必要进行梳理。

究竟怎样才能了解认识一个民族？与人类学、民族学研究密切相关的村庄研究无疑给我们提供了一种认识的方式。20 世纪 30—40 年代，对村庄的民族志描述，明显带有表述整个中国的意图。例如费孝通《江村经济》，就从村庄内部社会结构来探讨社会变迁的动力；林耀华《金翼》则述说了两个家庭面对新的商业社会经济发展方式所进行的调适，从而呈现当时中国农村生活的情景。他们试图通过对一个小村庄进行全景式的民族志研究，来回答整个中国乡村社会生活的本质，而这个初衷可能是难以实现的。费孝通在《云南三村》中所提出的"类型比较"及后来的研究中所提到的"模式"观念，显然已经意识到并且试图解决该问题。正如他在书中所述："相同条件形成的事物就是一个类型，有可能用微型社会学的方法去搜集中国各地农村的类型或模式，而达到接近中国农村社会文化的全面认识。"① 后来，弗里德曼在《中国东南的宗教组织》《中国的宗教与社会：福建和广东》两本书中，提出要运用历史文献的资料和田野调查的资料来反映区域社会的想法。但无论是哪一种研究方法，其最关键、最核心的是"大处着眼，小处着手"的方法论，这也是民族学所需掌握的研究方法。本着这样一种学科方法论，本书的研究聚焦在海南黎族村寨这一微型社区内部。

研究一个微型社区的哪些方面，才能更好地展现其独特的魅力？才能更加深入地了解和认识这个社区？我们经常感叹仅隔一条河一座山、一条路而表现出的语言、习惯等方面的不同，也不禁会问，是什么力量（或观念、或机制）使一个相对独立的区域有着自身的鲜明特色？这其实是民俗学中的一个基本观念，即"十里不同风，百里不同俗"，主要指因地域不同而表现出的文化、生活习惯的差异。这种差异是社区内的每个人每天都在经历的，也是每个人体会最深的，当然暗含的文化价值也是巨大的。正如露丝·本尼迪克特所说："习俗犹如一面透镜，没有这面透镜，社会理论家们将一无所见。"② 基于这样一种考虑，本文拟选择一个村落的习俗作为研究的对象。

有人提出，习俗的变化很细微，通常感觉不到，但确实在变，对此该如何把握？其实，自从人类社会产生以来，人类所从事的一切活动都是在动态的状态下完成的，表现出动态性特征，习俗也不例外。但是，习俗作为文化的重要组成部分，一经形成就将保持其本质特性，并在一

---

① 费孝通：《费孝通文集》第15卷，群言出版社2001年版，第319页。

② ［美］露丝·本尼迪克特：《文化模式》，王炜等译，社会科学文献出版社2009年版，第6页。

定时期里相对稳定，有的形式或内容甚至长久不变，从而表现出文化的静态性特征。习俗的动态是绝对的，静态是相对的。因此我们也可以理解，为什么中外学术界一直对"文化"的概念总是在不同时期有着不同的理解，却能够在总的范畴和原则下达成对"文化"理解的默契。传统社区研究中的共时性结构研究固然重要，但最终必然归结到对文化变迁的考察。作为一名民族学研究者，把握这种特性，及时捕捉其各种变数，会进一步加深对一个民族的理解和认识。

基于这样的思考，本文选择一个黎族村寨作为研究对象，以中华人民共和国成立为起点，研究其习俗60多年来的变迁，并在此基础上分析原因，探寻规律，为民族文化发展更加适应快速变化的社会，寻找一些经验和启迪。

二　研究意义

少数民族文化是中华文化的重要组成部分，是中华民族的共有精神财富。中国共产党和中国政府历来高度重视中华各民族文化的保护传承和创新发展。2014年，习近平总书记在中央民族工作会议中指出："要大力传承和弘扬民族文化，为民族地区发展提供强大精神动力。"2017年，中共中央办公厅、国务院办公厅印发的《关于实施中华优秀传统文化传承发展工程的意见》中明确提出："坚持辩证唯物主义和历史唯物主义，秉持客观、科学、礼敬的态度，取其精华、去其糟粕，扬弃继承、转化创新，不复古泥古，不简单否定，不断赋予新的时代内涵和现代表达形式，不断补充、拓展、完善，使中华民族最基本的文化基因与当代文化相适应、与现代社会相协调。"① 在这样的背景下，研究各民族的文化，尤其是在中国加速现代化的进程中各民族文化所发生的变迁，就显得特别重要。本选题的意义主要体现在以下几个方面。

第一，有利于学术传承，弥补黎族研究的不足。中华人民共和国

---

① 《关于实施中华优秀传统文化传承发展工程的意见》，《人民日报》2017年1月26日。

成立 60 多年来，海南黎族社会发生了巨大的改变，但目前学术界较少对此进行专门系统的理论研究与总结梳理。本书在原有调查材料的基础上，继续开展对原调查点的田野调查研究，体现了较强的连续性、积累性和传承性，是对学术前辈研究工作的自觉接应，也是对他们学术成就的理性尊重。从已有的学术研究来看，学者们走进黎村，收集整理资料，陆续出版了许多较有影响的论著、史料专辑，既有关于黎族文化的史料性、综合型研究，也有对黎族文化的具体研究。但从研究的总体而言，重视历史研究较多，关注现实较少；注重民族志记录较多，深层分析较少。随着海南经济社会加快转型，目前亟待补充和拓展对黎族的研究，尤其亟待针对改革开放过程中黎族文化的保护传承、开发利用等问题展开深入研究。本书力图为弥补黎族研究的不足尽绵薄之力。

第二，有利于黎族文化的保护与传承。随着全球化信息化时代的到来，原本封闭落后的黎族社会与外界的交流愈加频繁，习惯于在隔离的时空中自我延续的黎族文化，在现代化的进程中正在发生着变化，一旦这些文化符号退出黎族的生产生活领域，黎族文化将面临消失的危险。但是在今天，"差异被有意遗忘，共同性得到强烈的表述与意识形态化的宣传"①，黎族文化正在呈现出与传统前所未有的断裂。在此背景下，对黎族文化的抢救性研究与阐释已十分紧迫。本书通过对牙开村黎族习俗的变迁进行认真细致的梳理和阐释，立体而生动地呈现其变迁的历史脉络与内在逻辑，把握其变迁的基本规律与主要特点，为海南黎族社会的当代发展提供历史经验与启示，从而促进海南黎族社会经济发展与繁荣、文化保护与创新。

第三，有利于其他民族的借鉴与参考。各民族的习俗是在千百年的日积月累中逐步形成的，具有明显的传承性和稳固性。但民族习俗归根结底是社会发展的产物，因此，处于相同社会发展阶段的民族，其习俗

---

① 赵旭东：《世界性，四海一家，天下大同》，《读书》2003 年第 12 期。

的发展必然带有某些共同的特点。海南岛地处我国改革开放前沿，是我国最大的经济特区、最年轻的省级行政区，是我国对外开放的"窗口"，市场经济的"排头兵"，改革开放的"试验田"。正是这样一种特殊的政策环境，使得对海南黎族的文化研究更加具有前瞻性。海南黎族与我国南方操汉藏语系壮侗语族诸语言的民族，如壮、侗、水、布依、傣等民族有着密切的渊源关系，因此，本书对中西部民族文化的传承与保护具有重要的启示意义。正如费孝通所言："对这样一个小的社会单位进行深入研究而得出的结论并不一定适用于其他单位。但是，这样的结论却可以用作假设，也可以作为在其他地方进行调查时的比较材料，这就是获得真正科学结论的最好方法。"①

第二节　黎族相关研究

一　黎族研究的四个阶段

1. 20 世纪 20 年代以前的黎族研究

历史上的黎族是一个有自己语言而无文字的民族，加上绝大部分生活在海南，地理位置偏远，无论是政府还是研究人员都不太关注黎族社会及黎族文化。因此，历代有关黎族的文献资料较为缺乏。关于黎族的历史文献，是随着中央政权在海南岛统治的逐步增强而逐渐增多的，主要集中在唐代以后。这一时期的主要著作有刘恂的《岭表录异》、苏轼的《居儋录》、范成大的《桂海虞衡志》、周去非的《岭外代答》、赵汝适的《诸蕃志》、乐史的《太平寰宇记》等。但因为涉及黎族问题的几部重要史籍的作者基本上没有到过黎区，而是以进入黎区贸易的商人叙述和在海南为官的人士杂记为基础编撰，因此难免掺进一些讹传以及编撰者的一些偏见。②

---

① 费孝通：《江村经济》，江苏人民出版社 1986 年版，第 5 页。
② 高和曦：《宋代黎族史料概说》，海南省民族研究所编《拂拭历史尘埃——黎族古籍研究》，云南民族出版社 2006 年版，第 198 页。

明清时期，中央政权逐步加强对海南岛的治理，黎族社会进入新的发展阶段，人们对黎族的了解也日益增多。较为重要的著作有张庆长的《黎岐纪闻》、陈坤的《治黎辑要》、邓廷宣的《琼州黎民图》、胡传的《游历琼州黎峒行程日记》。其中，《黎岐纪闻》是张庆长在海南岛黎地所见所闻的实录，该书比较全面地反映了黎族社会的经济、政治、文化、生活等情景，对研究清代黎族状况提供了具体生动的材料。① 邓廷宣亲眼目睹黎族社会状况，所绘《琼州黎民图》是我国历史上最早描绘海南黎族社会状况的画卷。全书生动地反映了当时黎族社会情景，为研究明代黎族提供了具体而生动的史料。② 胡传所著《游历琼州黎峒行程日记》，是一部记载 19 世纪 80 年代黎族社会风貌的纪实文献。该书记录了光绪十三年（1887）作者受张之洞之托视察黎族地区时的所见所闻，主要包括驻兵、布防、县治设置、黎地治安以及顺笔提及的黎族经济生活、风俗习惯、文化教育等，反映了当时黎族社会的历史情况，具有珍贵的史料价值。③

2. 20 世纪 20 年代至中华人民共和国成立前的黎族研究

现代学术意义的黎族研究，始于 20 世纪 20 年代末。1928 年秋，广东南区善后公署参谋长黄强为了实地了解黎区道路建设问题，深入黎村，开展了为期十余日的实地考察，于 1928 年在香港出版《五指山问黎记》一书。该书记录了岭门、水满、保亭县等地的所见所闻，大致勾画出 80 多年前黎族社会的情境，包括黎区的土地、资源、物产、气候等自然状况，以及黎族服饰、饮食、住宅、文身等习俗。④

法国传教士萨维纳跟随黄强沿途进行了民族学调查，并于 1929 年

---

① 彭家典：《略论〈黎岐纪闻〉的史料价值》，《中南民族学院学报》（哲学社会科学版）1992 年第 3 期。

② 谭晶：《明代〈琼州黎民图〉》，海南省民族研究所编《拂拭历史尘埃——黎族古籍研究》，云南民族出版社 2006 年版，第 101 页。

③ 高泽强：《〈游历琼州黎峒行程日记〉述评》，海南省民族研究所编《拂拭历史尘埃——黎族古籍研究》，云南民族出版社 2006 年版，第 91 页。

④ 王建成主编：《首届黎族文化论坛文集》，民族出版社 2008 年版，第 372—380 页。

在河内出版了《海南岛志》一书。该书介绍了海南岛概况、人口与民族、海口的兴起与府城的衰落、海口港、黎语—法语对照词汇表等。该书对当时海南黎族生活的记录均来源于田野调查的第一手资料，具有较高的史料价值。① 除此之外，罗香林、刘咸、杨成志、王兴瑞、江应、何元炯、伍锐麟、岑家梧等专家学者在先进的民族研究理论方法指引下，深入黎族村寨，开展调查研究工作，出版了一批学术著作。

这一时期的黎族调查研究虽然短暂，参与人数及成果数量都非常有限，主要涉及黎族生产、生活、文艺等方面，但其成果影响深远，所提出的很多论断被后来的学者所引用，也为黎族研究奠定了基础。其中较有影响的是岑家梧对海南民族问题的系列研究，他从科研选题、田野调查到理论方法的阐述，从资料收集、文献综述到思想观点的分析论证，均有原创性和开拓性。②

20 世纪 30—40 年代，各国传教士、人类学家、旅行者不断深入黎族地区，收集了大量的情报资料和田野调查资料。1931 年至 1932 年间，德国人类学者史图博，两次到海南黎区进行民族学田野调查，并撰写了《海南岛民族志》。这是最早用民族学研究方法反映黎族情况的专著。书中涉及内容广泛，涵盖农业、狩猎、商业、服饰、饮食、住房、宗教信仰等，是对当时黎族社会生活最直观的介绍材料。有学者依据当年史图博的走访调研路线进行实地调研，就相关内容进行了评析，并提出自己的观点。③

除此之外，意大利人罗斯长期收集而后被广东省中山图书馆整理出版的《海南岛史料》，也较有影响力。值得一提的是，日本学者出于掌握海南岛的自然地理、社会组织、人文特点等不可告人的目的，从自然

---

① 辛世彪：《法国人萨维纳和他的海南岛志》，《新东方》2008 年第 12 期。
② 陈光良：《略论岑家梧对海南民族研究的建树》，《广东技术师范学院学报》2008 年第 4 期。
③ 郭小东等：《失落的文明——史图博〈海南岛民族志〉研究》，武汉大学出版社 2013 年版。

资源、人口、语言、环境、风俗习惯、生产形式、社会组织和经济组织等方面对黎族进行了调查研究，写出了一些考察报告。① 其中，包含海南黎族习俗资料的有《海南岛地志》（1938 年）、《黎明的海南岛》（1941 年）、《海南岛史》（1943 年）等。

3. 中华人民共和国成立至改革开放前的黎族研究

中华人民共和国成立后，伴随着民族识别和少数民族社会历史调查工作的推进，党和政府及有关的科研机构、研究人员，都开始对黎族历史调查研究给予积极的关注，有关黎族习俗的研究也进入了一个新的时期。为了摸清少数民族地区的社会历史状况，抢救即将消失的宝贵历史资料，先后出版了《海南黎族情况调查》《海南黎族社会历史情况调查资料》（1957—1963）、《黎族古代历史资料》《黎族简史简志合编（初稿)》。这种大规模的实地综合调查，为黎族习俗研究积累了大量弥足珍贵的资料。

受"左"倾思潮和"文化大革命"的影响，海南黎族的研究曾一度陷入停顿。20 世纪 50—70 年代，国内关注海南黎族习俗的专家数量和出版的研究资料大幅度减少。

4. 改革开放后蓬勃发展的黎族研究

党的十一届三中全会召开后，"文化大革命"时期的极左思想得到全面纠正，人们的思想获得解放，一些原来被撤销的与民族研究相关的学科专业也得到恢复和重建。与此同时，随着改革开放政策的逐步推进，加上海南撤州建省所带来的经济体制改革，学者们对海南岛的研究逐渐升温，给海南黎族习俗的研究带来蓬勃发展的契机，也出现了一大批研究成果。

20 世纪 80 年代，国家投入大量人力、物力和财力，对中华人民共和国成立初期民族和社会历史调研材料进行了重新整理，先后出版了

----

① 金山：《20 世纪初日本学者对黎族的研究及其目的》，《华中科技大学学报》2007 年第 6 期。

《黎语简志》（1980年）、《黎族简史》（1982年）、《黎族社会历史调查》（1986年）等资料性丛书。这一时期，以著作形式出现的有关黎族的研究成果主要有《黎族合亩制论文选集》（1983年）、《黎族研究参考资料选辑》（1983年）、《黎族风情》（1985年）、《岭南风俗录》（1988年）等。

此外，这十年间还有不少对黎族社会文化具体内容进行研究的相关论文发表。从这些研究来看，大多学者是在长期深入的田野调查基础上所形成的研究成果，相应的资料和观点具有可靠性、客观性、科学性，比较完整地反映了黎族社会生活，为后人研究黎族文化提供了重要的参考资料。

20世纪90年代以后，随着黎族经济社会快速发展，有关黎族的学术研究也呈现出繁荣的景象，研究内容越来越细，研究范围越来越广。研究者们从物质文化、精神文化、制度文化、观念文化等方面揭示了黎族发展脉络、文化特质和现实变迁，尤其是对族源、织锦、宗教信仰、文学艺术等方面的专题研究成果丰富。主要有邢关英的《黎族》（1990年），中南民族学院编写组编写的《海南岛黎族社会调查》（1992年），邢植朝的《黎族文化溯源》（1993年），王养民、马姿燕的《黎族文化初探》（1993年），吴永章的《黎族史》（1997年），王学萍主编的《五指山五十年》（1999年），《黎族传统文化》（2001年），黎雄峰的《海南社会简史》（2003年），王学萍主编的《中国黎族》（2004年），张跃、周大鸣主编的《黎族（海南五指山市福关村调查）》（2004年）以及冈田谦、尾高邦雄著，金山等译的《黎族三峒调查》（2009年）。

这些成果记录了不同时期黎族的生产生活。例如《黎族文化溯源》从文化特征、心理演变、现实景况等方面，以散点透视的方式从多个侧面介绍和探究了黎族文化的源流和状况。① 又如《黎族文化初探》从黎

---

① 邢植朝：《黎族文化溯源》，中山大学出版社1993年版。

族社会的哲学思想、伦理道德及思维规律等角度对黎族文化进行了理论研究。① 《黎族三峒调查》记录了 20 世纪 40—50 年代黎族重合峒、七叉峒和莪沟峒的婚姻家庭、衣食住行、生产技术、生活礼仪等，对于认识当时黎族社会习俗具有重要价值。② 《中国黎族》用详细、可靠的资料全面反映了黎族社会发展的全貌，包括语言、社会制度、宗教、风俗、生产生活、科教文卫等方面。③ 《黎族（海南五指山市福关村调查）》在对五指山市福关村进行深入田野调查的基础上，分别从人口、经济、社会政治、婚姻家庭、法律、文学艺术、语言文字、风俗习惯、教育、科技卫生、宗教等方面对福关村黎族进行了全景式描述。④ 这些学术成果推进了黎族文化研究。

二　黎族习俗研究的六个方面

1. 生产习俗

学术界对黎族生产习俗关注比较多的是黎族生产形式合亩制。代表性的观点有以下几种：一是以梁钊韬为代表的氏族公社的残留制度论，二是以岑家梧、蔡仲叔、陶明、胡盛域为代表的父系大家庭或父系家长制家庭公社论，三是以吕振羽为代表的父系本位氏族制社会组织论，四是以徐仑为代表的农业公社残余论，五是以张鸿林、廖仪珍为代表的原始家长制家庭共耕组织论，六是以孔季丰、詹慈、易谋之等为代表的原始家庭公社直接向封建社会过渡的历史阶段论。⑤

关于合亩制特征问题，有学者划分为四种类型：一是由有血缘关系的亲属组成的"合亩"，成员包括二代、三代、四代以上的同祖后裔及其

① 王养民、马姿燕：《黎族文化初探》，广西民族出版社 1993 年版。
② ［日］冈田谦、尾高邦雄：《黎族三峒调查》，金山等译，民族出版社 2009 年版。
③ 王学萍主编：《中国黎族》，民族出版社 2004 年版。
④ 张跃、周大鸣主编：《黎族（海南五指山市福关村调查）》，云南大学出版社 2004 年版。
⑤ 林日举：《一部富有特色的黎族文化研究新作——简评〈黎族"合亩制"研究〉》，《琼州大学学报》1997 年第 2 期。

妻子及母系血统的姐妹外甥在内；二是父子或兄弟组成的"合亩"；三是以具有血缘关系的亲属为主，包括一部分非血缘关系的龙仔、工仔等外来户组成的有轻微剥削关系的"合亩"；四是有大量的龙仔、工仔等外来户、具有严重剥削关系的"合亩"。① 关于合亩制的性质，有学者指出，黎族合亩制的产生、发展和演变，其整个的进程大体处在由解体的父系家长制家族公社跨越农村公社、直接向封建社会过渡的历史阶段。②

此外，高和曦、黎雄峰、邢多兴等学者也对合亩制地区的社会变迁展开了研究。

2. 生活习俗

在饮食习俗方面，研究者多以介绍其独特的饮食文化为主，且集中在相关的综合性著作当中，研究型的成果相对较少。有学者总结了当代黎族饮食文化的基本特征：以稻米为主食，并辅以热带水果；饮山栏酒、五指山茶，嗜好槟榔，食用热带雨林野生动植物，独具地方特色。研究者认为，这些特征的形成是黎族所处的特殊自然环境、社会环境和悠久的历史传承等多因素共同作用的结果。③

在服饰习俗方面，黎族的传统服饰具有悠久的历史和独特的风格，因此涉及黎族服饰的研究较多。有学者归纳了黎族妇女服装的特点，即在裁片分割上十分讲究，服装上的分割线与众不同，黎族妇女讲究服装与饰物的整体搭配，筒裙纹样宽窄相间、错落有致。④ 有学者指出了黎族男子传统服饰具有早期人类服饰的遗风，具有鲜明的民族特性，具有热带海岛无季节差别的特点。⑤

① 孔季丰：《试论合亩制的社会性质》，詹慈编《黎族合亩制论文选集》，广东省民族研究所 1983 年版。

② 陈立浩等主编：《历史的跨越——黎族"合亩制"地区的变革》，南海出版社 2001 年版。

③ 廖玉玲、廖国一：《当代黎族饮食文化的基本特征及其成因》，《南宁职业技术学院学报》2007 年第 3 期。

④ 孙雪飞：《海南黎族服饰浅考》，《装饰》2002 年第 5 期。

⑤ 韦慎：《黎族男子传统服饰探析》，《民族论坛》2008 年第 9 期。

在居住习俗方面,有学者指出,黎族先民早期过着以船为中心的生活,因此形成了对船的依赖和心理认同,这些因素对于船形屋的形成起着重要的作用,他们赋予建筑的表征意义在很大程度上决定了船形屋空间与造型的可识别性特性,构成了场所感,并形成黎族独具特色的建筑文化特征。① 有学者对黎族村落的选址进行了研究,他们选址的原则是:靠近耕地,周围能种杂粮;尽量靠近河川或溪流,能解决饮水,便于引水进行灌溉;地势要高爽,地形有一定的坡度,下雨时能将水和脏物排到村外,防止潮湿;地方要干净,野兽较少;不要太靠近交通干线,以确保安全。②

3. 婚姻家庭习俗

有关黎族婚姻家庭习俗的研究主要集中在"不落夫家"、婚恋、婚育、家庭财产继承等方面。有学者从人类学的角度,探讨了黎族社会恋爱、结婚、夫妻关系、离婚、亲子关系、家族关系、丧葬习惯法以及赡养和继承习惯法。③ 更多的学者对黎族"不落夫家"习俗进行了具体研究,并分别从不同的角度探讨了其存在的原因。④ 更有学者在归纳和分析学术界对"不落夫家"存在原因的研究成果的基础上,提出"不落夫家"习惯法的主要社会功能包括"丈夫考察妻子是否有生育的能力;妻子控制生育,考察丈夫;妻子为自己将来的养老做准备"等三个方面。⑤

有学者专门对五指山市黎族婚姻家庭的现状和特点进行分析总结,从社会结构分层、文化多元、性别差异、族际交融等视角,探讨现代五

---

① 王瑜:《黎族船形屋研究》,《贵州民族研究》2009 年第 6 期。

② 苏儒光:《黎族传统民居建筑类型与演变》,《中央民族大学学报》(哲学社会科学版) 1994 年第 3 期。

③ 韩立收:《不落夫家:黎族传统亲属习惯法》,法律出版社 2015 年版。

④ 符和积:《黎族女子"不落夫家"婚俗浅析》,《社会科学战线》1988 年第 2 期;张梅:《海南黎族"不落夫家"婚俗研究》,《许昌学院学报》2010 年第 6 期。

⑤ 李光宇、韩立收:《杞方言黎族"不落夫家"习惯法的新阐释》,《广东社会科学》2016 年第 2 期。

指山市婚恋中出现的问题及缘由。^① 有学者分析了黎族传统社会继承制度的特点，指出黎族传统继承制度具有保证生存需要、保证血统延续、确保赡养关系、确保女性地位等功能。^② 另外，学术界还对黎族婚姻习惯法与国家法之间的关系问题进行了研究。^③

4. 纠纷处理习俗

目前，与黎族纠纷处理习俗相关的研究已有两部专著，全面介绍了黎族习惯法的产生、内容、运行和保障。^④ 此外，还有一些对海南黎族纠纷处理过程中具体内容进行研究的学术论文，认为从黎族习惯法中可以看到黎族人民对生产秩序、公共秩序、家庭婚姻秩序等秩序价值的追求^⑤；认为黎族习惯法的特点包括建立在人人平等原则基础上的民主性、凝结了民族情感和民族心理意识的民族性、与日常生产生活事物和经验相联系的具体性以及宗教性质的神权性^⑥；认为黎族习惯法的基本理念包括集体主义、首领与民众平等、男女平等、诚实守信以及敬畏神明等方面。^⑦

5. 宗教信仰习俗

黎族社会传统宗教受"万物有灵"观念的影响极大，衍生出自然崇拜、图腾崇拜、祖先崇拜、鬼神崇拜等宗教信仰意识。因此，学术界对黎族宗教信仰的研究主要体现在原始宗教方面。目前已有一部专门研

---

① 杜倩萍：《五指山黎族婚俗的变迁》，《黔南民族师范学院学报》2017 年第 1 期。

② 陈秋云、关丹丹：《海南黎族传统继承制度初探》，《海南大学学报》（人文社会科学版）2011 年第 3 期。

③ 熊云辉：《婚俗、法治及其路径——以海南黎族婚俗的调查为对象》，《甘肃政法学院学报》2006 年第 5 期；李巍：《黎族婚姻习惯法与国家法冲突管窥——以海南四个黎族村寨为视点》，《海南大学学报》（人文社会科学版）2014 年第 1 期。

④ 陈秋云：《黎族传统社会习惯法研究》，法律出版社 2011 年版；叶英萍：《黎族习惯法——从自治秩序到统一法律秩序》，社会科学文献出版社 2012 年版。

⑤ 朱琳、温波：《海南黎族习惯法价值的法理学分析》，《海南大学学报》（人文社会科学版）2010 年第 2 期。

⑥ 陈文辉：《浅谈黎族习惯法的特点》，《琼州学院学报》2010 年第 2 期。

⑦ 韩立收：《黎族风俗习惯规则基本理念探讨》，《原生态民族文化学刊》2009 年第 4 期。

究黎族宗教信仰文化的专著，全面介绍了黎族民间信仰文化中的传播者、鬼魂、避邪物、祭祀活动、巫术、表演与娱乐等内容，探索了在黎族民间信仰文化影响下黎族社会历史文化的变迁。①

除此之外，学者还对黎族宗教信仰的具体内容、特征、形成的原因进行了探讨。有学者认为，黎族原始宗教信仰的基本内容是祖先崇拜、自然崇拜、图腾崇拜和巫术崇拜，基本特征表现为原始性、习俗性和坚定的虔诚性，形成的原因有自然根源、认识根源、心理根源和社会根源。② 有学者认为，黎族原始宗教信仰产生的原因复杂，包括科学技术发展水平的局限性等客观方面，又包括心理原因和认识论原因等主观方面。③

随着道教在海南的传播，学者们还对道教对黎族原始宗教所产生的影响及变迁过程进行了研究，指出道教已经被黎族所接受，并与黎族原始崇拜相结合而黎族化，成为黎族民众的主流宗教，深刻地影响着黎族人民的精神文化活动。④

6. 礼俗与节庆

除婚姻习俗外，学术界对黎族礼俗的专门性研究并不多，主要集中在丧葬习俗方面，但从目前已有的研究成果来看，这些成果更多地集中于对某一个黎族村寨葬礼的具体描述，进行深入学理分析的并不多。有学者运用"深描"手法对黎族丧葬仪式进行了阐述，并借助"过渡仪式"理论分析了仪式主体人的行为和心理结构，探索了黎族丧葬活动的结构转换及其象征意义。⑤

---

① 高泽强、潘先锷：《祭祀与避邪——黎族民族信仰文化初探》，云南民族出版社 2007年版。

② 涂刚鹏、陈思莲：《论海南黎族原始宗教信仰》，《海南大学学报》（人文社会科学版）2011 年第 1 期。

③ 陈思莲：《海南黎族原始自然崇拜的哲学分析》，《中央民族大学学报》（哲学社会科学版）2010 年第 5 期。

④ 符和积：《道教在海南黎族地区的传播与民族化》，《中国道教》2006 第 3 期。

⑤ 董国皇、李婷婷：《象征人类学视野下黎族丧葬仪式研究——以海南省三亚市梅村为例》，《广西民族研究》2016 年第 1 期。

黎族传统"三月三"节庆习俗是研究者关注的重点。有学者提出，黎族三月三起源传说的文化内涵包含三个方面：一是纪念、祭拜祖先，祈求幸福和来年丰收；二是反映出"以歌为媒"的婚恋习俗；三是反映出感性文化的价值观。① 有学者认为，三月三曾是一个黎族全民性的节日，他们有着共同的源头和共同的文化底蕴基础上的民族心理。由于地域变化及历史久远等诸多原因，"三月三"节日习俗发生分流演变。②

　　综上所述，学术界对黎族习俗文化进行了较为广泛的探讨，许多研究成果也颇有见地，甚至是填补某些研究领域的空白之作，这些成果为以后相关研究奠定了基础，具有重要的价值。

　　但是，对黎族的研究也存在一些问题：一是已有成果多为宏观或浅层的综合研究，微观专题的个案研究并不多。宏观或浅层的综合研究，虽然对黎族研究能有一个总体的把握，但由于黎族五个支系及其各支系内部都存在众多差异，宏观或浅层的综合研究难免会对一些文化细节缺乏关注，而这些细节往往有可能是问题的关键。二是理论分析较为薄弱。从已有的研究成果来看，学者们偏爱从民族志、民俗学、历史的角度去记述、分析黎族传统文化，但从整体研究而言，其成果所依据的理论视角还不够开阔。很少有人运用文化变迁理论、文化解释理论等对黎族文化展开解读。尤其是缺乏运用这些理论对黎族习俗文化进行专门研究，因而容易产生文化印象与时空场的错位。

　　今后的研究应借鉴国内外的理论和方法，不仅要对田野调查中所获得的文化现象、经验现实等直观信息进行"浅层建构"，还应当对"浅层建构"基础上的"功能""关系""结构""意义"等深层的文化进行"深层建构"③。三是研究方法创新不够。目前，学术界对民族学及

　　① 焦勇勤、杨德禧：《黎族"三月三"起源传说的文化内蕴》，《海南师范学院学报》（社会科学版）2006 年第 4 期。

　　② 林日举：《黎族三月三民俗形成刍议》，《琼州大学学报》（社会科学版）1998 年第 1 期。

　　③ 李立：《文化书写与对象建构》，《思想战线》2005 年第 3 期。

相关学科研究中形成的新理论、新方法、新观点等运用不多，一直沿用传统的现象描述、阶级分析等方法，研究方法上的多学科整合不够，难以对具体文化现象进行多维度、深入的解读。

第三节　研究内容与研究方法

一　研究内容

1. 牙开村黎族传统习俗的归纳与总结

历史上各民族的习俗是当今各民族生活的原型，虽然一定程度上发生了变化，但它在各民族成员中留下了深刻的记忆，即"集体记忆"，所以，了解历史上各民族的习俗是研究现在各民族习俗的基础。本书以《海南岛黎族社会调查》一书为基础，结合黎族历史文献，对牙开村黎族传统习俗的性质、功能与特点进行归纳，并深入分析牙开村黎族习俗文化的传统内涵。

2. 牙开村黎族习俗变迁的内容与表现

随着经济的快速发展和社会的不断进步，目前黎族也跟其他的民族一样面临着全球化与现代化的双重冲击，其习俗也发生着巨大变化。本书通过深入的田野调查和文献分析，进行比较研究，多角度、多层面地对牙开村黎族习俗变迁诸方面的内容与表现进行描述与分析，包括生产、生活、宗教、婚姻、家庭、节庆、纠纷处理、丧葬等习俗。

3. 牙开村黎族习俗变迁的原因与规律

任何习俗的变迁都是由内因与外因共同作用的结果。同时，习俗的变迁都有其自身内在的实现模式，都是有规律可循的。本书在比较分析各类习俗变迁规律的基础上，概括和归纳牙开村黎族习俗变迁的过程、阶段及其原因，并在此基础上，结合文化变迁理论，探讨牙开村黎族习俗变迁的基本规律。

4. 牙开村黎族习俗变迁的评估与指导

习俗的变迁是必然的，能否通过对牙开村黎族习俗变迁规律的认识来影响其变迁的进程，这对于黎族习俗文化健康有序地发展具有重要意义。本书在综合分析影响牙开村黎族习俗变化的内、外部环境，研究、判断其未来变迁趋势的基础上，尝试对其变迁进行科学评估，提出指导性思路。

5. 海南黎族习俗文化的保护传承与开发利用

如何做到既保持本民族习俗核心特质不变，又能顺应时代发展，使得本民族习俗文化能够顺利地进行现代化转型，是本书要思考的一个后续问题。本书将结合对牙开村黎族习俗变迁规律及应对策略的认识，从战略的高度和可持续发展的视角探寻国际旅游岛建设与黎族习俗文化保护传承、开发利用的互动关系，在此基础上，探讨黎族习俗文化转型的可行性路径和保障机制。

二 研究视角与研究目标

本书以海南牙开村黎族为个案，以 20 世纪 50 年代对该村的调研材料为参照，以马克思主义社会发展理论和民族理论为指导，对其 60 多年来习俗所发生的变迁进行了深入研究。

本书旨在通过对牙开村的追踪研究，分析其习俗变迁的现状，探讨变迁的轨迹，揭示变迁的原因，寻找变迁的规律，预测变迁的趋势。同时，通过探讨其习俗变迁对黎族文化传承的影响，验证社会变迁的理论，进而得出对民族文化发展的规律性认识，并在此基础上结合海南省的发展，从战略的高度和可持续发展的角度探寻海南在国际旅游岛建设背景下，如何推进黎族习俗文化的保护传承与开发利用，为推进和深化海南改革开放事业建言献策，为我国其他经济特区和其他民族地区保护、开发与利用民族文化资源提供参考。

三 基本研究方法

（一）运用的主要理论

1. 马克思主义社会发展理论

发展是一个伴随着人类社会全过程的永恒的主题。发展理论作为一门完整的学科，是从 20 世纪 60 年代以后逐渐形成和发展起来的。在此之前，不少思想家、理论家也对发展理论进行过探索、研究，并留下了许多丰富而宝贵的思想材料。马克思毕生都在关注和思考人类社会发展问题，从哲学、人类学、社会学、历史学、政治学、经济学等角度研究人类社会发展问题，形成了涵盖多领域、多学科的社会发展理论。

马克思主义社会发展理论是马克思站在历史唯物主义的高度，深刻揭示人类社会发展的规律和趋势，探讨社会发展的过程、动力、目标、模式等社会发展的一般理论问题，形成的丰富而深刻的社会发展理论。① 本书仅选择马克思社会发展理论中与本研究相关的若干思想加以介绍。

第一，马克思社会发展理论中有关"社会发展规律"的思想。马克思关于人类历史发展规律的思想，充分体现了历史唯物主义和唯物辩证法的科学精神，主要有如下观点。其一，指出人类社会发展规律具有客观性。马克思认为，人类社会是从物质生活资料生产的基础上发展起来的，"物质生活的生产方式制约着整个社会生活、政治生活和精神生活的过程"②，物质资料的生产对人类社会的发展具有基础性、决定性的作用。社会变迁的根本动力在于生产力与生产关系的矛盾和经济基础与上层建筑之间的矛盾。而矛盾运动的法则实际上揭示了变迁的具体过程。③ 人们可以发现、认识、掌握进而自觉地利用规律来达到自己的目的。其二，指出人类社会发展规律又是具体的。马克思从宏观上指出人类社会的变迁方向，即人类社会发展从原始社会、奴隶社会、封建社会到资本主义社会，最后进入共产主义社会。也就是说，人类社会必然从

① 童星：《论马克思的社会发展理论》，《江苏大学学报》（社会科学版）2009 年第 6 期。
② 《马克思恩格斯全集》第 13 卷，人民出版社 1962 年版，第 8 页。
③ 周大鸣：《凤凰村的变迁——〈华南的乡村生活〉追踪研究》，社会科学文献出版社 2006 年版，第 57 页。

简单向复杂、从落后向进步发展。"历史上依次更替的一切社会制度都只是人类社会由低级到高级的无穷发展进程中的一些暂时阶段。"①

马克思从多个角度对人类社会发展进程的形态和阶段进行了考察，并且指出，在共同规律的作用下，由于各国、各民族的历史传统和现实状况不一样，发展的条件和环境也不相同，因而所经历的社会形态、发展道路、阶段等也就不尽相同。马克思的这一思想，对于我们今天正确认识现代化的发展规律和道路，具有重要的现实指导意义。

第二，马克思社会发展理论中有关"社会整体观"的思想。马克思关于社会整体观的思想反映了人与自然、人与社会、人与人之间的辩证发展关系。马克思认为，社会是由各种要素构成的有机系统，应从社会整体的视角考察其中的各个子系统乃至每个个人。"社会不是由个人构成，而是表示这些个人彼此发生的那些联系和关系的总和。"② 马克思的社会整体观思想主要包含以下观点③：其一，社会是个人之间"联系和关系的综合"。社会不是单个人的简单相加，而是由各种相互联系、相互作用的许多因素构成的"有机整体"。其二，人们的社会存在决定人们的意识。马克思指出："人们自己创造自己的历史，但是他们并不是随心所欲地创造，并不是在他们自己选定的条件下创造，而是在直接碰到的、既定的、从过去承继下来的条件下创造。"④ 物质生活的生产方式制约着整个社会生活、政治生活和精神生活的过程。其三，物质利益"中轴"原理。在马克思看来，人们的一切活动，归根到底都是为了实现某种物质利益。人们在经济活动中结成的客观关系即物质利益关系，最终决定着人们的思想动机以及在思想动机支配下的社会活动。其四，社会经济形态的发展是自然历史过程。马克思强调："一个

---

① 《马克思恩格斯全集》第 21 卷，人民出版社 1965 年版，第 307 页。
② 《马克思恩格斯全集》第 46 卷，人民出版社 1979 年版，第 220 页。
③ 童星：《论马克思的社会发展理论》，《江苏大学学报》（社会科学版）2009 年第 6 期。
④ 《马克思恩格斯全集》第 8 卷，人民出版社 1961 年版，第 121 页。

社会即使探索到了本身运动的自然规律……它还是既不能跳过也不能用法令取消自然的发展阶段。但是它能缩短和减轻分娩的痛苦。"① 也就是说，人们不能自由地选择社会经济形态，却可以在一定范围内自由选择社会政治形态和社会观念形态。这一思想，对我们理解当前正在进行的以改善民生为重点、以社会和谐为目标的社会建设具有重要意义。

第三，马克思社会发展理论中有关"人学"的思想。马克思结合社会现实及其条件变化，从人的本质、人的价值、人的需要和人的发展等方面，系统地开展了关于人的问题的研究。其一，人的本质。马克思认为人的本质是现实的、具体的，是由社会关系决定的，是一切社会关系的总和②。但人的本质并不是永恒不变的，而是随着历史的发展而发展的。这是因为，社会关系不是固定不变的，是随着社会生产力和生产关系的矛盾运动而不断发展变化的。其二，人的价值。马克思认为人的价值关系是客观的、历史的，是随着社会发展而发展的，是通过人的各种现实活动表现出来的。人类的价值活动本质上是一种改造客观世界的对象化活动。人在对象化活动中，人的价值随着实践的深入和社会的发展也将得到升华。其三，人的需要。马克思指出，需要是人的本性，人的一切活动无非是使自己的需要得到满足，"任何人如果不同时为了自己的某种需要和为了这种需要的器官而做事，他就什么也不能做"③。马克思认为，不断寻求需要的满足是人的天性。新的需要会促使人们去进行新的社会实践，这是一个不断发展、永无止境的过程。其四，人的发展。马克思深切地关注人的发展、全人类的前途和命运，把人的全面而自由发展、全人类的解放，作为自己毕生研究的主题和为之奋斗的最高目标，作为衡量社会发展的最高价值标准。④ 马克思认为，社会发展与进步的程度取决于人的解放与发展的程度，社会越向前发展，个人也

---

① 《马克思恩格斯选集》第 2 卷，人民出版社 1972 年版，第 207 页。
② 《马克思恩格斯全集》第 3 卷，人民出版社 1995 年版，第 5 页。
③ 《马克思恩格斯全集》第 3 卷，人民出版社 1960 年版，第 286 页。
④ 于幼军：《马克思的社会发展理论及其当代价值》，《中国社会科学》1998 年第 4 期。

就越能获得解放与发展。

目前，我国正在发生着深刻的社会变革，朝向现代化社会转型，正确理解并运用马克思主义社会发展理论，对于推动这场变革和转型具有积极意义。

2. 文化变迁理论

文化变迁作为人类学和民族学的主要研究课题之一，在学术史上经久不衰。

一般认为，文化变迁是指文化内容和结构的变化，通常表现为新文化的增加和旧文化的改变，亦即文化与文化之间的传播或文化自身的创造。① 人们对文化变迁的探讨开始得很早，从 5 世纪以前的有论述但不系统的朴素认识阶段，到中世纪（5 世纪到 15 世纪）被囊括在教条式的神学变迁理论之中的神意志解释阶段，再到文艺复兴运动中生物进化和社会进化等理论的积累阶段，人们从没有停止过对文化变迁现象的分析与研究，但较为系统的学术性研究则始于古典进化论学派。

古典进化论设想人类文化是以线性模式发展的，即沿着单一的途径发展进化的，进化的顶点被设定为当时的欧美近代文明，并依据与其差异的程度，将世界其他民族的各种文化依次置于较低的发展阶段。② 摩尔根是古典进化论的代表性人物之一，他认为人类文化是从低级向高级、从简单向复杂逐步演化的。他还根据技术水平的层次把人类社会的发展总结为高、中、低三阶七级变迁阶段，认为它们以单线的形式发展，全世界所有的文化都要经历这种循序渐进的进化阶段；造成这种普遍性的最终原因在于人类的心智有其天然的逻辑，心智的逻辑也有其必然的限度，所以彼此之间虽有差异，也不会过于悬殊。③ 古典进化论单线、渐进、简单的进化观点在 20 世纪初遭到了激烈批判。

---

① 覃光广等编：《文化学词典》，中央民族学院出版社 1988 年版，第 134 页。

② ［日］绫部恒雄：《文化人类学的十五种理论》，国际文化出版公司 1988 年版，第 5 页。

③ 摩尔根：《古代社会》（上），商务印书馆 1985 年版，第 4—10 页。

　　文化传播论就是在批判进化论的基础上发展起来的。传播学派认为，人类文化是在某几个甚至一个地点一次性发明（生成）的，然后进行传播，因此传播是文化发展的主要因素；不同文化间的相同性，是许多文化圈（文化层）相交的结果；彼此相同的文化越多，其历史渊源也越接近。① 文化传播论对文化变迁理论的发展有着深远影响，文化变迁理论中的传播、采借、特质、接触等几个关键概念，就是在文化传播的研究中得到发展的。

　　美国历史学派反对进化论，也反对极端传播论，但还是被很多人看作传播论的一个学派。他们认为，文化的变迁既是社会内部发展的结果，也是受到外部环境的影响，进而强调文化发展的特殊性。正如其代表人物博厄斯所指出："文化变迁研究中既要考虑独立发明，也要考虑传播的必要性，并且还要加上环境的影响因素。"②

　　功能学派是20世纪20年代出现的一个产生重大影响的学派。他们从人类需要和满足需要的功能的关系变化的角度来探讨文化变迁，主要强调社会的功能与结构的研究，其代表人物主要有马凌诺斯基和拉德克利夫·布朗。

　　马凌诺斯基（又名"马林诺夫斯基"）认为，"文化在满足人类需要当中，创造了新的需要，这就是文化最大的创造力和人类进步的关键，如果没有新的需求被创造出来，任何发明、任何革命、任何社会或知识的变迁都不会发生"③。拉德克利夫·布朗则认为，研究文化变迁必须根据历史记载从历史角度进行，只有了解文化及其功能，才能认识文化的变迁。④

---

　　① 蔡俊生等：《文化论》，人民出版社2003年版，第45页。
　　② ［美］克莱德·M. 伍兹：《文化变迁》，何瑞福译，河北人民出版社1989年版，第14页。
　　③ ［英］马凌诺斯基：《科学的文化理论》，黄剑波等译，中央民族大学出版社1999年版，第27页。
　　④ ［英］拉德克利夫·布朗：《社会人类学方法》，夏建中译，山东人民出版社1988年版，第70页。

从 20 世纪中期开始，文化变迁理论开始关注理论与实践的结合，逐渐把目光转向指导现实生活上面。新进化论在怀特、斯图尔德（即史徒华）等人的大力倡导之下发展起来。新进化论与古典进化论的重要不同在于，解释文化如何变迁时，新进化论试图寻找更为复杂的原因，如生态、环境、技术等因素。此外，冲突理论、"现代化"理论在很大程度上也探讨了当代社会政治、经济、社会和文化的变迁问题。

我国对文化变迁理论系统的学术研究是从 20 世纪前期才开始的。20 世纪 30 年代，在吴文藻等著名学者的倡导下，西方民族学、社会学理论与方法进入中国，其中最重要的就是英国功能学派理论及所提倡的实地调查方法。研究者们也积极进入中国文化田野中，先后涌现出了一大批以实地调查为基础的研究成果。如费孝通和王同惠通过在大瑶山的调查写成的《花篮瑶社会组织》，费孝通在江苏吴江开弦弓村调查完成的《江村经济》，林耀华的《金翼》，杨愚春的《山东台头：一个中国村庄》，凌纯声的《松花江下游的赫哲族》，杨成志的《云南民族考察报告》等著作，就是这方面的经典。他们用西方的理论研究观察和分析中国不同民族社会文化发展，解释中国社会中文化变迁的特殊性，进一步发展和完善了西方文化变迁理论。

但从 20 世纪中期至 80 年代的 30 年里，民族学、社会学研究受到了巨大冲击，中西方的学术交流和对话中止，文化变迁研究也随之停滞不前。

改革开放后，随着社会政治环境的改善，民族学和社会学的研究又逐渐恢复生机，有关文化变迁的论著不断推出。如胡起望、范宏贵在费孝通的倡议下，完成了《盘村瑶族：从游耕到定居的研究》（1983年）。该书论述了大瑶山盘瑶一支系从封闭到开放、从游耕到定居的文化变迁过程，是对早期文化变迁研究的一个延续。又如龚佩华、黄淑聘对黔东南民族文化变迁的研究，进一步深化了文化变迁理论。他们的论作中有相当一部分内容就是有关文化变迁理论以及他们对少数民族文化变迁的研究。与此同时，国内对国外有关文化变迁研究经典著作的翻译工作也有序展开，威廉·费尔丁·奥格本的《社会变迁——关于文化和先天的本质》（1989 年）、克莱德·M. 伍兹的《文化变迁》（1989年）等有关文化变迁的论著，都有了较好的中译本，这就为我国学者与西方学术界的沟通奠定了基础。

笔者以为，文化变迁理论的意义在于重视文化动态特性，确认文化处于永动之中，静态只是相对的。所以要用发展的观点看待问题，确定调查范围，适时开展田野工作，既注重外因的促变作用，也注重内因的决定性作用。因此，在马克思主义唯物史观和辩证法的世界观指导下，笔者时刻注意运用人类学、社会学理论中的文化变迁理论来开展研究工作。

（二）主要研究方法

文化变迁研究本身有其研究的基本范式和方法。在本书中，笔者主要采用追踪的研究方法。所谓追踪研究（panel study），指的是对同一组对象在多个不同的时间点上进行调查，收集资料，然后通过对前后几次调查所得资料的统计分析来探索社会现象随时间变化而发生的变化以及不同现象之间因果关系的一种研究方式。它由首次调查（或称为前期调查）和追踪调查（或称后续调查，一次或多次）两个部分所构成。①

自 20 世纪以来，人类学的追踪研究越来越受到人们的重视，追踪研究蔚然成风。雷蒙德·弗思、玛格丽特·米德、罗伯特·雷德菲尔德等，后来又都回到他们多年前曾做过杰出调查的社区。比如雷德菲尔德在 1926 年对墨西哥的特波茨兰进行了调查研究。1930 年，他出版了《特波茨兰：一个墨西哥村落》一书，得出结论认为，特波茨兰是一个充满宗教精神和家族伦理的社会，农民社会相互之间和睦、平静。然而，1941 年，曾与雷德菲尔德共同创建伊利诺伊大学人类学系的刘易

---

① 风笑天：《追踪研究：方法论意义及其实施》，《华中师范大学学报》（人文社会科学版）2006 年第 6 期。

斯回访特波茨兰时，看到的情况却不一致。他在 1951 年的《一个墨西哥村落的生活：重访特波茨兰》一书中对其进行了研究，但提出了不同的结论。

就中国人类学的研究传统而言，选择一个调研点，之后每隔一段时间再前去调查研究，探究前后文化变迁，从中得出规律性认识的追踪研究模式，其实早已有之。费孝通、林耀华早在几十年前就有过亲身实践。比如费孝通从 1957 年起曾对他 1936 年调查过的江村做过 20 次重访，并曾四上瑶山。林耀华 1943 年初上凉山，1975 年重访凉山，1984 年三上凉山。这些都成为追踪调查的典范。

如果说上述研究是作者对自身的田野工作点进行重访，那么庄孔韶则率先对他人的田野点做再研究。1986 年，他开始回访林耀华写作《金翼》的黄村社区，在做了一年零两个月的实地调查之后，撰写了《银翅：中国的地方社会与文化变迁（1920—1990）》。1925 年，美国社会学家葛学溥出版了一本关于一个汉人村落——凤凰村的最早的民族志。自 1994 年开始，中山大学的周大鸣重访凤凰村，1998 年完成博士学位论文《凤凰村的变迁》。

从已有追踪研究的成果来看，这些追踪研究往往有如下共同点：一是追溯研究点的变迁；二是就前人提出的一些结论进行更正和质疑；三是对村落研究的方法提出讨论。① 由于受到调查者各自人格、世界观、理论素养等方面的深刻影响，追踪研究的结果可能与最初的研究不相一致，甚至可能得出截然相反的结论。但追踪研究作为一种研究方法存在，其意义是不容低估的。它既可因时空的跨越而获得新知，又可因理论构架的不同而增加观察的视角。换言之，此研究方法的价值在于前人著述的田野意义以及再研究者的学术意识。

不管怎样，因为有前人的田野素材可资参照，后继者就能够在较短

---

① 周大鸣：《凤凰村的变迁——〈华南的乡村生活〉追踪研究》，社会科学文献出版社 2006 年版，第 61 页。

的时间内进入自己的田野工作，也比较容易找到恰当的切入点。此外，还可深化田野工作，发现前人的不足之处，探讨前人未曾探索的问题，加强与先驱者之间的学术对话。①

鉴于此，本书在总结以往已有追踪研究成果的经验基础上，继续采用追踪研究的方法开展研究。本书将按照原有调查的逻辑体系确定田野调查内容，然后通过前后的分析和比较，判断其习俗随着时间的变化而形成的因果关系。

对于民族学研究来讲，田野调查法的使用是必不可少的。笔者所采取的具体田野调查方法主要有参与观察和深入访谈法。参与观察方法的运用使笔者了解到村民们在直接访谈中不愿意表达的真实想法，这在丧葬、民间信仰等习俗变迁相关资料的收集中发挥了非常重要的作用。笔者在调查中有选择地对近 80 名村民进行了深度访谈，他们提供的资料对我把握牙开村黎族习俗变迁状况起了关键作用。

文献研究法也是一种研究文化的基本方法。它可以根据文字记载的资料，为其他研究方法提供依据，补充实地调查法的不足，纠正人们的主观臆测。本书查阅和借鉴了相关文献资料，主要包括民族文化变迁与发展等理论资料和海南地方文献资料。前者包括文化人类学各流派理论、发展理论、政治理论、经济理论等，后者包括海南黎族文化研究专著和论文、市县地方志、统计年鉴、文史资料以及政府机关和有关部门的民族政策文件、统计材料和档案记录等。

本书还使用了社会学的问卷调查法。笔者参照有关民族文化研究问卷，结合当地特点，自行设计问卷。内容包括调查对象的基本情况、家庭基础、生活观念、家族观念、婚姻观念、信仰观念、认同观念，等等。调查采用入户询问的方式，填写调查表，选取样本时顾及了年龄、性别、职业等因素。运用问卷资料统计方法的目的不在于纯粹地计量，而在于把握整体状况，以便更清楚地反映变迁

---

① 兰林友：《人类学再研究及其方法论意义》，《民族研究》2005 年第 1 期。

的情况和过程。

除此之外，为了更加有效地了解黎族社会，了解他们的生存状况，以便更加深入地认识其各类习俗，笔者还采用了共时性与历时性相结合的研究方法。共时性研究即注意考察黎族社会习俗文化变迁特定时期所处的外部环境，以及这种外部环境与黎族社会的互动。主要包括两个方面：一是不同时期国家的政治背景、发展规划以及政府在民族工作方面具体政策与变化；二是不同时期黎族社会所处的社会文化环境和自然环境。历时性研究是通过考察中华人民共和国成立后政府所颁布的一系列政策，梳理在环境发生急剧变化时黎族社会习俗的变迁历程。

需要特别指出的是，在整个调查与写作的过程中，笔者始终坚持这样的观点：不盲目照搬西方人类学或其他社会科学的理论与方法，而是以实事求是的原则，使本研究体现本土化的特点，即不但体现于研究的对象和内容本土化，而且在研究的理论和方法上也尽量表现出本土文化的特性。

第四节　核心概念及调查研究工作

严谨的概念界定和使用是学术研究顺利进行的前提，也是确保研究科学性的必要条件。但在实际的研究过程中，囿于认识能力、认识角度、认识方式的不同，其概念往往会有偏差。鉴于此，笔者将按照通行的学术原则，对本书中所涉及的核心概念和关键性研究进程作出界定和说明。

一　文化与习俗

在当代，文化的定义纷繁复杂、莫衷一是。本书采用泰勒的广义的文化概念，即"文化，或文明，就其广泛的民族学意义来说，是包括全部的知识、信仰、艺术、道德、法律、风俗以及作为社会成员所掌握和习得的任何其他的才能和习惯的复合体"①。

中国传统习俗是中国传统文化的一个组成部分。习俗研究是人类学、民族学中关于文化领域研究的核心主题和重要组成部分。《社会学词典》对习俗的解释是："人们在集体生活逐渐形成并共同遵守的习惯和风俗，是社会上多数人共同遵守的行为规范和行为模式。"② 在汉语语境里，习惯、习俗、风俗有时候是可以通用的，将习俗称为习惯、风俗，其实是一个语言使用的习惯问题。习俗中的习惯并不是指从个人意义角度上的价值偏好和行为方式，而是在一定地域和时空范围内的群体性倾向，是群体生活特征的反映，包括生产生活方式、组织制度等，是韦伯所指称的"群众性行为"③。习俗中的风俗一般指"社会上长期形成的风尚、礼节、习惯等的总和"④。三者之间既有区别与联系，又有共性和个性。

本书按照学界惯用的分类法，把习俗分为物质生活和精神生活两大类。属于物质生活范畴的，主要有衣食住行的物品的种类、式样和使用方式；属于精神生活范畴的，主要有婚丧嫁娶、节日盛典、人情往来的礼仪、宗教信仰等。鉴于习俗本身包含的范围很广，本书并没有对牙开村的习俗进行面面俱到的研究，而是重点研究那些在 60 多年来发生了巨大变迁，能够反映黎族社会的变化而且蕴藏丰富的现代性意义和思想史意义的习俗，具体包括生产、生活、婚姻、家庭、丧葬、宗教、纠纷处理、节庆等方面。

韦森认为，"无论是在人类历史上的任何一个文明社会中，还是在当代任何一个社会中的即时即地，均实际上进行着或者说发生着从个人的习惯到群体的习俗、从习俗到惯例、从惯例到法律规则这样一种动态

① ［英］爱德华·泰勒：《原始文化》，连树声译，广西师范大学出版社 2005 年版，第 1页。
② 王康主编：《社会学词典》，山东人民出版社 1988 年版，第 39 页。
③ ［德］马克斯·韦伯：《经济与社会》（上卷），商务印书馆 1997 年版，第 356 页。
④ 《现代汉语词典》，商务印书馆 2007 年版，第 409 页。

的内在发展行程。因此，这一内在发展行程本身，既昭显出了人类诸文明社会的历史演化轨迹，又构成当代任何一个社会即时即地的现实实存"①。因此，本书虽然主要关注的是习俗，但由于习惯、习俗、惯例、法律之间的相互关联性，笔者也试图通过对个体习惯的深入观察，对现存规则的细致分析，实现对习俗的全面理解。

二　调查点与研究时段

海南黎族包括润、杞、哈、美孚、赛等5个方言区。不同方言区的黎族习俗存在着很大差别。因此本书并没有使用海南黎族这一概念，而是选择了一个杞方言区的黎族村寨作为调查点。原因有三：一是杞方言区多属原合亩制地区，黎族文化的特征比较明显；二是处于杞方言区的黎族多在五指山腹地，受外来文化的影响相对较少，传统文化保存相对完整；三是杞方言区是20世纪50年代中南民族学院调查的重点，资料相对丰富，有利于开展追踪研究。

选好调查点对成功地进行调查具有关键性的意义。一般而言，调查点的选择有四个基本要求：一是选择有特色的地区，二是选择有代表性的地区，三是选择特殊关系的地区，四是选择前人调查研究过的著名社区。

笔者在综合考虑以上基本要求的基础上，觉得牙开村可能是更加切合自己所想调查的那种类型的村寨。一是牙开村是中南民族学院20世纪50年代调查研究过的村寨，积累了大量丰富的材料，便于追踪研究；二是牙开村和绝大多数合亩制地区黎族村寨一样，具有相似的变迁历程，具有代表性；三是海南省政府对五指山市黎峒大观园的建设工作十分重视，目的是有效地保护黎族传统文化，而牙开村传统文化保护相对较好；四是五指山地区已被纳入海南国际旅游岛的规划，需要积极开发像牙开村这样的黎族村寨传统文化。

---

① 韦森：《经济学与哲学》，上海人民出版社2005年版，第196页。

　　由于本书属于追踪研究，起始时间应追溯到 1954 年，但从《海南岛黎族社会调查》一书所记载的内容来看，主要集中于中华人民共和国成立前后黎族的社会情况，因而本书把研究时段确定在中华人民共和国成立至今这一区间内，但本书田野调查数据截止到 2011 年。

三　田野工作

　　田野调查是民族学、人类学最主要和最基本的调查方法。与其他学科可以通过查询文献或者通过实验室获取材料不同，民族学的研究材料主要来自实地调查。如果没有实地调查获取的丰富资料，民族学的研究就成了空中楼阁，就失去了其特有的理论价值和生动意义。

　　本书的田野工作是我所经历的持续时间最长、最深入也最艰难的社会调查活动。我先后五次到田野点，专题调查历时四个月，掌握了大量的第一手资料。具体行程及感受如下。

　　2009 年 1 月，我参加中南民族大学《海南苗族情况调查》核查小组赴海南。核查期间，我们走访了部分苗村和黎村，神秘的黎族文化深深地吸引着我，也坚定了我开展黎族研究的决心。在学生家长的帮助下，我选择了保亭黎族苗族自治县什玲镇什玲黎村作为调查点，进行了为期十多天的田野调查。我和什玲村民同吃同住同劳动，其间还走访了牙合村、毛盖村，对黎族文化有了感性的认识。随后，我又走访了部分位于合亩制地区的五指山市的黎族村寨。根据前期材料的收集情况以及这次对黎族村寨的感性认识，我决定开展追踪研究，即选定前述的 22 个村寨之一作为调查点，开展黎族习俗变迁研究。

　　2009 年 7 月，在海南省民族宗教事务委员会和五指山市民族宗教事务局的帮助下，我与两名在校学生一起来到毛阳镇。牙开村村民对我们的调查非常感兴趣，当他们看到 20 世纪 50 年代所拍的部分照片时更加兴奋不已。村里给我们安排了一个村小组组长和一个翻译，全天候陪着我们，使我们的初次调查异常顺利。但可以感觉到，村民们对我们这些不速之客还是非常警惕的，经常会打探我们的来意，尽管我们一再强

选择与适应：海南牙开村黎族习俗变迁研究

调研究牙开村60多年来的发展变化，仅作学术研究用。牙开村村民的纯朴、善良、好客，让我们在这样一个少数民族村寨有了家的感觉。本次调查，我们按照已经准备的调查提纲，对牙开村的人口状况、收支情况、家庭财产等作了详细的统计和分析，并通过体验及访谈的方式，对牙开村黎族习俗有了整体的把握。

2010年1月，我与两名在校学生一起再次来到牙开村。村里的人们依然很热情，但显得更关心的是"上次的调研有什么成果出来没有，对牙开村有没有影响"。当得知仍在进行中时，他们虽有一点失望，但仍然支持我们开展调研工作。因为正赶上冬季蔬菜的收获季节，除了老人、小孩外，村民们从早到晚一直都在田地里。为了使调研能够在预定时间内完成，我们改变了以前规律性的调研方式。一天的劳作使村民变得非常劳累，即便是这样，村民们仍然很热情地接受采访。除此之外，村里的露天舞厅也成为我们认识黎族朋友的另一个突破口。本次调查，我们在上次调查所获材料的基础上，按照不同习俗类别进行专项调研，主要采取问卷调查和选取不同年龄段的人进行访谈的方式获取相关信息，并进行归纳对比分析。

2011年2月，我再次重返牙开村。这次从内心来讲，确实有一点彷徨和不安，主要有两方面的原因：一是虽然已经调研过两次，但这次仅有我一人，心里难免有点不安；二是此次调研时间距离第一次已有近两年时间，但仍没有成型的成果出来，无法向村民们交代。但当我托着沉重的行李走在进村的路上时，过路的村民们都会亲切地打声招呼，仿佛是非常熟悉的朋友一样，然后帮我搬运行李。村民们的热情顿时使我打消了顾虑。当我把一本还没有来得及整理的调研材料放在村民们面前时，村民们看到自己的照片以及以前的访谈记录，脸上都会洋溢着笑容。因为当时村民们不太忙，于是我有更多的机会开展调研。村委会还专门开会，讨论我的前期调研材料。在确定我的调查对村庄没有什么不利影响后，村里专程安排了大学生村官来协助调研。为保证调研资料的客观真实，我有针对性地扩宽了调查面。村民们无论是以前被访谈过

· 32 ·

的，还是从未被访谈过的，都给予我极大的支持。本次调查是在完成初稿的基础上进行的，主要目的是对写作过程中的疑问及遗漏的地方进行补充调查。

2011年8月，在征求导师及部分黎族学者的意见后，我又重返牙开村，对以前所做的调研进行了再核查，并对遗漏的部分做补充。这次调研与前几次有很大不同，要求各项数据及时更新并确保无误，各种访谈资料内容真实可靠。因此在下村之前，我专程拜访并请教了海南省民族博物馆、海南省民族研究所、琼州大学等单位的黎族专家。他们在看完我的论文初稿后，提出了许多富有建设性和针对性的意见与建议，并对我核查的提纲逐项进行了完善。有了专家们的亲自指导和前期的调研基础，本次田野调查十分顺利，不仅针对论文的薄弱部分进行了补充，而且还通过多方求证，对以前所做的调研材料进行了部分修正。虽然是第四次下村，且正值农忙季节，村民们仍然给予我极大的帮助。没有当地专家的指导和村民们的支持帮助，就不可能有现在的书稿。

第一章

牙开村概貌

按行政区划，牙开村现在属于海南省五指山市毛阳镇毛路村委会管辖，是鹦哥岭下依山傍水、风景优美的热带自然村落，位于毛阳镇毛九公路 6 千米处的西北边，距毛阳镇 4 千米，距五指山市区约 27 千米，属于革命老区（图 1–1）。

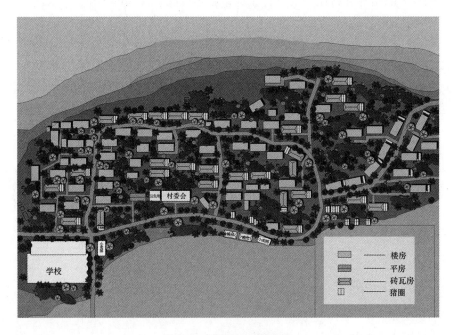

图 1–1　牙开村平面示意

第一节　区域环境①

一　自然生态环境

"五指山咧，五条河啰，你知那条歌最多啰，你知那条流下海，你知那条流回来；五指山咧，五条河啰，条条河水欢歌多啰，苦难日子流下海，幸福生活流回来。"这首《五指山之歌》唱出了五指山独特而神秘的自然社会环境，唱出了五指山人对五指山深深的爱。民间更有"不到五指山，不算到海南"的说法，可以看出五指山在海南的地位是很特殊的。

五指山市位于海南岛中南部，是海南省少数民族的聚居地之一，东邻保亭黎族苗族自治县，西邻乐东黎族自治县，北邻白沙黎族自治县和琼中黎族苗族自治县，周围群山环抱，森林茂密，是有名的"翡翠山城"。五指山市为海南岛中部地区的中心城市和交通枢纽，市区海拔328.5米，是海南岛海拔最高的山城。全市面积1128.98平方千米。据五指山市2010年第六次人口普查资料，截至2010年11月1日零时，五指山市总人口为10.41万人，其中黎族人口6.25万人，占全市总人口的60.02%；苗族人口为0.56万人，占全市总人口的5.42%。现有耕地4610.69公顷，占土地总面积的4.08%；林地91933.33公顷，占土地总面积的81.43%。地势东高西低，以丘陵山地为主，丘陵面积为746.26平方千米，占全部面积的66.1%；中山、低山面积298.051平方千米，占全部面积的26.4%；低丘、台地、河流及其他面积84.67平方千米，占全部面积的7.5%。全市平均海拔高度316米，其中最低处布伦河口处海拔高度165米，最高处五指山1867米，市区平均海拔328.5米。全市大小河流120条，较大河流有属昌化江水系的毛阳河、

①　资料来源：五指山市人民政府网站，http://wzs. hainan. gov. cn/，查询时间2010年1月。

南圣河，集水面积843平方千米。此地气候温和，属热带山区气候，冬暖夏凉。年平均气温22.4℃。

毛阳镇位于五指山市北部，海榆中线和毛九公路交会处，地处北纬18°56′，东经109°29′。东与水满乡接壤，西和西北与番阳镇、白沙黎族自治县交界，南与冲山镇毗邻，北与琼中黎族苗族自治县什运乡相连。总面积248.99平方千米，镇人民政府驻地距离市区22千米，下辖13个行政村，71个村小组，总人口16655人。其中黎族14512人，苗族172人，汉族1937人，其他民族8户34人。

毛阳镇西南部多山，东部和北部地势平缓。台地、平坡约占总面积的19.5%，山地占43%，丘陵占35.5%。年平均气温22.6℃，年均降水量1500毫米。全镇大部分为红土、腐殖质壤土。主要河流有毛阳河（昌化江上游）、什益溪、什运溪。矿产资源有石灰矿、萤石矿，其中石灰矿储量大，为生产石灰、水泥提供了充足的原料。境内外驻企业有570储备处、五指山水库梯级水电站、毛丹电站、大江南水泥厂；镇办企业有毛阳淀粉厂、毛阳镇橡胶农场、镇芒果场、金益橡胶农场、毛兴南进芒果厂。

二 社会经济发展状况

五指山市地处海南岛中部山区，以传统农业为主要产业，境内山地多、平地少，俗称"九分山、半分水、半分地"。经济基础薄弱，总体仍属于欠发达县市。由于历史原因，受交通基础设施制约，潜在的区位优势难以发挥，其社会经济发展总水平在海南省处于下游。然而，五指山区丰富的自然资源和人文资源也为其经济社会的可持续发展奠定了基础，这从2009年五指山市所确定的以"旅游立市、发展富市、和谐兴市、文化强市、投资拉动和城市东扩"的发展战略中可以体现。2009年，全市生产总值完成100755万元，同比增长12.5%；固定资产投资完成85000万元，同比增长33.6%；财政收入完成15500万元，其中，一般预算收入完成12000万元，同比增长60.7%；城市居民收入达

9378 元，同比增长 21%，农民人均现金收入达 3328 元，同比增长 16.9%。

满足人类生存最基本需求的农业仍然是五指山区的支柱产业。近些年来，五指山市积极改变传统的粗放经营方式，利用现代科学技术和传统农业精华的生态农业技术，发展高产、优质、高效的农业，全市农业稳定增长。2009 年，全市农林牧渔业及其服务业总产值 39036 万元，按可比价格计算，比上年增长 9.4%。农林牧渔业及其服务业增加值 24135 万元，按可比价格计算，比上年增长 8%。主要农产品产量中，粮食 26246 吨，比上年增长 2.5%；蔬菜 13887 吨，增长 16.5%；水果 16549 吨，增长 3.5%；花生 653 吨，增长 27.8%；甘蔗 1685 吨，增长 16.2%。全年橡胶干胶产量 4858 吨，增长 15.4%；胡椒干粒 208 吨，增长 14.3%；槟榔产量 1239 吨，增长 3.6%；椰子产量 141.7 万个，增长 4.5%。目前，五指山市大力推进多样化种植，将具有不同生态习性的农用植物结合，大大提高了对光热水土的综合利用率，形成了野菜、花卉、南药、藤竹、茶叶、原种畜禽等为主的特色农业产业群。

五指山是海南的核心生态保护区。建市以来，五指山市始终坚持把建设生态文明、保护生态环境放在经济社会发展的首要位置，其丰富的自然资源为促进工业的发展提供了源源不断的动力，工业生产平稳增长。2009 年，工业总产值 22147 万元，按可比价格计算，比上年增长 7%。其中，规模以上工业总产值 17517 万元，增长 3.8%；规模以下工业总产值 4630 万元，增长 10%。主要工业产品产量中，发电量 1.25 亿度，增长 14.4%；水泥产量 17.4 万吨，增长 1.7%；自来水 361 万吨，增长 0.6%；用电量 6125 万度，增长 12.3%。

商品市场供需两旺。2009 年，全市社会消费品零售总额 36554 万元，比上年增长 18.5%。分城乡来看，市区销售额 27305 万元，增长 19.5%；农村销售额 9249 万元，增长 15.8%。分行业来看，批发业销售额 5630 万元，增长 20.2%；零售业销售额 19181 万元，增长 19.1%；住宿和餐饮业销售额 10414 万元，增长 17.2%；其他部分销售额 1329 万元，增长 12.6%。

旅游经济发展较快。2009 年，全市接待游客 51.5 万人次，比上年增长 17%。其中过夜游客 32 万人/天次，增长 8.5%。全部过夜游客中，星级饭店接待 23.5 万人/天次，增长 15%；非星级饭店接待 8.5 万人/天次，下降 6.6%。全年旅游营业总收入 5037 万元，比上年增长 14.1%。其中，星级饭店收入 1884 万元，增长 28.9%；景区景点及其他收入 3153 万元，增长 6.7%。星级饭店客房开房率 60.9%，比上年增长 9.4%。年末全市星级饭店达到 7 家。

毛阳镇是全市最大的农业乡镇之一。全镇耕地总面积 14216 亩，其中水田 12177 亩，旱田 693 亩，旱地 967 亩。2008 年播种粮食作物 6400 多亩，总产量 2310 吨。主要经济作物有橡胶、芒果、荔枝、龙眼、木薯等。毛阳镇积极采取"政府＋老板＋农民＋市场"模式种植冬季瓜菜，重点发展种植大顶苦瓜，并建有大顶苦瓜标准化示范基地。发展高收益经济作物，即油茶种植，已初步试验种植 5000 亩。2008 年毛阳镇加强招商引资力度，引进五指山红色都城民族经济投资有限公司，在道茂水库建立海南省首个天鹅养殖基地。

虽然五指山地区经济实力不断增强，社会各项事业发展也取得了较好的成效，但其发展仍然面临着诸多困难：一是城市发展与土地供应之间矛盾较大，传统的经济发展模式难以持续；二是产业结构不合理，支柱产业没有形成，内在动力和自主增长能力脆弱，经济发展压力不断增大；三是旅游业发展滞后和服务业发展水平低下，落后于省内其他新兴旅游城市。

第二节　历史追述

一　"先祖从福建来"的推测

关于牙开村的先祖从什么地方来，《海南岛黎族社会调查》一书中有相关记载："据说在十代前，他们的远祖从乐东县抢抱由峒搬来，辟山开地，首先住在牙开河的下游，村名南溪，再移至中游的凡龙村；最近四代始向上游迁抵现在的牙开村。"据该村党支部书记WZ（1961年生，黎族）回忆，更早的时候，牙开村祖先是从福建漂洋过海迁移而来。祖先从福建出发，一直向南，从昌化江入海口登陆，到达海南岛，一路寻找适合生存的地点，最后在现五指山毛阳镇地界定居。当被问及从福建什么地迁移过来时，牙开村的老人们都表示"不太清楚"。

据文献记载，历史上有不少福建人迁居外地，尤其是迁居广东、海南，他们的出发地几乎都集中在"甘蔗园"这一象征性很强的地名上，但具体哪个地区很少有人能够说清。近年来，由于很多海南人、广东人到福建莆田寻根，当地政府经过调查研究，得出了"甘蔗园就是现今仙游县龙华镇金山村蔗埔园"的初步结论。①

必须指出的是，黎族是一个只有语言而没有文字的民族，探讨黎族的族源问题本身就是一个棘手的问题。学术界一般认为，"黎族族源与南方地区古越族有着一定的关联，而古越族原始文化的形成当可以追溯到史前时期的河姆渡文化。可以说，黎族先民的来源应是与古越族有着千丝万缕的联系，他们在文化乃至族源方面是一脉相承的，当就是由古越族的一支发展而来的，并与以后的百越族及其骆越人存在着十分密切的渊源关系。"② 至于为什么牙开村黎族人认为"先祖从福建来"，究其原因也莫衷一是，但比较多的解释是"听别人这样说"。笔者希望从相关文献材料中得到答案，却没有能够找到确切的支撑材料。牙开村黎族祖先究竟从哪里来，目前已无从查证，但作为牙开村黎族人的共同记忆，对于我们研究其习俗的变迁无疑是一条重要线索。

二 村名源自一个神奇的传说

跟大多数田野工作者一样，笔者第一次踏入所调查的区域时，第一

---

① 王玉芬主编：《番茅村调查》，中国经济出版社2012年版，第16页。
② 郝思德、黄兆雪：《从考古资料探讨黎族族源》，《百越研究（第四辑）——中国百越民族史研究会第十六次年会论文集》，厦门大学出版社2013年版，第86页。

个接触到的文化现象可能就是村名、路名、江河、山名等相关地理名称。实践证明，对地名的清晰认识，可以找到许多调查地的线索，甚至包括人群特质、文化表征、历史线索，等等。

"牙开"这个村名是根据一个传说而来。据说，在牙开村的后山有一个洞，洞里住着一个"人熊"，"人熊"有个习惯，就是每天早上要到村里来数小孩的人数，如果遇到双数，就没事；如果遇到单数，则吃掉一个，变成双数。"人熊"数小孩这个计算行为用黎话说是"kai"，"人熊"吃小孩就用"牙"来代替。"牙开"就被当地的人们一代代流传下来，成为地名，直至政府命名为"牙开村"。

有关"人熊"的传说，《海南岛黎族社会调查》一书中记载了王福和老人所讲述的兄妹请"人熊"为母亲"做鬼"①的故事，与笔者现在调查的事实基本一致，这里不再赘述。值得指出的是，在牙开村，"牙开"与"人熊"的关联度非常高，每当问起牙开村村名的来历时，村民们都会指着后山的那个洞讲述"人熊"的故事，讲完后还要举例印证"人熊"确实存在过，比如从洞口到山底的路上都有被大火烧黑的石头，洞中还有"人熊"居住过的痕迹，等等。

三　行政沿革与建制

民国元年至二十三年（1912—1934），海南岛的行政建制仍然沿袭明清时期的都图黎峒制，牙开地方由定安县的红毛峒管辖。民国二十四年（1935），国民党政府在海南推行乡、保、甲制度。甲为最基层的行政组织单位，甲长管10户左右。"牙开"为甲，改由琼中县白沙县第二区毛栈乡管辖。中华人民共和国成立前夕，1947年6月，中共琼崖民主政府颁布训令，在包括牙开在内的五指山中心根据地改革各级行政机构，废除保甲制度，建立新的村（相当于过去的甲）、里（相当于过

---

① "做鬼"是黎族人的重要宗教信仰活动，包括查鬼问卜、驱鬼赶魔、探寻病因、消灾治病等。

去的保）制度。

1953 年 4 月后，牙开村属白沙县第二区毛贵乡管辖。随着 1958 年毛栈乡与毛贵乡合并，牙开村划归毛栈乡管辖。1958 年，五指山人民公社成立，牙开村属于白沙县五指山人民公社管辖，当年 12 月，五指山人民公社又被划归琼中县，牙开村的隶属关系也随之发生变化。1961 年 5 月，琼中县五指山人民公社分成毛阳、什运、红毛、五指山 4 个公社。1983 年，毛阳公社改称毛阳区公所。1986 年，牙开村划归通什市毛阳区公所管理。1987 年 1 月，毛阳区公所改称毛阳镇，牙开村属于通什市毛阳镇毛路村委会管辖。2001 年 7 月，通什市更名为五指山市，牙开村从此一直属于五指山市毛阳镇毛路村委会管辖。

四　20 世纪 50 年代的牙开村

可能与同方言区的毛或村、福关村等基本情况相似，《海南岛黎族社会调查》一书中对牙开村的介绍略显简单，如婚姻、家庭、丧葬等。但综合来看，该书仍然较为完整地勾画出牙开村的真实图景。现就书中所记载的主要内容作概括性介绍。

据《海南岛黎族社会调查》记载，1954 年，牙开村共有 45 户人家，总人口 191 人。耕地面积 191 亩，其中水田不多，仅 54.5 亩，占总面积的 28.53%；以旱地居多，有 136.5 亩，占总面积的 71.47%。此外，还有种植山栏稻的山坡地 20.25 亩。每户平均占有耕地 4.24 亩，每人平均占有 1 亩。

牙开村农业生产可分为刀耕火种式的"山栏"（又称"砍山栏"）与稻田两种类型，其中以稻田为主。稻田中有旱田和水田。旱田主要由"山栏"演化而成，水田则直接在有水或近水的低洼地开辟出来。用于生产的生产工具主要有犁、耙、锄头、刀、镰、铲、斧、铁爪等，其中铁质生产工具全部由汉区输入。全村共有黄牛、水牛 63 头，但牛踩田的情况已经大大减少，主要用牛来犁田。在政府的动员下，牙开村已开始除草，但多数人把害虫当成"天放"而不可触犯。粮食作物方面，主粮有水稻、旱稻和山栏稻三种，杂粮以苞谷、番薯为主。由于生产技术落后，单位面积产量很低，所以年年还有缺粮的情况。

牙开村仍然采用合亩制的生产关系。共有10个"合亩"，完全是亲属组织，其中最大的"合亩"有9户，最小的"合亩"有2户。每个"合亩"内耕地完全属各户私有，但归"合亩"统一经营，不计报酬；耕牛、农具属各户私有，但耕牛由全亩集中饲养，集体劳动时要拿出供大家使用。"合亩"内相互借贷，除亲兄弟或极亲密的人外，一般要还；"合亩"之间或村与村之间的相互借贷，一定要还，但都不计息。由于田地量少，牙开村除个别情况之外，租佃关系不太普遍。在农忙时期，为了赶时间，村内各亩、各户之间往往相互帮工，但基本上没有雇用长工。"合亩"内，产品的分配实行按户平均分配，并辅以划大户为小户，人多少交公粮，人少多交公粮等办法，但一般"亩头"都会享受特殊照顾。

手工业方面。牙开村主要有纺织、竹器和编制藤箩、藤篓、渔网等，但都是利用农暇进行生产，并没有脱离农业劳动，因此基本上是自用，而不以出卖为目的。牙开村的副业生产种类较多，主要有饲养家畜、家禽，如鸡、猪、羊等。种植瓜果蔬菜，如冬瓜、南瓜、香蕉、菠萝等。由于政府号召消灭兽害，所以村民打猎的收入也不小，主要有山鹿、山猪等，但供自食的比较多。在商业贸易方面，由于牙开村附近没有市场，群众一般要到邻近的集市去购买日用品。由于剩余产品很少，所能出卖的仅有家禽、家畜、藤箩、藤篓和数量不多的鹿茸、鹿角等猎获物。

服饰方面。男子大部分（包括老年人）已改穿汉装短裤，只有上衣仍有原来的式样，即自织的粗麻开胸无纽、有绳扣的上衣，头戴"解放帽"。妇女上身内穿五角形遮胸布，外穿长袖或短袖的上衣，开胸（对襟），无领，无纽，下穿短裙，长不过膝。原料以自种的棉花为主，其次为野生麻和木棉。妇女正中分鬓，戴银质小耳环，有纹面，项部还戴有铜质或锡质的项圈，手和脚部均刺有花纹，并戴有锡质或银质的圆条手镯。男女整天赤足，不穿鞋袜。

饮食方面。主食以大米为主，分为黏米、糯米两种。杂粮有红薯、木薯、玉米等。蔬菜方面，自种有冬瓜、南瓜等。除非"做鬼"或重大节日吃肉之外，一般不吃肉，偶也有些渔猎所获。炉灶主要是"三石灶"，即由三块石头堆成的，间有一二户人家用泥做成汉区农村所用的密封灶。煮食物用陶锅和铁锅，但都不加盖。煮菜时只放一些盐，也有一些野生辣椒，但没有油或其他调味品。大多数家庭没有饭桌，只是围在地板上进食。木材是主要的燃料。取火的方法主要是从汉区购买的火柴，外出时也有就地取材，用原始的钻木取火法。饮水来源主要是村旁的溪水，妇女们多用竹筒挑水。烟和酒是成年男子主要的嗜好品，其中烟是自制的竹制水烟筒，酒是自酿的糯米酒。

居住方面。主要以船形与"金"字形的房子为主，住屋的方向不太讲究。屋顶茅盖离地较高，墙围与屋盖相接处留有空隙，并且还加开窗。住房内没有间隔成小寝室。地面一般有一边是用藤条编成离地尺许的地板，睡床就在地板上架设。屋内设炉灶，旁边有水缸和炊具。室外两端放有竹床、鸡窝、木臼、柴火等物。村里男女"隆闺"① 各一处，可同时容纳八九人同时入住。村里还建有一处集会场所，仅用木板条架在支柱上当座位。村入口处有一很简陋的神庙——"土地公"。

宗教信仰方面。牙开村全村只有一个"娘母"，没有"三伯公"（又称"道公"）。"娘母"用黎语念咒，没有经书、牛解、铜铃等。若遇人生病，首先要请"娘母"来作法事；如不见效，再请"道公"来施法术。牙开村群众不懂得海南活"禁公""禁母"，却有"禁"的概念，主要因为平日与别人仇怨，便做法事"禁"弄对方生病致死。村里存在占卜活动，其种类有鸡卜、笅杯卜、石卜三种。鸡卜主要用于出猎前的占卜，笅杯卜主要用于查看病人的病情，石卜主要用于宗教活

———————————

① "隆闺"是青年人的住处，屋内不设灶的独立房子，有男女之分。其用途有三：一是男女青年的起居室；二是男女青年谈理想、交友、娱乐场所；三是青年男女恋爱的场所。

动。受宗教观念的影响，牙开村存在着各种预兆与禁忌。

第三节　牙开村现状

一　村落素描

牙开村缘河而生，傍山而居。村庄的历史在老人的记忆里已渐渐模糊，但从经常挂在每个村民脸上的笑容中，我们能读懂他们的幸福与快乐，能体会他们与自然的和谐共处（图1-2、图1-3）。

图1-2　远眺牙开村

在毛九公路6千米处，有一条南北走向长1千米、宽2米的水泥路，这是通往牙开村的必经之路。公路两旁是排列有序的农田，是牙开村村民从事耕作的地方。公路被一条从五指山上流下的溪水所组成的河流"南开河"所阻断，南开河上的简易桥（全长27米）解决了困扰牙开村已久的出行难问题，但当"雨一直下"时，进出村民隔河相望的

图1-3 牙开村近景

情形会再次重现。沿着平坦的公路前行500米，有一个极具现代化的舞池及烧烤区，每当夜幕降临时，牙开村及邻村的男女老少们都会不约而同地齐聚于此，释放一天的疲惫。这里是牙开村村民的精神乐园。

牙开村的空气清新凉爽，常有朦胧的雾气弥漫整个山谷，从远处看，牙开村就像一个在白云中飘浮的孩子，在一层薄薄的面纱下安详而神秘地沉睡，让人难以琢磨却又渴望去探索。依稀能听到哗啦啦的流水声时，牙开村就会渐渐呈现。高大的阔叶林，低矮的灌木林，高低不一的椰子树、槟榔树、波罗蜜树，远远望去，郁郁葱葱，极富热带风光景致。整个村庄坐落在分叉的两条溪流中间，这条溪流对牙开村具有重要的意义，村民亲切地称之为"牙开溪"。牙开溪犹如宽广的臂膀，呵护着一代又一代的牙开村民，保证了村民生产、生活用水的供应。川流不息的溪水仿佛永远都不知道疲倦地涓涓流出，依山而下，为村庄的发展提供了源源不断的能量（图1-4）。

图1-4　牙开溪

　　为了尽可能方便每户村民生产、生活，牙开村修建了环村水泥路。环村路形状颇像"心"字，表达了牙开村村民之间互相帮助、团结友爱的真实情感。在环村路的几个关键路口分布着几个小卖部，这是村里经贸活动的集中地，同时也是谈情说爱、休闲生活的重要场地。村里公共建筑有三处，即村入口处的毛路小学（图1-5）、村委会办公室和建在村委会旁边的卫生所。

　　牙开村是社会主义新农村建设的示范村，在国家的扶持下，经过全体村民的共同努力，全村已铺设完成自来水管道，并建立了排水系统。

二　人口状况

　　据2011年统计，牙开村共有136户、579人，其中男性309人，占53.4%，女性270人，占46.6%，都是杞方言黎族。男性人口多于女性人口。牙开村是一个隶属毛路村委会的自然村，又分为三个村民小

图1-5 村小学（毛路小学）

组，分别叫作牙开一村、牙开二村和牙开三村。表1-1显示了各个村小组的人员组成。其中，牙开三村的人数相对较少，原因是原牙开一村和牙开二村所在地的土地面积有限，居住比较拥挤，少部分村民在20世纪90年代末选择搬迁，形成了牙开三村。

表1-1　　　　　　　牙开村各小组人数统计（2011）

村小组	总户数	男	女	总人数
牙开一村	51	122	101	223
牙开二村	64	139	126	265
牙开三村	21	48	43	91

从下文表1-2人口的年龄组合来看，有两个特征。第一个特征是61岁以上的人口中女性占绝对优势，反映出女性的寿命要比男性长。

这主要有两方面的原因：一是男性经常从事劳动强度比较大的体力劳动，染病的可能性要大一些；女性在日常生活中主要从事一些比较轻的家务劳动。二是男性喝酒比较频繁，对肝脏等身体器官伤害大，健康状况不如女性。第二个特征是牙开村总人口中老年人所占的比例较小，61岁以上共有41人，占总人口的7%，说明总体寿命并不长。这主要有三方面的原因：一是由于自然气候、环境等原因，对饮食营养不太关注；二是生活条件比较艰苦，有些生活习惯并不科学；三是社会经济发展落后，医药卫生条件较差。

表1-2　　　　　　牙开村人口年龄组合（2011）

年龄组分类	10岁以下	11—20岁	21—30岁	31—40岁	41—50岁	51—60岁	61—70岁	71—80岁	80岁以上
合　计	98	82	129	114	69	46	15	23	3
男性人数	56	38	64	66	49	22	6	8	0
占同龄组比例%	57.1%	46.3%	49.6%	57.9%	71%	47.8%	40%	34.8%	0
女性人数	42	44	65	48	20	24	9	15	3
占同龄组比例%	42.9%	53.7%	50.4%	42.1%	29%	52.2%	60%	65.2%	100%

三　村民的日常生活

牙开村村民的生活都在忙碌中持续，一年中没有哪天是固定休息的日子。要让村民们停下忙碌的脚步，一般有四种情况：一是遇到台风或暴雨等特殊天气时，不方便出门干活，人们才会留在家里休息；二是村中有人办喜事或丧事时，所有的村民也都不出去干活，留在主人家中帮忙；三是逢年过节，其中春节的休息时间稍长些，一般在一个星期左右，如农忙时节，初三就开始出门干活了，主要是农活，不能误季节；四是大型的祭祀活动，如祭祖活动。

村民们没有睡懒觉的习惯，每个家庭成员都起得特别早。不割胶的时节，村民一般天一亮就起床，老人、小孩都是如此，起床后各干各的事情。如果天气适合割胶，夫妻一般凌晨4点就起床了，那时天还没有亮，他们准备好割胶的刮刀、小背篓和手电筒就出发了。大多数村户的橡胶林都在山上，近的橡胶林离村落只有500米左右，远的可能有6千米。没有平坦的大道直达橡胶园，基本上都是开挖出来的山路。山路窄而弯曲，只够一人前行，路面崎岖不平，坡度大，有很多山石挡路，路两侧有很多山林植被的枝干，需要一边走一边清理，清理不了时只能躬着身前进。村民们从小就在山里玩耍，早已习惯走这种山路。橡胶林沿山而上，园内的地况并不是很好，多山石、荆棘。有些农户管理得比较好，园内杂草就少些，管得不勤的园内杂草丛生，给割胶带来极大的不便。到了早晨6点左右的时候，天气逐渐炎热起来，气温大幅度升高，橡胶也差不多割完了。

割胶回来，夫妻才刷牙洗脸，妻子负责洗衣、做饭、喂家禽，丈夫在家中休息。若有老人、子女在家，老人会先煮好饭菜、洗好衣服，夫妻割胶回来就可以尝到香喷喷的饭菜。一般会8点左右吃早饭，吃过早饭还没到收胶的时候，就可以出去走走，跟他人聊天。到10点左右便开始上山收胶，12点就可以回家煮午饭。吃过午饭，要煮潲水喂养家畜。

下午3点左右，村民们陆续出门干活，这个时候天已经不是那么热了。下午的时间一般都是在田地里度过，做一些施肥、除草、整地的农活，很少有人下午去橡胶林里干活。6点左右，村民们便可以收工回家，做晚饭，喂养家禽，整理家务，看电视或是出门聊天。8点左右便可以吃晚饭了。吃过晚饭，大多数妇女喜欢和子女一起在家里看电视，基本上不出去活动，晚上9点左右就睡觉了。而村里的男人们喜欢在吃过晚饭后出门乘凉，找人聊天、打牌，偶尔和几个人在村口、商店喝酒，一般要到12点左右才回家睡觉。老年人身体不好，不能外出干粗活，多在家里做家务或是照顾小孩，喂养家禽、搬运东西等重活一般要等到儿子和媳妇回来做。小孩平常时间都在上学，周末假期时才跟父母一起干农活，或者留在家里做家务。

村民们的早餐和午餐、晚餐基本上是一样的，家里有什么就吃什么。村民们平时吃稀饭，喜欢吃"鱼茶"（腌酸鱼）、"肉茶"（腌酸肉），喜欢喝自家酿制的米酒和山栏糯米酒。平常一餐一般只做一两个菜，多是吃地瓜叶、南瓜藤、豆角、青菜花等自产蔬菜，有时候会到河里捕点鱼回来补充营养。有客人来或是逢年过节时，家里才会杀鸡杀鸭、买猪肉，这是一年中吃得最丰盛的时候。

第二章

生 产 习 俗

物质资料是人类社会存在和发展的基础，它包括生产资料和生活资料。获取物质资料的方式，马克思称之为生产方式，它包括生产力和生产关系两方面。牙开村所在的五指山地区纬度低，属于热带季风气候，植物生长季长达全年，具有发展农、林、牧业的优越条件。牙开村人在长期的物质资料生产过程中，不断总结生产经验并且代代相传，形成了许多富有黎族特色的生产习俗。

第一节　农业生产

一　耕种方式

牙开村人居住在峰峦叠嶂的山区。特殊的地理环境和得天独厚的自然资源不仅为其生息、繁衍提供了必要的生活资料，同时也为其长期延续以"刀耕火种"为代表的独特的耕作方式提供了可能。1949 年以前，这种耕作方式在牙开村尤为普遍。所谓"刀耕火种"，是在事先选好或者轮歇多年的土地上，用钩刀等将树木和茅草砍倒、晒干，然后放火烧光，不犁不挖就用尖木棍刨坑点种。通过这种方式所获得的稻谷，黎族叫"山栏稻"。以这种方式耕作，一般收成仅为籽种的 10% 左右，亩产仅为 120 斤到 180 斤。

由于这种耕作方式需要砍倒树木、烧光杂草后再点种或播种，加之不施肥料，决定了耕地必须实行丢荒和轮歇制。但与佤族、瑶族等同样采用这种耕种方式的民族有区别的是，牙开村人生活的地方属于热带雨林地区，植物的繁殖与生长相对比较快，因此其轮歇的时间也大大缩短，一般情况下为二到三年。与佤族生活的地方一般需要七八年时间相比，牙开村无疑在自然条件上是处于优势地位的。但即使是这样，由于这种耕作方式本身生产效率低下，牙开村人仍然难以填饱肚子。

生产方式的选择受制于生产工具的选择。20世纪50年代，内地汉族商人来到牙开村从事商品交易活动，给牙开村人带来新的生产工具，如锄、犁、耙、锹等。这给牙开村人选择更加先进的耕种方式提供了可能。"挖犁撒种"即是在使用新的生产工具后发展起来的。这种方式实际上就是用锄、犁等先进生产工具，把原有的"山栏"地清理耙平、翻松泥土，再播撒种子。这无疑比"刀耕火种"前进了一大步。新生产工具的使用使生产效率提高，在一定程度上避免了土壤和草木灰肥被雨水冲刷，改良了土壤，为谷物的生长创造了更好的条件，也增加了耕地的使用年限，从而为固定耕地的出现奠定了基础。采访时，牙开村老人拿起一把锄头，回忆起当时的耕作生活时说："这东西好用，同样的稻种，一亩田地可以比以前多长出百来斤稻谷出来，肚子要比以前饱一些了。"

站在现代的角度来看，无论是"刀耕火种"还是"挖犁撒种"，都是一种较为落后的、生产率不高的耕作方式，但从牙开村社会历史变迁的整个过程来看，这种耕作方式是黎族所处的自然条件、地域环境、生产力发展水平以及生活传统等多种因素造成的，是历史必然。

中华人民共和国成立以后，党和国家大力扶持黎族人民发展生产，在进行生产关系变革的同时，支持和引导牙开村人挖沟引水，兴修水利，开垦荒地，大搞农田基本建设，推广使用新型农具和先进生产技术，引进优良品种，培植经济作物，发展多种经营。尤其是国家各项优惠补贴政策的推行，更加速了牙开村种植方式的变革。如今，在农作物种植种类上，已由旱谷、水稻等比较单一的品种发展到水稻、旱谷、玉米、木薯等多个种类。在耕作方法上，牙开村已经从以"刀耕火种"和"挖犁撒种"等粗放耕作为主，逐步发展成为以精耕细作和科学种田为主。新型农具、病虫害防治技术等得到广泛运用，种植业的劳动生产率也大幅度提高（图2-1、图2-2）。

图2-1 村民们正在犁田、插秧

图2-2 冬季蔬菜

二 生产工具

马克思指出："劳动资料不仅是人类劳动力发展的测量器，而且是劳动借以进行的社会关系的指示器。"① 纵观牙开村 60 多年的发展历史，作为生产方式和生产水平标志物的生产工具，也经历了一个从简单到复杂，从落后到先进，从传统到现代的变迁过程。这一过程是与人类社会生产发展的一般规律相吻合的。

20 世纪 50 年代初，由于牙开村的生产格局并没有太大的变化，传统生产工具的使用足以满足人们日常的生活需要，因此在很长一段时间内，村里的人对于先进工具的探索缺乏原动力。即使是先进的铁制工具不断传入，牙开村也只是消极地选择与适应。随着海南经济、社会的发展，传统生产工具已经不能适应发展需要，牙开村主动开始了对生产工具的变革。

20 世纪 50 年代以前，由于耕作水平不高，在牙开村，犁田、耙田主要靠水牛，这种耕种方式称为"牛踩田"，即把水牛赶到田地里，借助牛的四只脚来翻动土壤。由于"牛踩田"的方式效率较低，随着犁、耙的应用推广，这种方式逐渐退居次位，只是在不便犁耕的深泥田或犁后土结成硬块的浅泥田，仍采用"牛踩田"。

1993 年，村里出现了第一台小型犁田机（村民们俗称"铁牛"），以前用牛需要一个星期才能完成的活，用"铁牛"只需要两小时就可完成，生产效率得到极大的提高。到 2011 年，牙开村的"铁牛"拥有量已达 80 余台。

20 世纪 60 年代初，牙开村就开始有了集体所有的脚踏脱粒机，但受田间用电的影响，电动脱粒机还没有村民使用。1969 年，村里开始出现电动碾米机，传统舂米的历史结束。

1979 年，牙开村响应国家号召，向农业机械化发展，农业机械大

①《马克思恩格斯全集》第 23 卷，人民出版社 1972 年版，第 203 页。

量购置，半自动化和自动化的农业机械逐步运用到生产中。到 20 世纪
90 年代末期，牙开村在农田耕作、排灌、米面加工、运输等方面基本
上实现了机械化、电气化。据 2001 年统计资料显示，牙开村有碾米机
8 台、农用运输车 2 辆、脚踏打禾机 229 部、人力喷雾（粉）器 72 个、
小型手扶拖拉机 20 台。2008 年，毛路村委会为提高水稻的收割效率，
出资购置收割机 2 台，但因为田地分布不均匀而且偏小，利用率很低，
于 2011 年 4 月卖出。

2009 年，随着国家家电下乡政策的实施，牙开村共有 13 人购买了
机动三轮摩托车，补贴总金额达 5200 余元。机动三轮摩托车既可用作
农用运输车，农忙时拉农产品、肥料等，又可作为交通运输车，用于载
客。生产工具的更新与应用，大大提高了牙开村的劳动生产效率，其综
合经济实力得到明显提升。

三 土地利用

农业一直都是牙开村的支柱产业，而土地资源是发展农业的关键。
牙开村曾经采用的"刀耕火种"耕作方式，土地利用率低，生产效率
低，循环利用率低，一年到头仍然是"种了一大坡，才收一土锅"。中
华人民共和国成立以后，牙开村也和其他农村一样经历了合作化和公社
化改革，村民们在政府的号召下，开荒土地大大增加，但仍然没有从根
本上解决土地资源稀少、土地利用率低的问题。直到 20 世纪 80 年代开
始实行家庭联产承包责任制以后，村里的土地全部以承包的形式分配出
去，农民家庭经营成为主要的经营方式，牙开村的土地使用习俗才发生
根本性变化，土地使用率得到明显提升。

1. 从粗放低效到集约高效

农业的发展既要靠科学的种植技术，更要靠富有的土地资源。土地
资源稀少一直困扰着牙开村人。下文表 2 - 1 列举了不同年代牙开村劳
动力与耕地面积统计情况。从表中可以清楚地看出，牙开村在 1990 年
以后，由于生产的需要，开发了大量的荒地及荒林，耕地总面积有了大

幅的提升，但人口的增长及基建用地的扩大也相对较快，因此，人均占有耕地量却有减少的趋势。随着国家退耕还林政策的逐步实施，牙开村人均占有耕地量将会更少。村民们说，虽然现在每人所占耕地较少，但相比以前日子要好过得多，因为现在的土地产量比以前要高得多，而且由于种植项目的增多，土地的空闲时间减少。随着科技的进步，人们所掌握的知识越来越多，对土地的利用也告别了过去单一、粗放、低效的方式，逐步向集约高效型转变。

表 2 - 1　　　　　　　　　牙开村劳动力与耕地面积统计

年份	户数	人口	实有劳动力			耕地面积				平均每户占耕地	平均每人占耕地
			合计	男	女	合计	水田	旱田	旱地		
1954	45	191	115	60	55	191	54.5	136.5	0	4.24	1.00
1990	95	467	—	—	—	—	—	—	—	—	—
2001	98	512	188	100	88	608	276	37	295	6.20	1.19
2009	121	560	286	162	124	608	276	40	292	5.02	1.09

说明：①耕地面积单位：1954 年为市亩，其他为亩。

②资料来源于五指山毛阳镇统计资料。

2. 由"无人管理"到"精心呵护"

土地属于非消耗性资源，它不会随着人们的使用而消失，但如果在使用或利用土地过程中不注意保护它，它的使用效率会大打折扣。牙开村人在不断的生产实践中也逐渐懂得了这个道理。20 世纪 50 年代初就有了经过人工加工的稻田，但当时的田地仅仅停留在简单整理及反复耕作，收成仍然主要靠天。之后，牙开村人根据水田增多的情况，开始修建水渠，引入山泉水，定期对耕地进行灌溉。2000 年，村民们开始在土地中施用氮肥和磷肥。除此之外，牙开村人会定期给土地除草、松土等。这一系列措施的实施，使土地的循环利用率大为提升，单位土地的产量也显著增加。

四　生产组织

据调查资料记载，20 世纪 50 年代初，牙开村仍然保留着带有原始色彩的农业生产共耕组织——"合亩"。"合亩"用汉语意译就是"大家合起来做工"，主要有六个特征：一是"合亩"的组织基础是血缘关系；二是生产资料不论私有或共有，一律由"合亩"统一经营，不计报酬；三是"亩头"家长式的指挥领导；四是明确的自然分工和简单的劳动协作；五是平均分配和分别消费；六是在不妨碍集体劳动的情况下，容许从事以户为单位的个体劳动，产品归私人所有。①合亩制是黎族社会特有的一种生产组织形式。"合亩"生产习俗维持了在特殊环境下牙开村人的生产、生活需要。

在 20 世纪 50 年代开始的社会主义改造中，合亩制社会被作为一种特殊的社会形态，成为社会主义改造的特殊对象。但农业生产合作社的改革，只是一次由"公有"走向公有的社会变革，内容虽然发生了根本性的变化，形式却似乎相同。② 因此，牙开村黎族顺利地接受了这一改革，并习惯性地称呼它为"合大亩"，即把原来的"小合亩"变为"大合亩"。

1978 年党的十一届三中全会后，全国开始了农村经济体制改革，牙开村逐步实行家庭联产承包责任制，从"大公"经济走向了"个体"经济。牙开村人开始并不适应这种改革，原因在于过去各种生产活动都是在集体中合作完成的，包括生产时间、周期、步骤等都由集体统一安排，已经形成了固定的生产习俗。改革后，以家庭为单位的生产活动需要独立开展，有些人准备不足，从而产生不适应感。在五指山市某些乡镇，一度出现新的"合亩"，即几户联合起来进行集体生产和分配，但在牙开村没有出现。同时，家庭联产承包责任制的实施，冲击了黎族民

① 张迅：《关于黎族"合亩制"的基本特征及其性质问题》，载詹慈编《黎族合亩制论文选集》，广东省民族研究所 1983 年版。

② 高和曦：《黎族合亩制地区的文化变迁及其发展》，《新东方》2009 年第 3 期。

众传统的平均分配观念，他们逐渐意识到按劳分配的合理性，意识到只有通过竞争，才能获取更多的财富。这种分配观念已逐渐在黎族地区形成，从而激发了广大黎族民众的积极性、主动性与创造性，并且发挥了根本性作用。①

表 2-2　　　　改革开放后五指山市生产总值（含农垦）　　　单位：万元

年份	生产总值	第一产业	第二产业	第三产业	全市人均生产总值（元）
1986	8890	2842	2691	3357	960
1990	11404	4274	2778	4352	1277
2000	43656	14189	7254	22213	4129
2007	79016	25310	9336	44370	7039

说明：① 因牙开村经济发展数据无法准确统计，故引用处于合亩制地区的五指山市为例。
②资料来源于《五指山市统计年鉴（2008）》。

从表 2-2 可以看出，五指山市在实行家庭联产承包责任制后经济逐步上升的趋势。笔者在调查中还发现，牙开村人在适应个体经济的过程中，帮工互助的现象仍非常普遍，这可能与历史上的合亩制和家族制有关。在农业生产中，犁田耙地常有亲戚朋友过来帮忙；拔苗插秧时，有空的人经常会主动去别家询问是否需要帮忙；也有自己忙不过来时请人帮忙的情况，所有的帮助行为都是无偿的。

需要特别指出的是，20 世纪 90 年代初，由牙开村几个青年联合发起的"青年经济农场"，似乎又让人看到"合亩"的影子。牙开村青年经济林场是由个人之间联合经营、共享收益、共担风险的一种联营模式，是在牙开村实行家庭联产承包责任制后的一种经营尝试，也是牙开村人在解决人多地少状况时的一种自发行动。

笔者通过调查发现，牙开村的经济林场仍保留着黎族社会合亩制的

① 钟业昌：《海南特区改革开放与发展》，中国社会科学出版社 1995 年版，第 95—124 页。

某些特点，具体表现为三方面：一是开发山林非一个人能力所为，需要集体的力量。参加经济林场的人多为单身青年，基本没有负担，年富力强，有时间、有精力完成这项工作；二是整个经济林场设有厂长，在黎族社会中具有相当的号召力和影响力；三是劳动成果除部分作为集体所有之外，其他部分按照"多劳多得"的原则分配；四是政府和村民的大力支持是经济林场开发的前提。

青年经济林场的尝试有以下几方面的好处：一是有利于缓解牙开村长期存在的人多地少的矛盾；二是有利于国家退耕还林政策的贯彻落实以及林木资源的保护；三是有利于集中力量办大事，形成规模效应。然而，由于多种原因，青年经济林场的运转并不好，但这并不妨碍牙开村人对新的经营方式的探索。村民WJB（1971年生，黎族）作为参加经济林场的一员，给我们讲述了青年经济林场建立的经过。

林场启动于1992年，是由牙开村青年自发组织，在政府的支持下向五指山市农行贷款2万元组建的。当时参加的有30余人，一共承包了700亩地，用于种植芒果之类的瓜果，开始几年没有实现赢利。原因主要有：一是对市场信息掌握不够，所种植的芒果品种不佳，因而销路不好；二是通往经济林场的路没有修通，运输存在困难；三是缺乏专业人士的科学指导，种植技术和经验不足。

当谈及参加林场的原因时，村民WJB回忆道，当时有政府的支持，而且感觉种田也没有太大的希望，就和一帮未婚青年开山种植芒果。开始时，每个人都信心十足，养猪、种菜，持续在山上住满十年，每一个人都对这种合作充满希望。但事与愿违，十年来并没有好的结果。村民们见到都会说："不会做事，搞了这么长时间，一点效果都没有。"大多数人在这种压力之下选择了退出，剩下的只有9个人，村民WJB就是其中一个。当问及原因时，他告诉我，他留下来是因为有一种执着的信念，认为如果这种合作继续坚持下去就会有成功的一天。随着生产种类的增多、品种改良等一系列措施的实施，他说，2008年他有了第一笔6000元的收入。

第二节　渔猎与采集

一　渔猎

　　五指山地区热带林木茂盛，林中野果终年不断，为动物觅食和栖息提供了良好的环境。牙开村地处五指山腹地，森林更加茂密，动物种类齐全，有黑鹿、赤鹿、水鹿、灵猫、猕猴、果子狸、黄猄等70余种哺乳动物，有斑鸠、白鹇、七色鸟、孔雀雉等300余种鸟类，有蟒蛇、穿山甲、巨蜥等百余种爬行动物，更有龟、鳖、青皮蛙等30余种两栖动物。牙开村前面的南开河，水流量大而急，所生长的鱼类品种多，如福寿鱼、石鳞鱼、越南鱼、河鲤鱼、小白鱼、石头鱼等。除此之外，还有蜜蜂、黄蜂、蝉等昆虫和蝎子、山蚂蟥等无脊椎动物。丰富的动物种群，为牙开村人狩猎提供了有利的条件。

　　据20世纪50年代调查资料显示，牙开村曾经在相当长的时期保持着狩猎的习惯，但主要是出于保护自己的农作物而在农闲时进行，一般没有组织，只是各自巡猎。唯有放狗围山时，才由"好运气"的人率领大众进行集体围猎，所获的猎物供自己食用。

　　为实施海南建设生态省战略的需要，海南各级政府在包括牙开村在内的广大农村地区广为宣传和执行《野生动物保护法》。当地政府于2001年将黎族村寨中的猎枪全部收缴，所以，现在牙开村村民基本上不再狩猎。狩猎已经从解决食物来源的重要途径变为农闲季节和生产之余辅助性及娱乐性的活动。

　　牙开村过去每家每户都有弓箭、渔罩、渔篓等捕捞工具，用于捕鱼。但从20世纪70年代起，大多数改为网具。进入20世纪90年代以后，部分村民采用电鱼的方式捕鱼，后被村规民约禁止后，已无人敢使用。现在，村民们捕鱼大多数是为了改善生活，只有极少数是出于营利目的，其捕鱼的工具是从市场上购买的普通粘网，也有部分水性比较好的，戴潜水镜潜水抓鱼（图2-3、图2-4、图2-5）。

图 2 - 3   村民在河中捕鱼

图 2 - 4   村民撒网捕鱼

图2-5　村民在毛阳河里摸螺蛳

二　采集

牙开村所在位置崇山峻岭、郁郁葱葱，原始林和次生林分布于高山、谷地和村寨周围，有着丰富的植物资源，果树也名目繁多。

丰富的植物资源为牙开村人提供了建筑材料和丰富的野生食材。直至20世纪50年代初，进山采集对牙开村的经济还起着一定的辅助作用。特别是对较为贫困的村民来说，由于生产落后，绝大部分贫困户和部分中等户皆缺粮一个月至半年不等。在青黄不接的缺粮时节，他们主要依靠进山狩猎和采集野果、野薯、野菜等野生食物，作为补助生活、度过粮荒的重要手段。

随着生产效率的提高，牙开村人基本上已经解决温饱问题，但传统采集活动仍然在绝大多数家庭存在。主要原因有三方面：一是牙开村所处的自然资源依然非常丰富，人们可以很方便地采集到各种食物，比如雷公根、革命菜以及田螺等；二是虽然现在的生活可以完全不需要像以前一样靠采集来补充生活，但人们习惯于采集食物的口味，作为日常生活的调节或补充；三是部分人通过采集活动来招待客人。

第三节　副业生产

一　从单一性到多样性

费孝通说："在乡下，土地是农民的命根。乡下人离不开泥土，土地是他们的命根，在乡下住，种地是农民最基本的谋生手段。"[①] 牙开村人通过自己的辛勤劳动，耕耘着属于自己的土地，并通过体力与大自然作交换的农业生产方式，获得生存的资料，这种方式也深深地影响着农业生产之外的其他获得收入的形式。牙开村所具有的得天独厚的自然环境，使其副业发展相对较快，种类也繁多。按生产目的来说，可以分为以出卖为目的和以食用为目的两种。以出卖为目的的副业产品有饲养的猪、鸡、羊等家畜、家禽，种植的冬瓜、南瓜、香蕉、菠萝等瓜果蔬菜，野生的红白藤等以及猎获的鹿茸、鹿筋、鹿角等。

可以看出，20 世纪 50 年代初期牙开村副业的发展主要是依赖于自然资源。俗话说"靠山吃山，靠水吃水"，如果单纯靠向大自然寻求稀缺的生存资源，并与大自然进行体力交换，这种副业生产是有很大局限的，也不可能获得较大的生产效益。

改革开放以来，随着城乡界限的逐步打破，牙开村改变了过去单纯依靠索取自然资源获得副业收入的形式，冲破农业生产的框架，依靠生产资料的价值、生产技术的转让以及文化技能的服务，生产形式呈现出多样性（图 2－6）。

第一，冬季蔬菜生产受追捧。牙开村气候和地理条件的特有优势，使其具有冬季种植蔬菜的条件。人们在上半年完成稻田耕种的任务后，即开始了种植冬季蔬菜的各项准备，主要的品种有黄瓜、茄瓜、苦瓜、卷心菜等。这种种植方式既可以满足村民的日常饮食需要，又可以通过

[①]　费孝通：《乡土中国与生育制度》，北京大学出版社 1998 年版，第 6 页。

图 2 - 6　黎族妇女在编竹席

市场交易获得收入。从表 2 - 3 可以看出，蔬菜类逐年受到牙开村村民的重视，也成为家庭收入的重要来源。

表 2 - 3　　　　　牙开村蔬菜类（含菜用瓜）产量统计　　　单位：亩、吨

年份	全年		春收		夏收		秋收	
	播种面积	总产量	播种面积	总产量	播种面积	总产量	播种面积	总产量
2001	67	26.8	30	12	27	10.8	10	4
2003	200	60	—	—	—	—	—	—
2008	288	102	135	49	78	26	75	27

　　第二，橡胶业异军突起。橡胶因为种植容易，销售价格高，牙开村几乎每家都种，平均每户种植面积 2 亩左右，每亩大概种植 33 株橡胶，按照胶价每斤 6—9 元的市场价计算，平均每年的橡胶收入按全村计算可达 119 万元。2010 年，橡胶的价格突破每斤 20 元，全村仅此一项收入就

达500万元。橡胶收入成为牙开村家庭中最主要的经济来源（图2-7）。

图2-7　橡胶林

　　第三，其他多种亚热带作物的补充。村民们利用独特的自然条件，广泛种植亚热带作物，如槟榔、椰子、香蕉、菠萝、荔枝、芒果、石榴、龙眼等。其中，槟榔的种植比较随意，可在屋前屋后种植，也可以连片种植在山上，因此受到牙开村人青睐。目前，全村槟榔种植总面积达200多亩，每亩可栽种90棵，每年每棵的产量在30斤左右，部分可产50斤左右。按照市场价每斤1—2元来计算，全村平均每年的槟榔收入可达 50 多万元，是家庭中次要的经济来源。

第四，家庭养殖业的发展。牙开村人擅长狩猎，因此过去养殖业一直规模较小。而随着国家对狩猎活动的禁止，牙开村人开始了家庭养殖。养殖的家禽主要有黑猪、牛、三鸟（鸡、鸭、鹅）。养黑猪是最普遍的，大部分家庭养殖 10 头猪左右，养得多的可达 30 头，少的也有 3～4 头。20 世纪 80 年代以后，大部分农户已经不用水牛耕田，养殖水牛的农户逐渐减少，多选择养殖黄牛。养殖"三鸟"的农户并不多，主要用于自家食用和招待客人。

二 从留守到离村

邓大才教授指出了三代农民打工者不同的行为动机："农民外出打工的动机基本上有三个：为温饱而打工，为用钱而打工，为离开农村而打工。打工的目标有三个：生存最大化，货币收入最大化和利益最大化。打工的逻辑也有三个：饥饿逻辑、货币逻辑和前途逻辑。打工的伦理有生存伦理、货币伦理和身份伦理。"①

这一分析同样适用于牙开村的外出务工者。虽然牙开村在大量种植橡胶、季节蔬菜及其他作物后，村民的收入渠道更加宽阔，生活水平也得到很大提高，但是随着家庭人口的增多，人均占有土地面积的逐渐减少，村内生产活动已经无法满足人们日益增长的多样化、多层次的需求。于是，在城乡户籍制度改革后，部分青壮年群体走向城市，寻求货币收入，从而引起副业收入的"半径"变化。

第一，留守人员的坚守，使副业收入固定于村庄周围。在牙开村，受传统观念的影响，大多数村民并不愿意离开自己生活的土地，所以部分人选择留守，其副业收入自然收缩在村庄范围之内。但在农忙之余，少部分有技艺的留守村民也会外出打工，获得副业收入。但这一群体并

---

① 邓大才：《农民打工：动机与行为逻辑——劳动力社会化的动机—行为分析框架》，《社会科学战线》2008 年第 6 期。

不稳定，主要看空余时间的多少，一般情况下，仅限于牙开村周围的村或者乡镇。

第二，离村人员的离开，使副业收入扩大到村庄范围之外。20世纪90年代以后，牙开村离村打工的群体逐渐增多，他们的年龄一般在18—45岁之间，外出的时间由短变长，外出的地点由近及远。据统计，2011年，牙开一村和二村共有77人在海口、广东等地打工，占到全村人口的13.3%。在外打工的村民基本上是未婚年轻人，其中女性所占的比重较大，有的在打工期间通过婚嫁的方式离开农村，但是在她们结婚之前，通过打工所获得的收入，大部分会用来帮助家里建房、修房、增添家用电器或者交给父母保管，从而增加家庭的副业收入。相反，男性在外打工的，多以利益化为导向，所选择的职业多为工厂工人、建筑工人等，其收入仅能承担自己的生活费用，结余很少，但对家庭来说也是一种减轻负担、增加收入的方式。

第四节　商业贸易

一　市场交易的机遇与风险

20世纪50年代初期，牙开村尚未形成严格意义上的商业，商品流通主要是靠一些农兼商的小商贩和外地商人来完成，因为经济贫困，所建立的贸易公司和供销社发挥的作用很小。"文化大革命"开始后，城乡集市贸易遭到取缔，导致牙开村村民买难卖难，生产和生活都受到严重影响。党的十一届三中全会以后，国家政策放宽，农贸市场也得到开放，集市规模迅速扩大。

1988年海南建省办特区后，以市场经济体制为海南经济体制改革发展方向的战略部署，对于整个黎族地区的商品经济发展起到了巨大的推动作用，很多乡镇都建立起集市或农贸市场（图2-8），促进了城乡物资交流，使整个黎族地区出现了贸易兴旺、经济繁荣的新景象。1993年，总投资550万元的乐东黎族自治县三镇反季节瓜菜专业市场完成，该市场是牙开村进行瓜菜市场交易的重要场所。

图2-8　牙开村集市一角

改革开放后，家庭联产承包责任制的实施使村民们获得自主经营权。牙开村村民利用独特的气候条件，促进了农作物的多样化生产，给村民带来了难得的机遇。但村民们的分散经营使其在农资购买、信息获取、技术保障以及市场议价能力等方面处于明显劣势。当某种农产品市场形势好、效益高时，村民会蜂拥而上；而形势不好、效益低时，村民会拒绝生产，导致存量急剧下降，从而产生市场风险。即便如此，牙开村村民仍会积极主动地参与到商业贸易的行业中，有因机遇而获得的喜悦，也有因风险而带来的痛苦，牙开村人就是在风险与机遇中逐渐形成了自己的商业贸易习俗。比如为争取卖到好的价格而选择更远一点的贸易地点；为获得更高的利润而有选择地种植不同瓜菜品种；为保持市场稳定而尝试成立购销公司、规范运作；等等。

经济的发展必然引起相应习俗的变化，而习俗的改变也会促进经济的发展。笔者在对48户栽种瓜菜的农户进行调查时，有98%的农户在商贸活动中受益，家庭收入有明显增长。

二 村中小卖部的互补与协作

　　过去牙开村附近没有市场，也未设立合作社，群众所需的日用品需要远到番阳市、什运市去买。随着牙开村村民收入的不断增加，生活水平的提高，人们日益增长的物质文化需要催生了村内商品交易场所的建立，也形成了其独特的商业习俗。

　　村里现有小卖部四个，其中牙开一村两个，位于牙开一村的入口处，相对而设，属独体建筑，面积大约为15平方米；牙开二村一个，位于牙开二村公路旁边，属于民房改建，面积为10平方米；牙开三村一个，位于牙开三村的入口处，面积为15平方米。四个小卖部所卖的商品种类不同，但都是与村民生活相关的物品，包括烟、酒、方便面、饼干、碗、杯子等。

　　牙开村小卖部是为了适应牙开村村民们物质文化生活需要而出现的，因而小卖部所承载的并不仅仅是商品交易的功能，更是村庄交流信息、传递信息、获取信息的主要场域。

　　笔者通过观察发现，牙开村的四个小卖部具有如下几个特点。一是所卖物品均为村民们的日常生活用品，村民若需购买大件物品（如酒罐、电扇等），必须到毛阳镇购买。二是小卖部的周围是村民聚会、聊天、喝酒的地方。忙碌了一天的村民，无论男女老少，都喜欢在吃完饭后集中到这里，或者买一瓶水，或者买一瓶酒，或者什么都不买，在这里进行交谈（图2-9、图2-10）。人们关注的话题显然不一样，未婚青年谈婚论嫁，中年人谈论当天农作物的价格，老年人谈些比较琐碎的事，有时默契，有时争吵，但最后都会一笑而过。三是小卖部也是村里大龄未婚青年重要的活动地点。按照习俗，牙开村都住着自己的兄弟姐妹，互相之间是不能结婚的，所以适婚青年必须

图 2 - 9　小卖部前的空地已成为村民休闲的好地方

图 2 - 10　村民在村中的小卖部外面闲谈

到村外去寻找对象。但是因为害怕，不敢自己出村去找，这时小卖部就成了他们重要的聚会和商议场所。几个年轻人在这里喝点酒壮胆之后，就会有人提议一起出去。

牙开村小卖部在具体经营过程中，既存在互补，又存在协作。具体特点如下。

1. 互补

牙开三村是1997年时从牙开一村部分搬迁过去的，离牙开一村、牙开二村1千米。牙开三村的小卖部属于独家经营。牙开一村、牙开二村是相邻的自然村，共三个小卖部，相互之间间距并不远。但三个小卖部在商品种类以及经营方式上存在互补，保证了各自正常持续的经营。为了叙述方便，笔者把这三个小卖部分别表示为A、B、C，其中A是村入口处地势低的小卖部，B是村入口处地势高的小卖部，C是牙开二村的小卖部。

（1）采用增加附加服务的方式来吸引客源。A在小卖部的前方空地购置了台球桌，通过吸引人打台球，增加客源。B在小卖部的四周放置桌椅，供人休息，并以提供面条等夜宵食品的方式吸引客源消费。同时，B每天在村民回家的时候播放音响，提升影响力。C在小卖部前方摆设三台二手游戏机，供小孩游戏，从而吸引客源。

（2）通过探索村民生活规律的方式确定商品种类。三个小卖部所卖的商品都属于村民的必需品，但有限的购买资源就要求各个小卖部适时地考察、分析村民生活特点，通过确定商品唯一性的方式，适当地选择一些特殊物品供村民们购买。如B就根据现在村里打工人返乡，喜欢时髦的情况，购置葡萄酒等供其消费，从而把这部分客源吸引过来，这部分客源也会因为习惯在这个小卖部购买而提供较大金额的消费。

（3）通过尝试不同的经营方式达到争取客源的目的。B小卖部发现有许多小孩的消费能力很大，但苦于无钱的，于是，B采用有限制的"赊账"的方式争取这部分客源。例如6—8岁的小孩最高可赊30元的物品，8—10 岁小孩最高可赊 50 元的物品，10 岁以上的小孩按照年龄及诚信情况，分别给予最高 100—200 元的赊账。据调查，B 小卖部一年的赊账可达 3 万元。B 小卖部店主发现一般大人都会在过年的时候给小孩压岁钱，因此店主选择在年底统一结账。

（4）利用开小卖部的时空优势探索多种赢利模式。开小卖部是一个耗时但不很耗力的活，故对劳动力资源来说是一种很大的浪费，所以照看小卖部的多为年轻女性。这些女性也很勤劳，为了使劳动力不至于浪费，会选择在小卖部附近开展附加值较高的经济活动。例如 A 就在小卖部前面开设烧烤店，A、B 都在小卖部的后面搭建猪圈，养了 10—20 头猪。目前 B 正在考虑是否要扩建猪圈，扩大养殖规模。

2. 协作

牙开村村民之间都有着血缘关系，这种亲情是小卖部和谐共处的基础。因此，三个小卖部在日常经营活动中，除在自身经营范围内互补外，会经常有一些协作。这种协作主要体现在以下几方面：一是当任何一个小卖部没有某种商品时，他们会建议到附近的其他小卖部购买；二是小卖部的货源一般在镇里，特殊的物品可能要到市里。为了节省运输所带来的成本，他们会合伙使用自己的三轮车或者联合租用其他车辆；三是为了弥补临时性的短缺，他们经常互通有无，从而实现资源的最大化配置。

可以看出，牙开村的小卖部虽然完成的只是买与卖的日常交易行为，却因为存在着这种互补与协作关系而形成了新的商业习俗。

三 流动商贩的执着与无奈

流动商贩曾经是牙开村交易的主要形式，但随着市镇交易场所以及村中小卖部的出现，它的作用也越来越小，但并没有消失。目前，村里每天 7 点 30 分至 8 点 30 分之间，都会有一些流动小商贩在村里卖肉、豆腐、蔬菜之类的物品。

通过调查笔者发现，流动商贩的交易活动有如下特点：一是时间相对集中，多为村民在田间劳作后回家的时间，购买人数多，销售速度快。二是所卖的物品多为各自家中所产，如所杀猪的多余部分、自制的豆腐、自家种的菜或自己打的鱼，故数量有限。三是没有固定摊位，多为摩托车后放置两个竹箩，在村里人数最多的地方鸣喇叭示意。有时候人不够多时，也采用慢骑摩托车并持续鸣喇叭的方式移动位置。四是价格相对便宜，因为买卖人多为村里或邻村，村民之间相互熟悉，赢利不是主要的目的。

　　随着交通工具的日益增多，牙开村村民的购物方式有了更多的选择，购物也较为便利。尤其是最近几年互联网的快速发展，部分年轻人热衷于网络购物，其消费观念也在发生转变。除急需或出于成本考虑外，一般不会选择就近购买，流动商贩的存在空间越来越窄。

第五节　小结

　　中华人民共和国成立以后，特别是改革开放以来，海南黎族地区社会发生了快速、急剧的变化，牙开村黎族生产习俗也随之发生了深刻的变迁。综观整个变迁，其原因主要有以下三点：一是国家政策的带动。20世纪50年代以来，国家为帮助少数民族经济社会发展，制定了一系列扶持政策。海南省结合黎族社会发展实际，制定了黎族经济社会发展政策，这些政策对于牙开村黎族生产习俗的变迁发挥着重要的引导作用。二是文化教育和科学技术的普及。随着科学的进步和社会的发展，牙开村人的受教育水平和认知水平不断提升，其生产观念也发生了明显的改变。他们逐渐认识到，科学、合理的生产方式无论对农业生产还是副业生产都具有重要的影响，进而主动地学习现代科学技术并加以应用，这对其生产习俗具有直接的影响。三是农村劳动力释放和流动的影响。随着城镇化的逐步推进，包括牙开村在内的农村劳动力的自由流动更加频繁。这种流动不是简单的劳动力的空间变化，这种流动产生的更为直接的影响是带动村民价值观念的变革。先进的工具、技术和经验被带入牙开村，既促进了当地经济社会的快速发展，也促进了其生产习俗的变迁。

就社会变迁性质而言，既包含积极、良性、有益的成分，也包含消极、恶性、有害的成分。前者无疑能够进一步导向、支撑地区社会变迁，后者则会构成变迁的滞障。① 牙开村黎族生产习俗变迁既包含积极、有益的成分，同时也存在着社会观念与社会行为的投机化、经济发展滞后与失衡等消极成分，这主要体现在以下几方面：一是目前整个村还停留在家庭经营的阶段，对于市场规律没有准确的把握，以至于盲目跟风现象较为严重，市场风险较大；二是市场价格体系不健全，存在价格信号失真现象，影响正常的经济生产活动；三是种植技艺停留在模仿阶段，缺乏专家的科学指导，病虫害问题比较严重，这些因素导致作物产量不高。

为了应对这些问题，毛阳镇政府也采取了一些措施，例如参加推介会推销产品、组织商家购买产品等，但由于牙开村农户多为分散经营，经营的品种、质量、大小等都存在区别，很难适应规模化的运作，因此效果并不明显。鉴于此，当地政府适时提出了走产业化道路的运作模式，即以市场为导向，以提高经济效益为中心，实现生产布局区域化、结构优化、生产规模化、服务社会化，通过龙头企业、社会服务中介组织，采取以经济契约为纽带等形式，把农户、商家、市场统一起来，实现种植、购销统一经营。

走产业化道路无疑要影响村民的生产习俗，如何从观念到行动上统一起来，笔者认为，可以从以下几方面进行探索：一是政府部门加大宣传力度，利用广播、电视、报纸、网络等多种途径宣传产业化道路的益

---

① 范士陈、陈思莲：《建省办特区以来海南岛黎族地区社会变迁研究》，《海南大学学报》（人文社会科学版）2010 年第 5 期。

处；二是典型示范，通过个体实实在在的收益，影响带动整个村庄的产业化运作；三是积极扶持村民供销合作协会的发展，发挥其在生产与市场之间的沟通桥梁作用。

第三章

生 活 习 俗

　　生活习俗是各民族生活方式所包含的文化内蕴的最外在表现。生活习俗包含的内容比较广泛，包括婚丧嫁娶、饮食起居、节日庆典、礼仪习俗，等等。本章仅从那些在黎族村寨能够直接观察到的文化现象——服饰、饮食、起居、出行等入手，描述黎族生活习俗的特点，分析这些习俗受哪些因素的影响而发生变化以及如何变化的。

第一节　衣：在求新求异中流变

　　服饰是一种文化符号，是民族特性的外在标志之一。服饰位居衣、食、住、行之首，既体现了人们的物质生活方式，又折射出时代的精神文化风貌。服饰的发展与演进，始终与社会文化的变迁紧密相联。黎族服饰在长期的发展过程中形成了自己特有民族特点和地域风格，成为黎族传统文化的结晶，是黎族文化的外在表现和形象展示。

一　黎族服饰：远离现实生活的记忆

　　相对于妇女服饰，牙开村黎族男子服饰无论从类型、设计还是图案、做工等方面都要简单得多。腰布是男子服饰的重要组成部分。现在无论在村里的任何场合提起腰布，妇女们都会害羞地掩面而笑，因为它类似于妇女们所穿的裙子，两侧还开衩到腰部。它裁剪简单，由前后重叠的两条同样大小的海岛棉或野生麻等纤维粗布缝制而成。男子上衣也不复杂，属"三无"产品，即无领、无袖、无扣，因此其制作也非常简单，仅由两块布料剪裁缝制而成。上衣为自然色彩，灰色较多。

牙开村黎族妇女服饰类型繁杂，图案精致，色彩炫丽，所以每个妇女都非常喜欢自己的服饰。即使现在日常生活中已经很少穿着，妇女们也会把传统服饰珍藏起来。妇女服饰主要由三部分组成，即头巾、上衣和筒裙，三部分服饰彼此协调呼应，既充分展现了黎族妇女的特有魅力，也体现了黎族妇女的聪颖智慧（图3-1）。

图3-1 黎族传统服饰

头巾由两部分拼接而成，上面的部分是用麻织成的，分布着很多花纹图案，颜色也较为艳丽；下半部分是一块纯黑的棉布，下缀长长的红色流苏。头巾一般很长，可达肩部以下，流苏及腰，实际上兼有帽子和披肩的功能，式样也是二者兼而有之，风格独特。妇女上衣多为黑色，也有深蓝色。长袖开胸对襟低领，两边对称地钉白色铝质纽扣，衣领周围和沿边以及袖口用白色或者织绣精美的花纹图案镶边。筒裙由筒头、裙腰和裙身缝接而成。妇女穿短筒裙，裙长不及膝盖。筒头一般是一段黑棉布。裙腰较窄，上绣各种精美的花纹图案，这些图案包括各式人形纹、动物纹、植物纹、生活用具纹、几何纹、汉字纹，每种图案都与黎族生产生活密切相关，包含了黎族人民历史的、心灵的和情感方面的诸多含义。比如在人形纹中，大人形纹中还套着小人形纹，重复并且重叠排列，折射出很强的团体意识，其所体现的是一种对人的群体力量的歌颂和对祖先敬畏的审美情感。又如牛角纹，黎族人崇拜牛，视牛为四大家财（农田、牛群、铜锣、粉枪）之一，牛角是牛魂的图腾，象征着权力和财富。

牙开村服饰的制作原料主要是棉、麻两种。牙开村的棉主要采自野生木棉，黎语称"吉贝"，制作工序分采棉、煮棉、晒棉、纺纱、织布、染色等几个步骤。对麻的处理则主要分为采麻、洗麻、煮麻、织布、染色等几个环节。让老人们引以为豪的是她们的织锦技术，对她们来说，织锦已经超越了基本的生存需要，成了她们赖以表达智慧、情感、愿望的载体。

黎锦的制作工艺复杂，集染、绣、纺、织于一体。染是把纱线的两端紧缚在木架上，依经线用青色或褐色棉线扎成各种图案花纹，然后进行染色，将扎线除去，即现出蓝底白花纹，最后依此径织成布，这块扎染的布一般会用来做筒头。绣是用彩线在麻或棉布上刺绣出各种图案，也可沿锦中织好的图案边缘绣，突出图案的色彩和效果，也称"织中夹绣"。由于筒裙花纹多而杂，有时为了突出花纹，再沿织边补充图案色彩，称"牵"。纺包括错纱、配色、综线、攀花等工艺。织则是用踞织腰机采用通经断纬的纺织方法织出各种图案，通过纬线色彩的变化达到图案的丰富多彩。

牙开村妇女使用的纺织工具是较为古老的踞织腰机，必须用双足踩织机，席地而坐，一纱一线聚精会神地编织，极为耗时耗力，这就决定了其服饰的使用期限要足够的长。从调查情况来看，由于海南长夏无冬，因此大多数人都常年穿着黑布上衣和及膝筒裙，只需多备一两条换洗就行。甚至妇女们在孕期也穿筒裙，只要把裙腰加宽一些就行了。

二 服饰变化折射时代变迁

文化变迁是一种必然的规律，黎族服饰作为黎族的象征和黎族文化的重要组成部分，也随社会生活的变迁而不断发生变化。

"文化大革命"期间，由于受到极左思潮的影响，将少数民族传统服饰视为"奇装异服"，并列入"横扫"之列。当时，牙开村人基本不再穿自己的民族服装。有部分村民在结婚的时候偷偷穿上黎族服装，第二天早早就脱掉。"文化大革命"以后，随着党的民族政策的落实，作为社会行为外化符号的服饰装扮也获得了更多的自由发展空间，黎族的风俗习惯和传统文化又重新得到尊重。在牙开村，部分黎族老人重新穿上民族传统服装。

党的十一届三中全会以后，随着经济体制改革的不断深入，牙开村长期以来形成的封闭状态逐步被打破，黎族、苗族、汉族及其他民族之间的交往不断增强，民族平等团结成为民族关系的主流，历史上形成的民族隔阂和民族成见逐步消失。同时，由于生产力发展水平的提高，牙开村自给自足的自然经济壁垒逐渐崩塌，商品经济观念对人们的影响日益加深，其服饰习俗也逐渐发生变迁（图3-2）。

如今黎族服饰已成为一种文化记忆，或是作为一些特殊的场合的象征符号出现，生活中已经很难见到。比如，在全国两会上及各种庄严的场合、在黎族"三月三"庆祝大会上、在槟榔谷民族风情园内，还可以见到黎族服饰。

笔者与一位村民WXZ（1951年生，黎族）展开的关于服饰的对话，体现了牙开村人对服饰习俗的理解。

问：你家里现在还有传统黎族服装吗？

图 3 - 2 村民的服饰早已发生了改变

答：有，父母传下来的，一直放在柜子里，以前偶尔穿一下，现在基本不穿了。

问：为什么以前穿，现在不穿了呢？

答：传统的黎族服饰做工精细，但耗时太长，又不好看。比如男式的"吊裙"前后各一块布，与现在汉族的衣服比起来要差远了。同时传统的黎族服饰不方便做工。比如女式的短裙很短，走路都是慢慢向前移动的，在田里干活肯定不行。汉族的服装就不一样，不仅样式好看，购买方便，而且还特别时髦。

问：有没有想过黎族的服饰会消失？

答：怎么不想，肯定想过，但也没有办法。村里能够织锦的人越来越少，年轻女孩子现在受外面的影响很大，也不想去学。技艺都没有了，衣服肯定会越来越少，所以我会把我家里的那套一直保留下来，这毕竟是属于我们黎族人自己的衣服。

由此看来，对于传统服饰，牙开村黎族在观念上已发生巨大的变化。同时，在外来文化强烈冲击下，其服饰变迁也表现出自己的特点。

1. 服饰款式的变迁

服饰款式的变迁呈现三方面的特点：一是传统的生活服装日渐礼服化，逐步脱离现实生活。随着现代化进程的加快，传统黎族服饰已经逐渐淡出人们的视线，取而代之的是从市场上买回来的成衣。传统黎族服饰是在节日庆典、婚丧嫁娶等重大仪式中才穿的礼服和盛装。二是服饰简约化、实用化。传统黎族服饰更多地凸显"美"质，制作工艺复杂，耗时长，远不如直接买的汉族服装简单、适用。传统黎族服饰短、窄、小，虽然可以展现女性的曼妙身材，但十分不利于日常的劳动，穿汉族的服装却可以做到两全其美。因此，村中无论男女都改穿汉族的服装。三是服装的象征意义在弱化。传统黎族服饰中的每一种图案、颜色、设计都包含着黎族人对生活的理解，反映了黎族人的心理特征。随着科学技术的发展和村民们认识能力的提高，人们对自然界渐渐有了新的认识和理解，服饰的象征意义逐渐弱化，取而代之的是那些鲜艳靓丽的式样。

2. 面料和做工的改进

织锦的传统材料是棉线，过去的人们要自己煮棉纺线，再用植物染料来为线上色，工序复杂，耗时耗力。后来逐渐变为到集市中直接买棉线，再后来被腈纶线和毛线所取代。服饰原材料完全突破本土化，日趋多元化。同时，加工材料和加工方式的现代化，高科技融入黎族服饰的制作当中，传统手工制作技术也逐渐走向衰落。传统自纺自织自染的生产方式几乎成为历史，而改用现代工业缝纫设备、提花机制作。具有精湛手工技术的一代人相继逝去。

在市场经济时代，这些传统工艺远不足以维持人们的日常生活，人们大都不愿意从事这些活动。同时，现在的年轻人接受的是现代学校教育，掌握的是新的现代科学文化知识，他们更不愿意花费时间去学习传统的制作技术，传统工艺后继无人。

从笔者与村里一位女青年 WY（1991 年生，黎族）之间的对话，可以明显感受到黎族服饰与织锦文化所面临的现实困境。

问：你喜欢自己的民族服饰吗？

答：喜欢。因为它非常漂亮，而且是属于黎族自己的服饰。

问：那你会编织吗？

答：不会，没有学过。

问：既然你非常喜欢，为什么不学习编织技术呢？

答：主要是母亲也不太懂，也从来没有教过我。再有，编织黎族服饰耗费时间长，工序复杂，学习起来比较困难。同时，现在流行的服饰可供选择的余地较大，再去花费时间学习，没有必要。

问：现在村里的女孩有没有懂织锦技术的？

答：基本没有，因为大多数人要么读书，要么出门打工，根本没有学习的时间，当然也没有学习的环境。

3. 功能的变迁

人类服饰的产生起源于其遮身蔽体、防寒保暖等实用功能。不同民族的服装因生活的环境和生产力发展水平的不同而存在着差异。在温饱问题没有解决以前，追求服饰的审美乃至其他功能，缺乏物质基础。服饰遮身蔽体、防寒保暖等生理需求当属物质范畴，审美功能、表达功能等都属于意识形态领域。意识形态领域功能的实现，以实用功能的实现为前提，并受其制约。

随着改革开放进一步推进，社会生产力提高，人们的生活水平得到较大提高，温饱问题早已得到解决，服饰所具有的传统实用功能逐渐在弱化，而审美功能、表达功能等得到凸显。目前，在牙开村中，女青年穿起吊带装、低腰裤和高跟鞋，男青年穿上西装、牛仔服、T 恤、各类休闲服、皮鞋等，已经深深地打上了时代发展的烙印。

三　对服饰变迁的思考

服饰是社会的晴雨表。服饰最得社会风气之先，变化最快，最明显。文化人类学者认为，促使文化变迁的原因有两个，一是内部的，由社会内部的变化引起；二是外部的，由自然环境的变化及社会文化环境的变化如迁徙、与其他民族的接触、政治制度的改变等而引起。当环境发生变化，社会的成员以新的方式对此做出反应时，变迁就开始了。

1. 政策导向是引发黎族服饰突变的重要因素

中华人民共和国成立后，政府大力提倡移风易俗，倡导文明、健康、科学的生活方式。如 1958 年 5 月，在海南黎族苗族自治州第三届人民代表大会第一次会议上，通过《海南黎族苗族自治州人民委员会关于几种落后的风俗习惯的改革和修改几项旧的不合理规定的方案》，文中明确指出："黎族苗族穿的又窄又夹的裙子和部分黎族男子穿'幅'（译音，意指穿前后各一块遮盖布）要改为比较宽较长的裙子或裤子。或在本人自觉自愿的基础上改穿汉族服装，以免因穿裙子过窄而妨碍正常发育。"[1] 这一决定，对海南黎族服饰文化的变迁产生了重要影响。

"文化大革命"期间，不允许黎族人穿本民族服装。受当时政策影响，牙开村黎族传统服饰文化遭到很大的破坏，直到 20 世纪 80 年代初，党和国家恢复了民族政策，黎族传统服饰才得到恢复和发展。

2. 经济社会发展是牙开村黎族服饰变迁的根本推动力

怀特认为，"技术的变迁先于社会的和观念形态领域的变迁"[2]。服饰作为一种物质文化受到经济发展水平的根本制约。如果说 1949 年以后，由于政治的原因，人们被迫放弃对传统服饰的追求，那么到 20 世纪 80 年代后，随着中国农村家庭联产承包责任制的推行，人们对服饰

---

① 海南史志网（http://www.hnszw.org.cn/data/news/2013/09/61719/）。

② ［美］克莱德·M. 伍兹：《文化变迁》，何瑞福译，河南人民出版社1989年版，第39页。

的追求表现出自主选择的主动性。

在黎族地区，由于社会生产力的大幅提高，社会经济结构悄然变化。长期以来在黎族社会中占据主导地位的自给自足的自然经济在现代化进程的冲击下发生剧烈的变化，黎族人民的生活水平也得到了相应提高。于是，机织布逐渐进入黎族家庭，取代了自种、自纺、自织的土布，成为服饰的主要面料。20 世纪 80 年代末至 90 年代初，以耐磨、光滑、轻薄、透明、易洗、快干为特点的人造纤维，开始流向黎族聚居的农村，成为青少年服饰的主要面料。

3. 各民族文化交流、交融对牙开村黎族服饰的变迁产生重要影响

霍默·G. 巴尼特所著《创新：文化变迁的基础》一书，被认为是研究文化变迁的经典著作。他认为，创新是所有文化变迁的基础，而传播或借用是创新的普遍形式。[①] 服饰文化变迁的一个重要途径，是在文化交流中相互融合，相互取长补短，从而形成人类服饰文化的繁荣与进步。牙开村黎族服饰的变迁也是在这种交流中发生的。通过对牙开村的调查，笔者发现其文化接触与传播主要有三种途径：一是大批青壮年涌向经济发达的沿海地区打工，他们在接受经济发达地区提供的工作、技术学习机会的同时，既增加了个人的收入，也逐渐接受了经济发达地区的价值观念；二是部分汉族商人深入黎村，从事建筑、贸易等活动，把汉族的先进技术和价值观念传入，村民们通过接触并比较后进行借取与采纳；三是由于现代科学技术的发展和广泛运用，电影、电视、报纸等媒体深入人们生活的各个层面，拉近了黎族和汉族及其他民族之间的距离，从而受到汉族服饰文化和外来服饰文化的影响。

4. 服饰观念的变化是牙开村黎族服饰变迁的内部动因

如同服饰形貌的多样性一样，人类的服饰观念千差万别，但服饰观念的根本差异，主要体现在对服饰功能的认识上。人类服饰主要有三大功能，一是实用功能，在于御寒、防热、保护身体便于生产和生活；二

---

① 参见朱炳祥《社会人类学》，武汉大学出版社 2004 年版，第 219—220 页。

是审美功能，在于美化、装饰身体；三是社会标识功能，标识等级、阶层、职业、性别、年龄、宗教、伦理、民族等社会内涵。不同的服饰观念对服饰功能的侧重点不一样。随着时代的变迁，社会经济的发展，最初作为生活用品的黎族服饰在历史发展进程中，在满足人类生存的同时，其功能也在发生着改变，具体表现为实用功能逐渐减弱，社会功能逐渐增多，服饰的审美、象征功能不断凸显。比如，在牙开村黎族传统社会里，会不会做本民族的服饰是评价女性的重要标准。当大量外来服饰进入黎族社会后，只要有钱就能买到物美价廉的服饰，会不会做本民族的服饰便不再是评价女性的标准了。

第二节 食：从填饱"胃"到注重"味"

饮食是改造身体素质的首要物质基础。在漫长的人类社会发展过程中，饮食早已不是简单的物质存在，而是演变成为一种物质文明和精神文明紧密结合的文化现象。[①] 牙开村地处热带北缘，纬度低，属典型的热带季风气候，干湿季节明显，夏秋多雨。这种特殊的自然生态环境非常有利于动植物的繁殖和农作物的生长，为村民提供了充足的食物源。

自古以来，牙开村人善良、勤劳，一贯坚持提取但不过度、利用但不破坏的原则，与大自然和谐相处。在这种利用与保护之间，牙开村黎族孕育了其独特的饮食习俗。这些独特的饮食习俗既受到其居住地理环境影响，又受到社会环境、传统因素的影响。正如学者所言："各民族的饮食是由本民族所从事的主要生产部门决定的，同时也受社会生产力发展水平的影响。由于生产活动受自然环境的制约，而吃什么不吃什么又受信仰习俗的影响，所以自然环境和传统观念也是影响饮食的重要因素。"[②]

---

① 文珍：《黎族传统饮食的文化解读》，《民族论坛》2012 年第 20 期。
② 徐万邦、祁庆富：《中国少数民族文化通论》，中央民族大学出版社 1996 年版，第 87 页。

一 果腹之乐：享受别样的味道

牙开村黎族饮食风俗的显著特点在于利用自然条件，因地制宜，就地取材，体现了人与自然的密不可分。

饮食结构方面，基本是以稻米为主食，辅以其他自然生长物。黎族人民种植稻谷的历史悠久。据《汉书》卷二八《地理志》记载："男子耕农，种禾稻、苎麻，女子桑蚕织绩。亡马与虎，民有五畜。"可见，随着汉武帝设置海南郡，大量移民进入海南岛，稻谷便传入该地区。黎族人民从种植稻谷中感受到稻米的重大价值，甚为喜爱。

据史料记载，20世纪50年代初，牙开村村民就已经特别喜爱稻米，把其作为日常生活的主食。一般情况下，每天天一亮，就煮好一天三餐的饭，然后用冷水泡着吃。为了增加稻米的口感，村民们还充分利用当地的各种食用性植物资源，与大米掺和在一起，做成种类多样、营养丰富的米饭，比如山栏米饭、竹筒饭、红薯饭、黄姜饭、南瓜饭、山薯饭等。

村民们很少食用自己家饲养的鸡、鹅、猪、牛等家禽、家畜，大多是利用其海、陆、空的自然优势，食用具有地域特色的各种野生动植物，如山鼠、田鼠、坡鼠等鼠类，螺、鱼、虾、青蛙、水蛇等水属类，黄琼、山猪、野鹿等动物以及各种植物的果实、块根、种子和嫩芽。同时，一些热带的特色水果也是村民喜爱的食物，如椰子、荔枝、龙眼、石榴、芒果、菠萝、阳桃、黄皮果、波罗蜜、香蕉、甘蔗等。

饮食习惯方面，喜喝凉水，吃淡食，嚼槟榔，饮白酒，抽土烟。由于处于热带，天气干燥、炎热，村民们一般不煮开水，或直接喝生水，或直接用生水煮稻米稀饭，口渴时，直接喝稀饭。气候原因也使村民们形成了吃淡食的习惯。一般烹饪食物，在"三石灶"①上的铁锅或陶锅

---

① 三石灶是一种用三块石头所摆成的"品"字形炉灶。

里加入白开水，清煮各类食物，只放入少量的盐，待煮熟后分至小容器里食用（图3-3）。

　　牙开村地处五指山地区，山高林密，云遮雾掩。受此环境的影响，村民们患上痢疾等疾病的可能性增大。而在该地区很常见的槟榔具有显著的止泻消滞、除痰息喘、消炎去肿、行气利水的功效，还有治痢、杀虫、固齿的功能。因此，村民们包括妇女，都喜欢在饭前饭后嚼一嚼槟榔。

图3-3　用于煮饭的"三石灶"

　　"择空地置酒数坛，宰所畜牛羊犬豕鸡鸭之类而烹之，男女席地杂坐，饮以竹竿，就坛而吸，互相嬉闹，彼此交欢，尽醉为节。"这是清代《琼崖黎歧风俗图说》资料中对黎族饮酒习俗的记载，也是20世纪50年代初牙开村黎族饮酒习俗的生动体现（图3-4）。

图3-4 密封酒坛里的"山栏酒"

目前，牙开村黎族虽然饮酒的方式有所改变，但饮酒习俗一直保持至今。牙开村村民经常在劳动一天后，饮适当的白酒，用于消除疲劳。村民几乎家家户户都有酿酒的设备，而且不管男女老少都爱喝。除此之外，村民们还用酒来热情待客、表达情感、调节心情。酒更是节日庆典、生老病死等仪式上的必备之物。

酒在牙开村黎族的日常生活中占有重要地位，对其习俗的形成有重要影响。这一点可以从笔者与村党支部书记WZ（1961年生，黎族）的交谈中感受到。

问：您喜欢喝酒吗？

答：当然喜欢，基本上是"有时间，一日一顿；没时间，一日三顿"。

问：为什么有时间反而喝的次数还少一些呢？

答：不是啊，我是说有时间的时候，一顿酒喝一天；没有时间时，就只能一日三餐时才喝一点。

问：明白了，那为什么喜欢喝酒呢？

答：这里气候炎热，尤其是在夏秋两季，日照时间特别长，人也特别容易流汗。而且大量劳动耗费体力，喝点酒既可以补充水分也可以解乏，冬天的时候喝酒还可以御寒。现在因为大家在一起的时间比较少，喝酒可以促进相互之间的交流，加深感情。

问：有没有醉过酒？

答：经常会醉，因为每个人都爱喝酒。如果有事情的话，一般持续时间不会太长，不会太醉。但如果是农闲或者过节的时候，一般持续时间都会在3—5小时，有时也从早到晚，醉酒是经常发生的事情。

问：村里几乎每年都会因为醉酒而发生交通事故，是这样吗？

答：我们都很痛心，但又确实控制不住。村里都住着兄弟姐妹，无论是谁到任何一家，即使是没有菜，也要喝上几杯。现在村里也通过各种宣传，告诫年轻人不要酒后骑摩托车。

村民们多用抽烟的方式来提神、缓压。村民们常抽自种的烟，他们把烟草晒干，切成烟丝，以竹制水烟筒吸烟。

在贮存、烹饪、加工食物方面，体现出村民适应环境而形成的富有民族特色的独特的饮食习俗。海南炎热潮湿，谷物、肉类、鱼类、蔬果等食物容易变质。为了防止食物过早变质，村民对食物进行加工贮藏，制作出很多具有地方特色的风味食品。包括（1）鱼茶、肉茶：就是把生鱼或者生肉拌入米饭，加入少量的盐，再用陶罐封存，随气温而变，10—30天后即可食用，其味酸而微咸，甘香可口。（2）喃杀：把野菜、牛皮、碎骨、碎肉等洗净后盛入陶罐，加入米汤后密封，保存2—3个月，让其发酵，腌制成酸菜（图3-5）。据村民们介绍，常吃喃杀，可以清除人们身体内的杂质和毒素，也可以清除在砍山栏等过程中所吸入的灰尘。（3）干槟榔：即把成熟的槟榔摘下，放进锅内煮熟后切成两块，用藤片串成一串，吊起晾干，便可长期食用。

图 3-5　野菜"雷公笋"，村民常把它腌成酸菜

在烹饪方式上村民们比较简单，常常是用南瓜、叶子、野菜、草菇和盐一起煮。肉类则大块煮烂，加盐后切开而食，不采用炒、煎、煲等其他烹饪方法。若是从河中打起的鱼类，也不剖腹洗净，而是清洗表面后直接入锅清煮。20世纪50年代，村民在肉食加工方法上还采用比较原始的办法，即将牛、犬、豕等牲畜杀死后，不去毛，不剖腹，两人扛起放在火上辗转烧烤，烤熟后，便用刀破肚割肉而食。平时村民常从附近的小河溪流中捕捉鱼、蛙等，用竹片从中串好，放在火中烤熟而食。除此之外，牙开村黎族还有包粽子吃的习俗。粽子种类很多，有长、圆、三角形等，主要用肉加糯米包成。

二　碗中之物：百姓最有感触的变迁

张岱年指出："文化发展的一个基本的规律是文化的积累性和变革性。每一代人都会在继承前人文化知识的基础上，增加新的知识内容，这是文化的积累性；同时，文化又会随着社会经济、政治的变革发生变化和更新，这是它的变革性。"[①] 对于牙开村黎族饮食习俗而言，这一规律同样适用。随着社会经济的发展，牙开村黎族饮食习俗在各个层面都发生着不同程度的变化。

1. 饮食观念上由"填饱肚皮"向"健康饮食"转变

"饮食乃是人类社会生活之头等大事。因此，人类对于饮食十分重视与讲究。在这一过程中很自然会形成一系列的思想观念，产生一些心理活动。"[②] 饮食观的形成、发展与经济社会的发展密切相关，社会发展到一定程度时，饮食观念也会相应地发生变化。牙开村黎族的饮食观念在20世纪50年代还相对保守落后，甚至说一些饮食的方式还不太科学合理，但随着整个国家的社会经济发展，其饮食观念逐步提高，正在向"健康饮食"方向转变（图3-6）。

（1）注重食物的合理搭配，使营养吸收更加科学。20世纪50年代，由于生产工具落后，牙开村村民的饮食基本还停留在温饱阶段，即使偶尔会分得一小部分以集体狩猎的形式获取的野生动物，但"填饱肚皮"仍然是那个时代最重要的任务。60年代以后，特别是改革开放以后，随着社会生产力的发展，生产技术的改进，牙开村村民学会各种饲养和种植技术，其生活水平得到了较大的提升，村民们饲养了大量的鸡、鸭、鹅等家禽，种植了大量的青瓜、茄瓜、苦瓜、卷心菜等蔬菜，荤素搭配，使食物的营养搭配更加科学合理。

（2）注意食物的清洁卫生，使生病概率大为减少。在煮饭方面，

---

① 张岱年、姜广辉：《中国文化传统简论》，浙江人民出版社1989年版，第3页。
② 陈伟明：《唐宋饮食文化初探》，中国商业出版社1993年版，第34页。

图 3 - 6　村民现在的饮食生活

村民过去基本上不淘米，直接下米入锅，许多杂物夹杂在生米当中一并煮熟。当问及原因时，他们说是为了让米的营养不至于被淘走。随着村民们认识水平的提升，大部分人已经开始淘米，并拣出杂质。在饮水方面，20 世纪 80 年代以后，村里的一般人家平常喝开水，部分村民则饮五指山茶等茶水以及可口可乐、椰岛天然矿泉水等。随着村民对饮食卫生越来越重视，牙开村村民的生病率也呈现下降的趋势。

（3）区别食物的制作方法，使食物口味日益丰富。在村民的日常生活中，盐在诸多调味品中是最普通且又最常用的一种。随着烹调技术的进步及饮食文化的发展，村民们对饮食味道的要求不断提高。笔者在牙开村调查时发现，调味料除了盐之外，还有大量食油、酱油、陈醋、味精、糖、辣椒酱等。牙开村村民过去一直特别喜欢煮食物，既方便快捷，又营养丰富，但随着物质生活水平的提高，人们认识事物的能力也获得提升，他们发现有些食物煮后味道不好，营养结构也被破坏，因此他们在观念上虽然仍坚持以煮为主，但现在会根据不同食材，辅以炒、凉拌等方法。

2. 厨具和粮食加工方法逐渐从传统走向现代

中国有句俗话："工欲善其事，必先利其器。"要想做出好的菜肴，较好的烹饪器具是关键一环。20世纪80年代以后，牙开村多数人家使用了高压锅、炒锅等，电饭煲、电磁炉也较为普遍，部分家庭还用上了消毒柜。以电为动力的厨具的逐步使用，大大节省了炊煮的时间，同时保证了食物的质量。在国家扶贫政策的支持下，牙开村部分村民修建了沼气池，安装了燃气灶。随着科技的进步，牙开村现已不用泥磨和米臼了，取而代之的是碾米机。碾米机的使用和普及，大大提高了碾米的效率，节省了人力和物力。

3. 饮食习惯逐步革新

牙开村人吃饭由稀到干，并且采用相对卫生的吃法。过去，牙开村人由于粮食不足，一般情况下不吃干饭，而且不太喜欢吃黏稠的稀饭，一般是在煮好稀饭后，再倒进冷水冲稀，这种稀饭带有发酸的味道，不太卫生，若吃不习惯很容易引起肠胃不适。现在，随着生活水平的提高和对卫生知识的了解，牙开村人一日三餐大多以干饭为主，但因天气炎热等原因，也有煮稀饭食用的。

4. 燃料的改进

随着科学技术的不断普及，传统薪柴能源结构已经发生改变。现在牙开村一些富裕的人家用上了天然气、煤气。也有部分人响应政府的号召建设了沼气池，但由于地势及建造者技术问题，至今仍不能正常使用。值得一提的是，电磁炉因为其制热快、安全系数高，其拥有率在牙开村达到95%以上，也从一定程度上保护了当地的生态环境，并节省了黎族人找燃料的时间及人力。电磁炉成为大多数家庭的必备厨具，与黎族社会喜欢煮食有重要关系。

三 煮：变化中的不变

牙开村黎族饮食习俗的特点非常鲜明，其变迁也十分明显，但有一点在众多变化当中却保持着不变，即饮食文化中"煮"的习俗。在牙开村，人们擅长而且喜爱煮食，以至于日常生活中的做饭、做菜，也被他们称为"煮饭""煮菜"。烹饪工具虽然由过去的"三石灶"发展到现在的电磁炉、液化气灶，人们也没有改变"煮"的习惯。

在村里，逢年过节时，经常会看到一个家族的人分十几个桌子围在一起喝酒吃饭，每个桌子上只有一个电磁炉和一个盛满水的不锈钢锅，然后把准备好的肉类、菜类等添加进水中，只略微添加一点油和盐。待锅里食物煮熟后，每人均分一小碗汤和菜，然后再加水，重新煮菜。这种烹饪方式比较符合牙开村人的日常生活特点，即把吃饭当作一种休息或休闲，所耗的时间较长，有的两个小时，有的甚至达十余个小时。若食物凉了，就可以很方便地加热，可以满足各种需要。

笔者在调研中亲身经历、体验并感受着这一饮食文化，也不断地思索这一传统习俗延续的可能原因：一是独特的热带季风气候，使得人们在外出工作或劳动时要消耗大量的水分。日常生活中，人们对水的摄入量不能满足身体的需要，故吃饭时需要喝汤来补充，故也有"宁可食无馔，不可饭无汤"的说法。二是这种方式方便简单，易操作，既可节省时间，又可节省体力。三是这种方式适合黎族大家族的特点，即一个家族内都是兄弟姐妹，聚会交流情感是经常性的活动，而聚餐被认为是一种非常好的方式，要满足这种聚餐需要，"煮"的方式无疑最可行。四是这种方式迎合了黎族的酒文化。酒对大多数黎族男性来说是生活必备品，因为人们在喝酒的同时，也融入情感沟通、休闲娱乐等因素，所以花费的时间较长。对于这种饮食习惯而言，"煮"的方式比较适宜。

第三节　住：在自我调适与政府引导下渐变

居住习俗又称"民居习俗"，指人工住所建造及居住过程中的一些习俗事项。各民族的民居住宅，是各民族在长期的生产和生活实践中创造出来的。作为地域文化的载体，它是各地人文、历史、自然地理环境等的反映，是在一定的社会文化和自然环境中，人类活动与自然相互作用的结果，更是人类宝贵的社会文化遗产。民居型制最真实地反映了当时的社会形态和家庭形态，反映出当时人的生活形态及其与自然环境的适应关系，反映了文化形态、艺术形态和其他种种观念形态。①

牙开村黎族在历史发展过程中，在经济发展十分落后、生活非常困难的情况下，因地制宜，就地取材，利用简单的天然材料，建造出避风挡雨、隔热御寒、防避瘴病、防御野兽蛇虫侵袭以及适应生产生活要求的各种住宅来，显示了黎族人民的劳动智慧。然而，在现代文明的冲击之下，富有特色的传统居住聚落在主观及客观因素的影响下，正在发生着深刻的变迁。

一　传统民居：山性与海性的结合

黎族传统住宅，外形像篷船，内部像船舱，所以顾名思义称之为"船形屋"。黎族民间故事《雅丹公主》中，有一段有关船形屋的描写："雅丹公主因触犯家规受到惩治，被父王置于一条船上，顺水河流到了一个孤岛。公主为了躲避风雨，防御野兽，上山砍来几根木桩，竖立在海滩上，然后把小船拉上岸，底朝天放在木桩上做屋顶，又割来茅草遮住四周，白日外出，夜晚睡于船形屋中。后来船板烂了，她割来茅草盖顶，这就是如今黎族船形屋的来历。"由此推断，黎族住宅最初很可能是直接来自船工或模仿船建造起来的。②

船形屋属于干栏式住宅之一，最初分上下两层，由柱子架空地面约1.6—1.8米，选在坡地上修建，与地形巧妙结合。居者沿竹梯而上，上层住人，下层用于饲养家畜。随着汉族迁徙海南和生产力的提高，黎族的船形屋开始有高架与低架（落地式）之分，但在其演变过程中，并没有失去黎族传统住宅的独特风格，其船篷结构形式得以保存。最为

---

① 沈福煦：《中国古代建筑文化史》，上海古籍出版社2001年版，第306页。

② 王学萍：《中国黎族》，民族出版社2004年版，第273页。

常见的船形屋一般由前廊和居室两部分组成，居室内部不再分隔。煮炊、卧息、储藏全部容纳其中。居室后面附有杂物间，或在前廊一侧另盖小房一间。

随着黎族文化与汉族文化的不断交流、融合，黎族文化受到汉族文化的冲击是不可避免的。由于汉族"金"字形住房在采光、通风、建筑技术等方面有显著的特点，因此被逐步吸收，"金"字形茅草屋就是吸收的结果。"金"字形茅草屋是以木柱支承人字架，人字架上铺上檩条和椽子构成的竹方格网，面上铺上茅草即成。

20世纪50年代，牙开村以船形屋居多，但已有部分"金"字形茅草屋。其房屋的门开在两端，有些也会在中间开一个门，形成"品"字形三个门。屋顶茅盖离地较高，墙围与屋盖相接处留有空隙，并且还加开窗牖，以方便空气流通及光线透射。所有墙壁都是泥糊的，屋顶用茅草覆盖。整个住房内部没有隔成一个个的房间，只是划分为若干功能区，如灶塘、卧室、客厅等，其中客厅最大，一般为15平方米左右，卧室10平方米左右，灶塘8平方米左右。地面有一边是用藤条编成离地尺许的地板，仅留灶坑位置，睡床就在地板上架设。室外两端各延伸一块楼板，形成前庭、后庭，前庭用于全家贮水、盥洗、晾晒、纺织和乘凉休息，后庭用于堆放杂物、柴火等物。房子的门是使用坚实的木板并配上门闩。每户的门前附近都用篱笆围作菜园。

从现代建筑学观点来看，这类房屋以较轻的建材和相对坚固的力学结构，有效地起到防震的作用，对于海南岛这样一个湿热多雨、台风繁多、蚊蝇滋生的地方，无疑是一种巧妙的适应。

牙开村居住房屋构造简单，功能发挥有限，因此，一些辅助性的建筑就显得更加重要。牙开村的辅助性建筑主要包括"隆闺"、谷仓、牛栏、猪圈、厕所等。"隆闺"有"兄弟隆闺"与"姐妹隆闺"之分，其中"兄弟隆闺"由男孩子居住，"姐妹隆闺"由女孩子居住。牙开村有"兄弟隆闺"和"姐妹隆闺"各一个，"兄弟隆闺"在村子进口处，大小和普通的住房差不多，里面放置一床铺，高2尺，可容八九个人住用。"姐妹隆闺"则建立在相对比较隐蔽的小丛林中。

谷仓主要用竹片编织成笪（竹席）作为仓壁，以基石垫底，悬空地上，便于防潮、防鼠。用茅草盖顶，用于防雨。谷仓内外用黏土和成泥糊涂抹，用于密封。谷仓一般都选在村落外缘较干爽的向阳处，集中或单独建造。

"人类的居住分布，与人类的社会属性分不开，同时也与人类的生产活动分不开。因此，人们便利用各种有利的自然条件，构成聚居的建筑群体。"[①] 牙开村属于热带雨林地区，风灾、雨灾等自然灾害频发，在自然经济的条件下，村民们深知个人抗御天灾的能力极弱，只有群居、聚居才能增强人们抵御灾难的能力。同时，为便利生产、生活，村民们选择村落地点时，会重点选择靠近水源或山谷中的小平原、河谷阶地或平缓的山坡，而且不要太靠近交通主干线。因此有"山包围村，村包围田，田包围水，有山有水"之说。同时要求地质表层多为沙质黏土层，下面多为沙土砾石层，土质一般良好，其承载能力可以满足建筑要求。

中华人民共和国成立后，牙开村村民逐步从山上搬迁到山下，每个村民搭建的新房屋并没有按照全村规划，而是分别在原先属于自己的田地内搭建，所以村庄房屋格局并无特定的安排。牙开村黎族的居民村落，多是被高大的阔叶林和灌木林围绕着，其中往往间杂着槟榔、椰子等棕榈科植物，还有榕树、芒果、酸梅、荔枝、龙眼、波罗蜜、益智、可可等树。因此，在村落外边很难看见居住的房屋。

除此之外，牙开村受宗教信仰的影响，其建造房屋需要遵循许多规矩。据笔者调查，主要有以下几方面：一是房屋的选址一般要求地势稍平缓，而且要没有鬼怪现象，同时村中房屋要走向一致。二是地基挖好埋中柱前，要把捣烂的黄姜和露兜叶埋在中柱下面，起到镇鬼

---

① 乌丙安：《中国民俗学》，辽宁大学出版社1999年版，第139页。

避邪的作用。三是立柱和上梁时，要在房梁与柱子间绑上白藤叶，以驱邪避鬼。四是房屋盖顶时，要先从阳面盖一两层茅草后再从阴面一起盖，且要在一天内完成，否则家事不顺。五是新房落成后，要把糯米涂在门槛和窗棂上，以求祈福避邪。男户主还要燃烧一个火把，去新房的各个角落里象征性地烧一下，表示家庭兴旺，同时驱走屋里的秽气等。

黎族住宅建筑比较简单，一般情况下都由家里的男人自行修建。每当一家建房时，村落的亲朋好友都来帮忙，待房子建好后，屋主要杀猪备酒，酬谢众亲友的帮忙，名曰饮"新屋酒"。

二 能够感受到的舒适：民居改造60年

船形屋一直以来是黎族文化的最显著标志，但随着黎族社会政治、经济、文化的发展，牙开村黎族居住习俗在60年中发生了巨大变化。从1968年第一个仿汉式"金"字形屋建造开始，到1984年第一座平顶房，再到2006年第一座平房半楼房的落成，直至2010年第一栋楼房的建成，牙开村的居住格局无论从居住形式、内部结构、地面状况、室内陈设以及庭院布局等方面，都发生了巨大变化，显示出不同时代牙开村独特的居住文化。

1. 居住功能上由"适应性"向"舒适性"转变

船形屋最初是村民们在刀耕火种的游耕生活中为适应自然环境以及生活、生产发展需要而建造的，其主要的作用是为了避暑气、瘴疠，避免毒蛇猛兽的侵害和攻击，方便生产生活。"隆闺"是为了适应地处山区，人口稀少，居住分散，男女接触机会较少这一特殊情况而设的特殊住屋。谷仓建立在村寨周围，主要是因为茅草屋容易失火，为避免发生火灾而做的特殊考虑。

随着科学技术的发展，人们对自然界由被动适应逐渐转变为主动改造，生产效益大为提高，生活水平与质量也随之提高。反映到牙开村黎族的居住习俗上，具体体现以下几方面：一是功能划分越来越细，卧

室、客厅、厨房、卫生间、谷仓、车库、储藏室、猪圈等都有细致的划
分。二是房屋的采光性及透气性大大增强，房屋的门窗设计越来越多，
越来越大，空气流通，阳光照射很充足。三是卫生条件得到大大改善，
传统厨房与猪圈在一起的建筑习俗得到彻底改变，厨房与人居住的距离
越来越近，与猪圈的距离越来越远。牙开村居住习俗的转变，直接反映
了牙开村黎族日益增长的物质与精神需求，表达了其追求幸福生活的良
好愿望。

2. 住房建筑材料由"短暂性"向"耐久性"转变

牙开村房屋的建造主要是利用当地丰富的植物资源。最常用的材料
有竹子、树木、茅草、葵叶、藤条等，取用方便，且对技术、工具要求
不高。在备好材料的基础上，全村人合力仅一天就可建造完毕。但是这
种住屋的寿命很短，屋面每隔三年要更换一次新茅草，10 年左右要换
一次梁柱。

20 世纪 60 年代，生产队开始建设砖窑，生产红砖和瓦片，供应周
围各村的房屋建设。牙开村 1968 年建造的第一座仿汉式"金"字形
屋，即是用红砖、水泥、木材和瓦片构成的（图 3 - 7、图 3 - 8）。为
了节省材料，房屋的墙体采用空心建造方式，即使这样，房屋在抵御台
风、防止腐蚀方面也大大优于茅草房。至笔者调查时，该房屋虽然已经
破旧，但结构依然保持完整。

随后建造的平顶房、楼房都采用钢筋、水泥以及自己烧制的土砖建
成，更加坚固、耐用，使用时间也更加耐久。

调研中，当笔者询问到是茅草房好还是砖瓦房好时，村民 WXP
（1949 年生，黎族）认为各有利弊。茅草房建设成本低，易于建造；而
砖瓦房建设成本过高，耗时耗力。茅草房的使用寿命只有 7—8 年，而
砖瓦房的寿命可达到 60—70 年。茅草房建设的防台风级别为 7 级；而
砖瓦房的级别更高。但是也有例外。20 世纪 70 年代，村民 WHL
（1958 年生，黎族）的砖瓦房由于没有关闭门窗，遭遇台风时，被掀翻
屋顶。

图 3-7　村中最早建造的仿汉式"金"字形屋

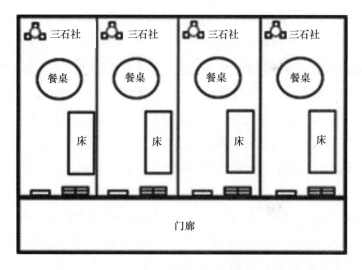

图 3-8　1968 年建造的"金"字形屋内平面布局

3. 居住结构上由"简单型"向"复杂型"转变

过去，牙开村的民居一般较为狭矮，面积 10 多平方米，少有大屋。主要原因在于黎族以小家庭为主，家庭规模小，子女长大成婚后，自立门户，不再与父母合住一屋。俗语说："三块石头下个灶，一条竹竿全家当。"由于房屋构架低矮、狭窄，居室内部陈设也较为简朴杂乱，缺乏统一与规范。居室分为厅堂、卧房，向纵深方向布置。厅堂是全家生活起居中心。

随着生活水平的提高，牙开村村民对住房的要求越来越高。那种简单茅草房的不方便给很多人留下过深刻的印象，所以他们在建造新房的时候，一般都会根据功能的划分，在结构上做出适当的调整。比如建造仿汉式"金"字形屋时，基本上都会建设多个"一居室"，因为非常整齐又很长，所以牙开村人都亲切地称其为"班车房"（图 3 - 8）。这类房由屋檐、前廊及单个小房间组成，每个小房间有单独的门窗，主要用来当作卧室，其好处在于既节省了空间，又能达成多样化的功能实现。到后来建造瓦房、楼房，其结构越来越复杂，客厅、卧室、卫生间等都合理地规划在同一栋楼里（图 3 - 9、图 3 - 10）。

从目前的情况来看，牙开村黎族室内结构的复杂化是一个必然的趋势，主要原因有三：其一，村民们收入增加，生活水平提高，有能力建造比较复杂的住房。其二，个人隐私观念的增强，个体都有了独立空间的要求。建房时，大人都得考虑未婚子女们的这种需求。其三，由于人口的不断增多，房屋建设面积逐渐减小，考虑空间的局限和成本，这种复杂结构房比多栋简单结构房更合算。

4. 居住格局上由"松散型"向"紧凑型"转变

相比于 20 世纪 50 年代，牙开村的人口不断增多，过去房屋与房屋之间宽敞的空间已经被越来越多的新房所占据。原来许多随处所建的辅助性建筑，现已采取了变通的做法，如"隆闺"被搬到了房屋中，过去"隆闺"的功能转变为男女青年交际的场所；谷仓也被木桶或铁皮桶所取代而置于房屋里。土地的紧缺已经使整个村庄变得异常拥挤，整个牙开村除了环村公路之外，户与户之间的距离越来越小了，有的不得不把自己的房屋分成几个部分，卧室与厨房分处异地。

图3-9 村中最早的平房

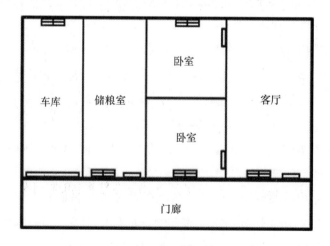

图3-10 1984年建造的平顶屋平面布局

这种现实状况使牙开村的居住格局不得不发生改变，原有的大房间被隔离成若干小房间，新建的房屋也被安排得非常紧凑。即使是这样，随着人口的增多，房屋仍然非常紧缺。现在部分新建的房屋都充分考虑到这一点，即由横向向纵深方向发展，迫于经济条件的限制，房屋在建造时都留有楼梯，以备以后加层所用（图3-11、图3-12）。

图3-11　不同年代的房屋

三　房屋改造与文化遗产保护

　　"三块石头垒个灶，四根木桩一张床，一张簸箕当饭桌，一条麻绳当衣柜"，曾是黎族人民生活在船形屋里的真实写照。为帮助黎族群众摆脱贫困落后的生活方式，从1992年起，海南每年从省财政拨款，帮助少数民族群众改造茅草房。截至2010年年底，全省共有一万三千余户黎、苗族群众告别茅草房，住进明亮、宽敞的砖瓦房或平顶房，提前完成原定于2012年全面完成的茅草房改造任务。

图 3 - 12　村里的三层楼房

　　但在民房改造的同时，船形屋这个具有典型黎族文化特征的建筑也在逐渐减少。一些地方把原来的民族建筑全部拆光。这样一来，很多原来有特色、有个性的乡村和小镇都变成一个模样，走遍一乡又一乡，乡乡都是一个样，处处都是水泥房，建筑布局、结构雷同，很多优秀的传统文化在城镇化建设中销声匿迹，令人痛心。虽然政府在民房改造时也考虑到民族文化的保护问题，比如保留几个茅草屋相对完整的村寨，等等，但从实际的情况来看，这种保留从长远的角度来说，不能从根本上解决问题。

　　笔者在调查被保留的东方白查村时发现，村民整体迁入新村，原有的 88 户茅草屋，如今有人居住的已经非常少。长时间无人居住的屋顶茅草已经开始发霉、腐烂，其保护价值也在逐渐降低。

　　房屋改造作为一项民生工程，为人们创造了良好的物质生活环境，深受黎族人民的欢迎。但从文化遗产保护的角度，要在积极创造好的物质生活环境时，也要努力创造一种精神文化生活的环境。这种精神文化生活环境要有民族文化传统，要有独特地方特色。这是构成人们乐于此、享于此的精神家园依托，是一个民族存在的灵魂。随着黎族船形屋营造技艺入选国家非物质文化遗产名录，保护黎族传统建筑的任务就显得更加迫切。

笔者认为，可以重点考虑以下几方面：一是在各类开发建设中，加强对黎族传统建筑的研究，通过现代技术与传统工艺相结合，使新型黎族建筑体现出时代性、安全性、民族性和地域性，做到既改善生活，又充分体现黎族古老传统民居特色。二是摆脱过度讲究时尚、效益、市场的民族文化保护模式，全力打造政府引导、市场运作、村民参与的全新运作模式。村民是文化的创造者与继承者，理应在文化保护中占有重要地位。而要村民们主动参与保护，只有全方位调动他们的积极性，比如在开发过程中让当地村民尝到甜头，得到实惠，从而激发更多的人参与。三是借助国际旅游岛建设的东风，充分挖掘以黎族传统民居为中心的黎族原生态文化旅游资源，进一步提高海南旅游业的国际竞争力。

第四节　行：缩短通往文明的时空距离

牙开村地处五指山腹地，山高谷深，江河纵横，交通闭塞。而且受海岛气候影响，经常会遭受台风及暴雨等自然灾害，村寨道路会被湍急的河水所阻断，此时的出行更是难上加难。不可否认的是，在特定的历史时期，各种"行"的工具（方式）为牙开村的发展和进步做出了不可磨灭的贡献，每一个阶段的发展、进步对于缩短通往文明的时空距离都起到举足轻重的作用。

一 记忆中的脚印

"不论是多远的路，都是靠双腿一步一步地走，遇到出远门，多早就要起床赶路，晚上在路上休息是常有的事；若遇到下雨天，道路更是难走，东一脚西一脚，弄得全身都是泥。"村民WYQ（1936年生，黎族）回忆起过去的生活时感触颇深。新中国成立初期，牙开村交通闭塞，村寨与外界、村寨与村寨之间全是乡间小路，即便是牛车也不能正常通行。人们出行完全靠步行，如果需要运输，则靠手提肩挑，最多每次每人只能挑五六十斤，但从山上运输砍的木柴等，一般用牛来驮。

牙开村面临南开河，过河不远便是毛阳集市。南开河在枯水期可涉水来往，但每当雨季山洪暴发时，两岸交通遂告断绝。村里的人便用许多根粗竹扎成3尺宽的竹排，作为唯一的渡河工具。由于需要横渡湍急的河流，所以竹排不能用撑篙也不能用桨，而由三四个善泳体壮的人推着过河，但每次只能载两人或等重的其他东西。为了方便过河，村民们自发修建木桥，但因为受到台风等恶劣天气的影响，木桥经常会被冲垮，村民的生命与财产也经常受到威胁（图3-13）。

图3-13　大雨过后，村里的桥被淹没，直接影响到村民的出行

没有路导致的封闭，使村里的老人到现在仍然记忆深刻，那些曾经走过的路，留下的脚印，都深深印刻在他们心里。每每谈到现在有路的生活，老人们都会含泪告诉我们："感谢中国共产党领导我们修了路，我们的日子正在一天一天变好。"

二　出门有路的生活

"现在出行条件是以前想都不敢想的，出门有摩托车，有公交车，可以到达城区的任何地方，大大缩短了赶路时间，可以抽出更多时间来锻炼身体以及做其他事情，真是太幸运了！"村民 WGA（1931 年生，黎族）无比激动地说。60 年来，牙开村的交通状况发生了翻天覆地的变化。交通工具革新，从笨拙的牛车到人力三轮车，再到现代化的摩托车、汽车，从尘土飞扬的羊肠小道到高等级的水泥路，连连升级。可以说，牙开村村民的"行"发生了深刻的变革。

为改变牙开村出行难的问题，在党和政府的号召下，牙开村村民用碎石铺路，到 1974 年完成村口至南开河的碎石路的铺整工作。随着社会主义新农村建设在牙开村全面展开，2007 年，五指山市政府投资修建水泥路 1.4 千米，正式与毛九公路对接。同时实施扶贫项目"环村公路硬化工程"，至 2010 年，已经基本完成整个村落的道路硬化工作，共计 900 米，大大改善了村民的出行条件。

南开河是村民们出村的必经河道，也是村民们出行的屏障。这一状况现在已有了较大改观。1986 年，琼中县政府出资修建水泥桥，但因为撤州建县后行政管辖范围的变化，路仅修到一半，村民出行极为不便。1991 年，通什市政府出资修完了另一半。

水泥桥坚固耐用，一般情况可以抵挡住台风、暴雨的冲刷。村民们现在不仅能步行过河，而且还可以驾驶机动车过河。但由于建桥时没有充分估计到流水量的问题，桥体建筑过低，一旦有暴雨出现，整个桥也经常被淹没，影响到村民的出行。但从整体情况来看，水泥桥的建成仍然大大地方便了村民的出行。

因为有路可行，交通运输工具的更新也更为迅速。表3-1显示了不同种类交通工具最开始购置的时间以及现在的拥有量。可见，现代交通工具已经深入牙开村人的生活，无论是走亲访友还是运输货物，都实现了以车代步。交通工具的变化，方便了牙开村群众的生产生活，加速了牙开村人与内地的密切联系和往来，也缩短了牙开村人通往文明的时空距离。

表3-1 牙开村现有交通工具统计

交通工具	拥有数量	最开始购置的时间
自行车	7辆	20世纪60年代
柴油三轮车	2辆	1990年
二轮摩托车	87辆	1992年
三轮摩托车	23辆	2008年
面包车	3辆	2008年
铲车	2辆	2010年
皮卡	2辆	2010年

牙开村人"出行"习俗的变化，深深影响着其生产生活：一是商品交易变得更加方便、快捷。牙开村人现在可以使用自己的三轮摩托车或者开面包车，把各种蔬菜、橡胶运输到周边的集贸市场进行交易，从而获得经济收入。在经济收入持续增多的情况下，他们又从市场上购买服装、电灯、电话、电视、录音机以及各种各样的物品，满足自己生活需求。二是文化生活更加丰富、多彩。人们在农闲的时候骑车或者开着车到市镇上喝茶聊天，获取来自外界的各种信息。年轻人骑着摩托车或到网吧学习各种知识，或到舞厅、酒吧去结识新朋友。三是族际交流更加频繁、多样。出行的方便，使村里人与外界接触的机会增多，受外界影响也相应增大。

三　路越走越远，人越走越近

进村公路与毛九线的开通，现代交通工具的使用，大大缩短了牙开村与外界的距离。走在乡间公路上，不时都会有村民骑着各种摩托车从身边经过。有到乐东交易蔬菜的，有到三亚谈情说爱的，更有到毛阳喝茶侃大山的。

村党支部书记 WZ（1961 年生，黎族）说："往日一日行十里，如今一日行千里。"出行便利改变的不仅是人们的生活方式，而且还深深影响到人们的内心世界。人们能见到的不仅是本民族的人，还有其他民族的人，甚至是外国人；人们所能听到的不再只是身边人的那些事，还有省市信息，甚至国际、国内要闻。过去封闭的生活彻底被打破，人们正在通过各种途径、各种渠道尝试改变自己的生活。道路的贯通（图 3－14），交通工具的加速改进，使牙开村人的出行范围大大拓宽。

图 3－14　即将建成的毛路大桥

人们冲破封闭、感受外在世界时，除了各种物品及信息的选择之外，更多的是自己内心世界的改变。当地人通过与汉族、苗族等民族之间的接触、沟通与交流，认识到各民族之间平等、团结、互助、和谐的关系，并希望有更加深入的联系。

在牙开村调查时，当问及部分打工回来的未婚男青年，是否想要娶一个其他民族的女孩时，他们表示很乐意，只是怕别人不同意。这说明，交通设施和交通工具的改善拓宽了人们的活动范围，同时也拉近了人与人之间的距离。

第五节　小结

生活习俗深深植根于社会民众日常生活经验中，具有广泛的社会性和现实性，是反映一个民族文化的窗口，能在一定程度上将艺术化的民族文化"返璞归真"，从某种意义上讲，具有民族文化表达的原生态意义。从牙开村各种日常生活习俗的变化和发展来看，这个曾经封闭的小山村正在经历着一种势不可当的变化。总的来看，牙开村人的生活是越来越富裕了，茅草房变成了砖瓦房、平房、楼房；传统自纺、自织、自染、自缝的黎族服饰，变成了具有现代气息的各类料子、唐装、西装；极具民族特色的"山栏酒""竹筒饭""鱼茶"也被市场中的家常菜所取代。在整个生活习俗变迁过程中，既有不以人们的主观意愿为转移的自然变迁，也有目的明确的人为变革。

牙开村黎族生活习俗变迁，是在中国社会大变革的背景下发生的，其原因主要体现在以下几方面：一是生产力的发展为牙开村黎族生活习俗的变迁提供了物质基础，而社会习俗的变革又促进了生产力的发展。随着社会主义制度的建立，改革开放的进一步深化，社会生产力获得极大解放，牙开村的经济社会发展水平不断提高，推动了其社会生活的巨变。牙开村黎族生活习俗的变迁，也为各个产业的发展开辟了市场，推动了经济的繁荣。二是政治变革为牙开村黎族生活习俗的变迁提供了强大的动力。中华人民共和国成立后，中国共产党带领人民在全国范围内开展土地改革运动，实行社会主义改造，大力进行社会主义政治、经济、文化、社会建设，包括牙开村在内的黎族社会初步完成了由传统农业社会向现代工业社会的转型，一些不合时宜的黎族习俗失去了存在的土壤。而传统习俗的变革又为社会政治发展起到了动员作用，推动了政治变革的进程。三是外来文化的冲击，导致牙开村人思想观念的变化，促进了其生活习俗的变化。改革开放以来，牙开村外出就学、打工的人越来越多，与其他民族交往交流更加频繁，其生活习俗受外来文化影响更为直接。牙开村人通过对外来文化的不断吸收、消化和接纳，逐渐形成了自身独特的生活习俗。

第四章

婚姻家庭习俗

在任何文化中，婚姻都不仅仅是两性的结合或男女同居。在功能上，婚姻的意义早已超越了生物学上的生理需求和繁衍后代。马凌诺斯基指出，婚姻是一种法律上的契约，规定着男女共同居住、经济担负、财产合作、夫妇间及双方亲属间的互助。婚姻既是经济、教育及生殖等多种关系的结合，求偶活动因之亦受到影响。① E. A. 韦斯特马克指出："婚姻不单纯是两性关系，而且也是一种经济制度，或多或少地必然要受到生存资料的影响。"② 正因如此，婚姻在很大程度上与社会的政治、经济、文化等密切相关，并在此基础上形成了与社会环境相适应的、稳定且相互关联的婚姻观念、规则、仪式等风俗习惯，并有规律地约束着人们的婚姻行为与婚姻意识。所以，当影响某一群体婚姻习俗的条件发生变化时，其婚姻习俗的某些方面就会随之发生相应的变迁。

中华人民共和国成立后，牙开村所处的经济文化环境都发生了巨大的变化，在这种剧烈的社会变迁影响下，作为社会文化重要组成部分的婚姻习俗也必然产生多种多样的变化。

笔者对 70 名黎族村民进行了问卷及访谈。从得到数据及信息中可以清楚地看到，60 多年来，牙开村的婚姻家庭习俗有了非常大的变化。

---

① ［英］马凌诺斯基：《文化论》，费孝通译，华夏出版社 2002 年版，第 29 页。
② ［芬］E. A. 韦斯特马克：《人类婚姻史》（全 3 卷），李彬等译，商务印书馆 2002 年版，第 30 页。

第一节 动态变化中的婚姻习俗

一 "玩隆闺"习俗的衰落

1949 年以前，黎族青年男女到十三四岁的时候就不跟父母一起居住了，一般都要到"隆闺"里居住。"隆闺"是年轻人的起居室，有"兄弟隆闺"和"姐妹隆闺"之分，"兄弟隆闺"由男子自己建造，"姐妹隆闺"则需要父母的帮忙来建造。"隆闺"一般建在村头、村尾僻静处或谷仓边，有的则建在父母居住的房屋旁边，一般可住三至五人，小一点的住一至两人。

"玩隆闺"就是围绕着"隆闺"所开展的一系列婚恋活动，是黎族社会的一个富有传奇色彩的婚姻习俗，黎语称"略亚"（指唱山歌、玩乐的地方），是男女自由恋爱的体现。

黎族男女青年以"隆闺"为相会地点，傍晚时男青年结伴步行到女方村子的"隆闺"。在"隆闺"外，唱山歌（情歌），吹奏鼻箫和弹口弓。经女方同意后开门，男青年才能进入"隆闺"与姑娘们会面，交友和恋爱活动才得以开始。大致经过两到三年时间，若男女双方情投意合，则各自向父母亲提出结婚意愿。如果双方不满意就分手，彼此互不干涉。

中华人民共和国成立初期，牙开村黎族中广泛存在"玩隆闺"习俗。受政府"移风易俗"政策的影响，"玩隆闺"习俗曾被强行禁止。"玩隆闺"习俗是黎族在特定社会环境下产生的，对黎族青年男女婚姻观念和婚姻行为产生过重大影响，具有相对稳定性。因此，随着社会环境的逐步宽松，这一习俗又在一定范围内得到恢复。但随着时代的进步、社会的发展以及人们观念的变化，牙开村"玩隆闺"活动越来越少，"玩隆闺"习俗不可避免地走向衰落，主要表现在以下几方面。

第一，具有独特民族特色的"隆闺"逐渐减少，取而代之的是融入大量现代元素的新形式。"隆闺"作为青年男女约会恋爱的重要场所，曾经因为易建、方便、实用而被牙开村青年男女所喜爱。然而，随着人口的增长，土地成为稀缺资源，新建"隆闺"的成本增加，因此，部分村民便在自己新建的房屋中单独开辟一间作为"隆闺"使用，但因与主体建筑融为一体，其原本的功能也逐渐弱化。

第二，传统"以歌为媒""对歌择偶"的择偶方式逐渐弱化，"玩隆闺"活动失去重要载体。对歌、吹奏鼻箫、洞箫和弹口弓等是牙开村青年男女双互认识的重要手段，是男女双方相互欣赏、相互诉情的重要形式，也是玩"隆闺"活动的重要内容之一。随着"隆闺"功能的弱化以及村民观念的变化，青年男女不再以是否能歌善舞作为择偶的标准，因此，大多数青年男女不再学习黎族传统歌曲和乐器。笔者在牙开村调查发现，除了年龄稍大一点的中老年人还清晰地记得曾经耳熟能详的山歌之外，年轻人几乎不会唱，他们更加喜欢唱流行歌曲，跳现代交谊舞。

第三，青年男女交往途径的拓宽，使"玩隆闺"活动的途径作用减弱。在黎族传统社会，青年男女交往主要通过"三月三"节日集会和"玩隆闺"活动。但随着时代的进步、社会的发展，特别是改革开放的进一步深入，人们无论是从观念上还是空间上都发生了转变。20世纪80年代以后，青年男女通过上学、打工、相互介绍而认识的机会越来越多。进入21世纪后，青年男女之间的交往更加主动、开放，更多青年选择小商店、舞厅、酒吧、网吧等场地来相互熟悉、恋爱。随着信息技术的普及，更多人也选择通过电话、手机短信或互联网等形式进行交流，交往方式更加现代而浪漫。

"玩隆闺"是相对封闭的黎族社会为青年男女在固定的时空内提供的接触渠道，随着社会的不断发展与开放，人们思想观念的转变，人口流动的加快，信息交流的便捷，男女接触时空的多样化，"玩隆闺"婚恋习俗因失去其得以存在的社会条件而走向衰落。

二　由父母包办婚姻转为自主婚姻

20 世纪 50 年代，牙开村黎族社会虽然为青年男女谈情说爱创造了极为特别的环境，但这种恋爱自由并不代表婚姻的自由。从 20 世纪 50 年代的调查数据来看，只有极少数是通过自由恋爱而成婚的，大多数是由父母包办，家长对家庭成员具有较高的制约权力。50 年代以后，婚前择偶方式由传统的父母包办为主逐渐转变为自由恋爱为主，但这种转变是一个渐进的过程，主要表现为青年的个人意向在婚姻中发挥的作用越来越大。

20 世纪 60—70 年代，牙开村传统的玩"隆闺"恋爱习俗被迫中断，具有黎族特色的婚前择偶方式也因此被限制，青年主要靠亲戚熟人介绍，然后才开始相对自由的交往。这一时期传统的婚恋方式在一定程度上被消解了。笔者在牙开村抽查的在 1960 年到 1980 年结婚的 9 人当中，有 5 人是自己决定、父母认可的婚姻，4 人是父母包办的。从调查来看，在这段时期，虽然国家颁布实施了《婚姻法》，父母包办的婚姻仍然占有相当比例，但总的发展趋势仍然是民主自由的现代婚姻在增多，父母包办婚姻在衰落。

改革开放以后，随着信息传播手段的普及、社会开放程度的提高以及人们思想观念的变化，由父母包办婚姻的习俗逐渐衰微。根据笔者的统计调查，在已婚的 34 人中，由父母包办结婚的只有 5 人。可见，虽然目前牙开村黎族大部分青年的婚姻仍由父母操办，但从其过程及决策上来看，子女已经成为真正的主角，父母主要是帮助操办和策划，起辅助作用，这和包办婚姻在实质上已经有了很大的差别。

目前，牙开村黎族的婚恋方式主要有以下三种形式：一是由中间人介绍，父母让子女与对方见面，如果双方感觉良好，经过一段交往，对婚姻没有异议则可成婚，这一类型占所调查已婚 34 人中的 58.8%；二是双方自由恋爱，男方托父母去说亲，女方父母同意或不反对的，这一类型占所调查已婚 34 人中的 32.4%；三是男子对女子有爱慕之心，就托父母去提亲，双方见面后无异议，这一类型占所调查已婚 34 人中的 8.8%。这三种婚恋方式中都体现了子女的自由选择意志，如果子女不同意，父母一般情况下很少有勉强的。

三　择偶范围及观念的变迁

黎族人认为，同宗同族群的人身上流着同一祖先的血液，不能婚配。因此"同宗不婚"是黎族严格遵守的习俗。牙开村也不例外，但其在血缘关系的认定上却并非完全建立在现今生物学意义的基础上，主要体现在以下两方面：一是凡是源自同一祖先、具有血缘关系的族群，成员之间禁止通婚，无论多少代都不能婚配。二是虽然不具有血缘关系，但通过举行"结拜兄弟""入族"等仪式，使本来不具有血缘关系的族群有了虚拟的血缘关系，也不能通婚。比如，在牙开村过去所存在的龙公、龙仔之间，在经过"砍箭为凭"的仪式后所确定的收养关系，从此有了"义父"与"义子"的关系。在牙开村黎族社会中，以上这两种关系都被认为具有血缘关系，成员之间禁止通婚。

另外需要特别指出的是，黎族有"婚配不忌同姓""婚配忌同姓"和"不同姓忌婚配"等说法。黎族是一个只有本族语言没有文字的民族，从古至今借用汉字来记录自己的宗族（家族）姓氏，因而出现上述说法。具体有以下几种说法：一是黎族人中的汉姓和宗族姓氏指不同一族群的，如汉姓同是"王"，但一部分人是"木棉族群"，另一部分是"竹子族群"，没有任何血缘关系，因此同姓可以结婚。二是汉姓和宗族姓氏指同一族群的，同一个血缘家族，其成员之间不能婚配。三是不同汉姓，但其黎族姓氏是同一个宗族，有同一血缘关系，其成员之间不能婚配。

黎族人可以在其所属血缘集团外范围内寻找配偶，但受方言、地缘、风俗以及历史等因素影响，以往黎族男女多在本支系本方言内择偶，与其他民族通婚的情况非常少，即使是与黎族相隔不远的苗族、汉族，也很少通婚。

黎族"同宗不婚"习俗仍然深深地影响着黎族人，中华人民共和国成立后，随着经济的发展和新观念的逐渐传入，其变迁也非常明显。

第一，对血缘关系的认识更加科学合理。随着社会的发展，科学技术水平的提升，人们对血缘关系有了新的认识。比如，随着合亩制生产关系的解体，龙公、龙仔关系也不存在，过去因这种收养关系而产生的禁婚现象也随之消失。

第二，通婚的地域范围有所扩大。中华人民共和国成立前，黎族通婚范围基本上局限于相邻的几个村子。改革开放以来，社会经济发展，交通便利，观念更新，黎族与外界社会的接触越来越频繁，通婚的地域范围越来越广。据对牙开村的调查，现有的通婚范围为毛兴60多人、毛路20多人、番阳20多人、空联7人，最远的为白沙1人。其中，牙开村离毛兴约3千米，离毛路1千米，离番阳9千米，离白沙100多千米。

第三，族际通婚数量增多。黎族与苗族、汉族之间的通婚越来越多，特别是与汉族之间的通婚越来越频繁，但一般情况是黎族姑娘嫁给外族的较多，黎族小伙子把外族姑娘娶进来的极少。直到2010年，牙开村才出现第一例汉族女性嫁入的婚姻。为何会出现这种现象，究其原因，一是近年来外出打工的男女青年逐渐增多，这些青年觉得外地的环境比较优越，因而选择在外地结婚，特别是外出打工的女孩子，基本上都会选择外嫁给汉族或其他民族。二是受地区经济及其他各种生活便利条件差异影响，虽然黎族小伙子有接触其他民族异性的想法，但仍然没有太多机会。三是近年来随着黎族对文化教育的重视，很多孩子都上了中专、大专、本科、研究生等，他们在学校期间接触到其他民族的异性，并相恋结婚。

随着社会的发展进步和人们文化水平与生活水平的提高，特别是随着妇女社会地位的提高，牙开村大部分青年男女的择偶观念也在发生变化。20世纪50年代，受生产条件的限制，女方选择男方主要是看他是否具有足够的劳动能力，男方选择女方主要考虑她是否熟练掌握织锦等技艺、长相好等。

20 世纪 60—70 年代，由于受"阶级斗争"扩大化及"唯成分论"的影响，牙开村也曾出现了以阶级成分为主导的特殊婚姻形式，尤其在"文化大革命"期间，个人政治成分在婚姻中充当重要角色，许多青年在择偶时，把对方的家庭出身作为首要条件。

20 世纪 80—90 年代，牙开村黎族择偶观念又有了新的变化。笔者对在这个年代结婚的 15 人进行调查，让其在"长相好""家庭条件优越""贤惠大方""聪明能干""忠厚老实""孝顺父母""文化水平高""能力强"等备选项中选择 1—3 项，结果显示，这一年代的人看中对方的条件主要是"忠厚老实，孝顺父母，聪明能干"。20 世纪 90年代以后的人，大多数择偶时更加看重的是"家庭条件优越，长相好，能力强，孝顺父母，文化水平高"。值得一提的是，在调查过程中，许多女孩都特别提到要求男方"不醉酒"，这实际上反映了当今牙开村黎族社会对醉酒惹事的深恶痛绝。

四　早婚现象的式微

在不同时代和不同社会，婚姻成立的条件是不一样的，被国家、社会、个人所确认的标准也是不一样的。据老人回忆，过去牙开村黎族普遍具有早婚的现象，大多在 11—14 岁时就由父母做主结了婚。原因主要有二：一是整个黎族社会非常重视结婚，需要花费大量的钱来置办婚礼，所以子女越早结婚，越能体现其家庭实力；二是大多数父母认为女子随着年龄的增长，谈朋友会越来越困难，因此主张早婚。迫于传统观念的影响，20 世纪 50 年代以前，牙开村黎族仍然崇尚早婚。早婚现象在不同历史时期有着不同的表现形式，这是由社会因素和自然因素（气候、地理条件、人的生理发育等）来决定的。在中国历史上，婚龄的规定随着社会条件的变化有所变动。可见，随着社会政治、经济、文化条件的变化，早婚现象也会随着发生变化。

中华人民共和国成立后，牙开村黎族早婚现象经历了两个阶段的变迁，一个是改革开放前的被动接受阶段，另一个是改革开放后的主动适应阶段。

改革开放前，当地普遍存在着通过更改年龄实现早婚的现象，表现为一种对制度的反抗。笔者在调查 20 世纪 60—70 年代结婚的人当中，年龄跨度相当大，存在虚报年龄的现象。

改革开放后，人们积极响应党和国家的号召，严格按照法律规定来缔结婚姻。20 世纪 80 年代后，由于新婚姻法和计划生育政策的实行，总体成婚年龄明显推迟，早婚现象的衰微是很明显的。其主要原因有以下几点：一是国家婚姻法等相关法律从具体国情出发，对缔结婚姻的年龄作了严格规定；二是经商往来的增多，对外交流的扩大，使人们突破了原来不早婚会惹非议的思想禁锢；三是随着现代传媒技术及学校教育的普及，人们对早婚的危害有了新的认识，更愿意接受社会普遍认可的价值标准。

五　婚姻仪式的简化

婚姻礼仪是人类社会在长期的社会实践中于婚姻关系缔结过程中所创造并执行的一整套行为模式。在黎族传统社会，婚姻仪式主要包括八个部分，即提亲、定亲、接亲、迎亲、婚宴、逗娘、送亲、回门。笔者根据在牙开村的访谈和《海南岛黎族社会调查》一书的记载，简略整理如下。

1. 提亲

男女婚姻不受占卦、问八字、拜鬼神等宗教迷信和媒妁之言所束缚，但大多数婚姻由父母做主决定。男方父母看中了某家的女孩，会备黑衣一件，槟榔几串，织锦布一幅及光洋二三十块等礼物，到女方家提亲。如果女方父母同意，双方就会择吉日订婚。一般情况下，男女双方都会尊重父母的决定，但也有极少数例外的情况。若男方不同意，可以另找对象；若女方不同意，则会以在订婚时不出面的形式，委婉地拒绝。

2. 定亲

提亲时双方父母就已协定了定亲的日期，一般会在提亲的10—13天之后定亲，但不会超过一个月。定亲之日，男方会在父母或家族人的陪伴下，带上10个光洋和两头牛（一公一母）等聘礼到女方家。如果男方家家庭困难，一时拿不出所定的聘礼，可以口头向女方父母及其家族许诺，日后一定补上，但这种情况很少出现，因为家族会全力支持。定亲时，双方父母会根据黎族传统的习俗，选择良辰吉日，但要排除牛日、马日、羊日、龙日以及双方家庭中人的忌日。席散后，不论女方家里杀多少猪，都要每头送一半给男家父母，带回去分给亲戚弟兄。

3. 接亲

婚礼一般都在晚上举行。接亲当天下午三四点左右，男方会派遣4—5个家族兄弟姐妹到女方家中迎亲。来到女方家中，吃过女方家里精心准备的饭菜，到晚上七八点左右便唱歌催促女方出发。女方家的妇女们则奔走相告，动员村寨众亲参加送新娘的队伍，送亲的人越多，新娘就越光彩。身着黎族服饰的新娘会在村里女人的陪伴下步行来到男方家里，其中，新娘的母亲、嫂嫂等亦要随着送嫁。送亲队伍到达男方村寨时，村里的男女老少点着火把蜂拥到村口迎接。

4. 迎亲

迎亲的仪式在村口举行。进村路口中央放一堆干稻草，铺一张芭蕉叶，叶面上放一个鸡蛋。主持迎亲仪式的家族长辈，身着绿色长袍，头盘红巾，手持尖刀和火把，立在路中，面向送亲队伍，诵念幸福吉祥的贺词。祈祷后，老人用刀割开鸡蛋，割开芭蕉叶，点燃草堆。送新娘的队伍每人都要跨越路口上的火堆，表示将凶神恶煞及孤魂野鬼或不好的事物都拒之门外，今后会吉祥如意。新娘到达男方家后，新郎带着新娘拜告祖先。拜后，婚礼宴席随即开始。

5. 婚宴

牙开村的宴席都设在地上，用一块宽度约一米、长度视主人家房屋长度而定的竹席、木板、露兜叶席等作为饭桌，在两边摆放两个长长的圆木，宾客蹲坐在圆木上喝酒吃饭。猪肉、牛肉、野芭蕉心等是婚宴的主要菜品，山栏糯米酒是主要的酒水。在吃饭之前，新娘和新郎先把一些米饭和山栏酒洒在地上，给祖先和神灵先吃，以示孝敬。婚宴上，一般新郎、新娘与男方证婚人及女家的送嫁人和女家证婚人相对各坐一边；男方父母及其他的亲人坐在其他两边。席间，双方父母及证婚人会互相说一些祝福及告诫的话。新郎、新娘陪同客人饮酒、对歌，有的通宵达旦（图4-1）。

图4-1　婚宴

6. 逗娘

宴毕，男方家人带引女方母亲等到存放稻谷的地方。女方母亲等拿出部分稻谷，并在木臼里舂烂，制成一个个糯米糕饼，分给送嫁的亲人们以及没来参加婚礼的大人和孩子们。这时，村里的男孩子要过来抢糯米糕饼，在你争我抢中交流感情，活跃气氛。

7. 送亲

黄昏，新郎家在门口设送行酒席，每个要回去的人都要饮送行酒。待酒足饭饱后，便唱歌告别。送娘回外家的队伍一般十多人，要带回去一担糯米糕饼、一担酒、半头猪或一只羊。出村时，双方唱黎歌互相祝愿。

8. 回门

新娘在举行完结婚仪式后的次日，便在伴娘的陪同下返回娘家，向父母通报她在男家的生活情况。新娘回娘家，所带礼物是一小罐米酒、一小箩糯米糕饼和槟榔、烟草等物。新娘在娘家居住数日，等候丈夫接回去。这是"不落夫家"婚俗的体现。

这种婚姻仪式即使到 20 世纪 60 年代初黎族生活最困难的时候都还有某种程度的保留。"文化大革命"期间，这种婚姻仪式被认为是"旧习俗"而被废除。20 世纪 80 年代，黎族婚姻仪式在形式上得到恢复，但内容上却发生了变迁，主要表现为以下几方面。

第一，婚礼开销呈现快速增长趋势。婚礼的平均开销，主要包括彩礼、婚宴、家电、首饰等，增长的速度是非常快的。20 世纪 60—70 年代，受经济条件限制，婚礼的开销并不高。随着农村经济的发展，农村生活水平的日渐提高，农村中一些旧的婚姻习俗又有所恢复，如大索彩礼，大办婚事等。20 世纪 60 年代婚礼开销不到 500 元，到 20 世纪 90 年代已经达到 2000 元，进入 21 世纪后，最少要在 5000 元以上，一般都在 2 万元左右，最高的可达十几万元。

婚礼开销呈现如此快的增长速度，主要有如下几方面的原因：一是外出打工并嫁到外地的人越来越多，导致各个村庄的未婚男女比例严重失衡，女性在选择时，彩礼被认为是重要的考虑因素之一，因此彩礼数额的提高也就不难理解了。二是如同汉族人之间流行的说法："50 年代一张床，60 年代一包糖，70 年代红宝书，80 年代三转一响，90 年代星级宾馆讲排场，21世纪特色婚宴个性张扬。"① 不同年代，人们的物质文化需求也不一样，开销也就逐渐增大了。三是由于存在攀比的心理，认为参加婚礼的人数越多越能体现其地位和能力，婚宴的开销也相应增大。

从目前调查的情况来看，婚姻对家境比较差或子女比较多的家庭来说，已经成为一种越来越沉重的负担，负债结婚或因婚致贫的现象在村中并不鲜见。

第二，婚礼服饰的多样化。20世纪50年代初，牙开村黎族自纺自织的传统民族服饰仍是婚姻过程中的必备服饰，它不仅体现了牙开村黎族妇女的勤劳与智慧，而且具有深厚的文化意义。

据村里人回忆，20世纪60年代初，牙开村人结婚都要身着黎族服装，但到"文化大革命"时期，由于穿传统服饰要受到批判，因此，在这一时期的婚礼过程中没有出现民族服饰。20世纪70年代以后，能够看到传统服装的也只有在婚礼等特殊的场合。但进入21世纪后，在牙开村的婚礼中已几乎看不到黎族传统服饰，取而代之的是汉族的服饰，也有部分人穿唐装及婚纱。

婚礼服饰的变化主要有如下几方面的原因：一是传统服饰的宗教意义逐渐被淡化。身着黎族服饰曾被认为是本民族的象征，如果结婚时不穿本民族的服饰，死后祖先是不认的，但随着科学解释能力的提升和人们认识水平的提高，这一宗教意义已被大多数人遗忘。二是学习传统织锦技术的人越来越少，传统服饰文化正在逐步消失。三是随着多元文化交流的增多，人们的价值观念发生了变化，认为汉族的服饰既简单、实用，又比较时尚。四是织锦技艺没有得到应有的重视和传承，大多数20多岁的年轻女孩由于难有实践的机会，基本上不会织锦。

第三，"不落夫家"习俗的渐变。"不落夫家"这一婚俗的表现形

---

① 潘晓梅、严育新：《婚俗简史》，中国社会科学出版社2004年版，第130页。

式是：婚后新娘不在夫家居住，而是回到娘家长住。只是在农忙或节日期间返回夫家，帮助干一些农活，过后又回到娘家，直到妻子怀孕或生了第一个孩子后，才回到夫家，至此婚姻关系才算稳定。

在牙开村，"不落夫家"的时间长短并不固定，少则一两年，多则三五年，最多也有达十几年之久的，不过，在一般情况下以二年至五年为多。从总的情况来看，一般以妻子是否怀孕或分娩为限。

学者们从不同的角度对黎族"不落夫家"习俗产生的原因以及社会功能等方面进行了深入的研究阐释，但目前看法并不一致，主要观点有"母系制度遗留说""性自由说""劳动力补偿说""恋母惧嫁说""反抗包办婚姻说""孩子出生说""多因素说"等。

也有学者在考察杞方言"不落夫家"习惯法的基础上，分别对这几种观点进行了分析，认为这些观点主要是从女性地位、经济、个人情感的视角来解释这一现象，而没有从婚姻的本质来考虑问题，因此多有偏颇。研究者认为，杞方言黎族"不落夫家"习惯法的关键是生育和养老，一方面可谓婚姻考验期和家庭生活前的缓冲及适应期，另一方面也为妻子将来的养老做了必要的准备工作。[①]

从对牙开村的调研来看，其"不落夫家"习俗的存在具有多方面的因素，既是独特的自然环境造成的，又有传统婚姻习俗与社会舆论的影响，等等。笔者认为，各民族的习俗是长期的社会历史发展和民族生活演进的产物，对于黎族"不落夫家"习俗而言，不同的历史时期和不同历史条件下，其文化内涵和特征是存在差异的，需要我们辩证客观地加以分析。

如今，随着社会的变革与发展，"不落夫家"习俗虽在牙开村仍然存在，但其性质和内容都发生了很大变化。正如邵志忠在研究壮族婚姻习俗时所指出："'不落夫家'习俗反诘的文化实质逐渐消逝，剩下的

---

① 李光宇、韩立收：《杞方言黎族"不落夫家"习惯法的新阐释》，《广东社会科学》2016 年第 2 期。

仅仅是一种约定俗成的文化形式，而无实际的文化内涵了。"① 其具体表现为两方面：一是"不落夫家"的人越来越少了；二是即便沿袭旧俗，其"不坐家"的时间也在逐渐缩短，现在一般仅有几天时间，有的甚至当天就返回。

六 离婚数量的减少

在黎族传统社会，离婚是自由的，但这种自由并不是想离就离，而是在满足一些制度化安排的基础上的自由。过去，牙开村若男女双方协议离婚，需要在村里有威信的"奥雅"（本文第五章有专门介绍）的主持下，经过男女双方讲明离婚理由、双方父母表态、众亲评议等环节后确定。随后，"奥雅"把准备好的黑布撕成两块，当事人各执一块作为脱离关系的凭据。在此过程中，离婚当事人是决定是否离婚的关键，其他人只是作为见证人或调解人。

男女双方若是单方面要求离婚，要经过"奥雅"及双方父母的调解。如果调解无效，则需要遵循特殊的处理原则。若是男方提出离婚，家里的山栏稻、牲畜都要分一部分给女方，并且女方不用返还聘礼；若女方提出离婚，聘礼要交还给男方，家庭财产不分割。离婚后，如果只有一个儿子的则由男方抚养，两个儿子的就由夫妻各抚养一个。从中可以看出，黎族传统社会对单方提出离婚请求设置了障碍，想离婚的人经济生活受损，而不想离婚的人经济生活获益。对于一般的黎族家庭，聘礼是整个家庭财产的重要组成部分，还有部分人因为出不起聘礼而终身未娶或采取劳动补偿形式招赘到女方家的。所以，聘礼作为离婚补偿机制而存在，在物质方面限制了离婚的过分随意，达到通过激励或抑制来影响或引导人的行为方式的目的。

中华人民共和国成立后，在牙开村，离婚现象逐渐减少，但人们对离婚以及离婚后的男女仍然保持着平常的心态，社会对离过婚的男女没

---

① 邵志忠：《壮族婚姻文化探幽》，《河池师专学报》1994 年第 4 期。

有歧视。男女双方离婚以后，都可以另行娶嫁或复婚，不受任何人干涉，也不受任何人的歧视。黎族有句俗语："一嫁由父母，二嫁由自己"，就是指寡妇是自由的，她可以选择留在夫家，也可以选择回娘家。寡妇回娘家与女儿回娘家没有太多的区别，娘家人和夫家人对她不会有歧视。

随着黎族与汉族之间交流的增多，汉族传统"从一而终"观念也开始影响到黎族社会。这从龙敏在 20 世纪 80 年代所著的小说中可以窥见。作者生长在海南岛黎族农村，小说反映了黎族农村的生活。书中写到一对婆媳——亚乐的母亲和亚乐的妻子阿秀的故事："亚乐幼年死了父亲，母亲年轻守寡，她那力扶遗孤的高尚情操博得全寨人的赞叹。有人劝她改嫁，她怕人家歧视她的孩子不答应。她一心守寡把亚乐拉扯成人，各种农活都学得，比一个男劳动力还强。""秀嫂勇于赡养年老的婆婆，这颗心比天下什么值钱的东西都宝贵。但是，终身守寡这个陋俗，会给她带来多大的痛苦，这个念头要不得呀。"①

七 记忆中不同年代的婚姻

在调研中，笔者亲身感受到，当人们谈及自己的婚姻时，或面带羞涩，或激动万分，但却是记忆犹新的。通过访谈的形式，笔者记录了不同年代牙开村人的婚姻（图 4 - 2）。

1. 个案一：20 世纪 50 年代

WMJ（1931 年生，黎族），高中二年级辍学，从事过文书、出纳，并在生产队工作 21 年。1953 年经由亲戚介绍并由父母决定，与毛阳镇空联村 WYM（1945 年生，黎族）订婚。父母携带一头牛和相当于一头牛价格的银钱作为彩礼到女方家提亲。双方父母协商达成共识后，女方便杀一头猪从中间分开，一半宴请男方父母，带

---

① 龙敏：《黎乡月》，云南人民出版社 1986 年版，第 74 页。

图4－2　老人们回忆当年的婚姻

猪尾的另一半由男方父母带走。随后，双方还要查看十二生肖，通过协商，确定半个月后结婚。

结婚当天，男方下午派族内两人走路到空联接新娘，新娘不用携带任何嫁妆，在全村人的陪伴下身着黎族服装到村口，跨过点燃在村口的火把（用于让跟随在后的鬼与人分离），并由村里的"奥雅"主持宗教仪式，然后开始酒席。酒席在一个长约10米、宽1米的长形桌上开始，男方父母杀两头猪，准备一坛鱼茶及充足的酒，宴请来庆贺的客人。客人们并没有送礼金的习俗。亲戚朋友们互相对歌喝酒，直至深夜。男方父母要送给送亲的人少量的红包，以示感谢。婚宴进行过程中，女方的陪嫁人自己动手把男方家里的山栏稻制作成饼，然后携带回家。做得多的大约可以携带十多块，少的也有5—6块。

婚宴结束后，女方回到自己的家里居住，直到1964年，男女双方才住在一起。主要是因为男方没有自己独立的居所，不能自己从事生产，独自开灶。1964年以前，双方由于害羞，一直没有见面，只是到了1964年才断断续续见面几次。

2. 个案二：20世纪60年代

WMY（1943年生，黎族），初中文化程度，务农。1964年由父母做主，与番阳HXY（1948年生，黎族）订婚。男方在父母等人的陪同下，携带200块钱作为彩礼来到女方家，双方父母随即根据十二生肖，推算、确定双方的结婚日期。女方家里便杀一头猪，并从中间分为两半，一半宴请男方及亲属，带猪尾的另一半由男方父母带走。

结婚当天，男方下午四时派族内两人走路到女方家里迎娶新娘。新娘不用携带任何嫁妆，在其身穿黎族服装的亲戚陪同下（大约30人）来到村口，跨过点燃在村口的火把。然后，由村里的"奥雅"用小刀及鸡蛋进行宗教仪式。尔后，双方手持酒杯、碗，分别盛满酒、饭，"奥雅"作法事，叫跟随双方进来的鬼赶紧离开。仪式进行完，男方父母从生产大队拿来米，用自己从女方那里带回的半边猪肉以及鱼茶、酒等在自己家里宴请客人。酒席在一个长约10米、宽约1米的长形桌上开始，客人围绕着长桌对歌，并不时用竹筒吸食香甜的山栏酒。客人不用付礼金。

酒宴完后，同一族内的两个男人送新娘回到娘家。第二天，新娘由自己族内的两个男人送回来后，整个结婚过程就结束了。

3. 个案三：20世纪70年代

WJR（1952年生，黎族），初中文化程度，务农。1975年在一次酒席中认识了番阳村 HQL（1957 年生，黎族）。因为父母不会讲话，所以派他的一个哥哥和一个弟弟携带 200 元彩礼和一套黑色衣裤到女方家提亲。双方根据十二生肖推算，决定在 1976 年结婚，并于举行婚礼前领取了结婚证。因为当时生产队规定养猪、养鸡等，60% 属于生产队，40% 才属于自己，所以女方家里并没有杀猪。但是，生产队规定彩礼的 50% 要返还给男方。

结婚当日，WJR 和自己的大嫂、大婶，于下午 5 点一起走路到番阳迎娶新娘。当时生产队为了节省人力，派了 5 人一起陪同新娘来到男方村口，跨过点燃在村口的火把。然后，由村里的"奥雅"主持，双方手持酒杯、碗，分别盛满酒、饭，"奥雅"作法事叫跟随双方进来的鬼赶紧离开，保佑来参加婚礼的人平安。仪式进行完，男方父母杀一头猪，准备若干鱼茶以及山栏酒，宴请所有到场庆贺的人。席间，年轻人对歌喝酒至晚上 12 点。男方为女方陪娘各准备了 2 块钱的红包以示感谢。陪娘也在第二天吃完早饭后先行返回。

下午，新娘在新郎两个弟弟的陪同下返回娘家，并在四天后由同族中的两个女人送回到男方家里。

4. 个案四：20 世纪 80 年代

WWF（1965 年生，黎族），小学文化程度，务农。1985 年经亲戚介绍并由父母做主，与毛路村 WAZ（1968 年生，黎族）订婚。男方在父母、大哥、大嫂、大伯的陪同下，携带 800 块钱作为彩礼来到女方家里。双方父母达成共识后，女方家里便杀一头猪，并从中间分为两半，一半宴请男方及亲属，带猪尾的另一半由男方父母带走。随后，男方父母再次携带酒菜来到女方家中，并与女方父母协商，查看十二生肖，确定结婚日期。其间，男方父母要给女方主要的亲属红包，每个红包包有 2—3 块钱。

结婚当天，男方下午派族内两人走路到女方家里迎娶新娘。新娘不用携带任何嫁妆，在全村有空人的陪伴下（大约60人），身着普通黑色汉族服饰到村口，跨过点燃在村口的火把。随后，新娘在陪同女性亲属的包围之中更换黎族服饰后，和男方一起点香、系红线，祭拜祖先。在进行完所有程序后，开始酒席。酒席在一个长约10米、宽1米的长方形桌上开始，男方父母杀6头猪，准备一坛鱼茶及充足的酒，宴请来庆贺的客人。整个婚宴大约花费2000块钱，客人们则送10—30块钱作为礼金给男方父母，共计3000元左右。亲戚朋友们互相对歌喝酒，直至深夜。

新婚双方在隆闺里居住两三天后，由新郎陪着新娘回到娘家。住两三天后，新郎再去把新娘接回来，反复几次，直至女方父母把女儿送到男方才算完婚。完婚后大约两三个月，在政府的号召之下，双方共同到民政部门领取结婚证。

5. 个案五：20世纪90年代

WYM（1964年生，黎族），小学文化程度，务农。1991年与同在毛阳淀粉厂做工的空联村WDM（1968年生，黎族）相识并自由恋爱，父母表示同意后订婚。男方在父母等亲属的陪同下，携带3000块钱作为彩礼来到女方家里。双方父母达成共识后，便杀一头猪，并从中间分为两半。一半宴请男方及亲属，带猪尾的另一半由男方父母带走。随后，男方父母再次携带酒菜来到女方家中，并与女方父母协商，查看十二生肖，确定结婚日期。

结婚当天，男方早上4点在族内亲属的陪同下，开一辆大货车（属毛阳淀粉厂所有）到女方家里迎娶新娘。新娘不用携带任何嫁妆，在村里人的陪伴下（大约40人），身着普通黑色汉族服饰到村口，跨过点燃在村口的火把。随后，新娘不用更换黎族服饰，径直和男方一起点香、系红线，祭拜祖先。进行完所有程序后，开始酒席。酒席在一个长约10米、宽1米的长方形桌上开始，男方父母杀 4 头猪，准备一坛鱼茶及充足的酒，宴请来庆贺的客人，整个婚宴大约花费 2000 块钱，而客人们则送 20—30 块钱作为礼金给男方父母，共计 2000 元左右。整个婚宴没有青年男女的对歌，吃完中饭后大多数人离开，只有少数亲属留下来吃晚饭。

婚宴结束后，新娘并不用回门，只是选派相同性别、相同人数的人作为代表到女方家里。女方也选派与男方代表相同性别、相同人数的人送男方代表回到男方家里，才正式完成整个结婚过程。

6. 个案六：进入 21 世纪

WLB（1982 年生，黎族），2000 年入海口市的海南省卫生学校读书，2003 年到石碌医院实习，其间认识了同样到医院实习的五指山卫生学校的 LML（1982 年生，黎族），两人互有好感，但没有表白。实习完后，LML 打工一年，WLB 看到 LML 很辛苦，2005 年托人把 LML 介绍到毛阳镇一个药店工作，其间两人因为距离不远，一直保持着联系。2005 年，WLB 和父母、叔叔、婶婶一行五人乘坐班车来到白沙帮溪镇 LML 家提亲。所带的礼品有一万元钱、糯米酒 20 斤及猪肉、菜等。其间双方就两人的情况进行了详细交谈，但 LML 的父母因为舍不得女儿，没有同意这门亲事，也没有收下礼金，但留下过一夜才走（原因是去帮溪的车一天只有两班）。两年后，2007 年 4 月，WLB 和父母、叔叔、公婆二人、侄子、伯伯 8 个人借用一辆小轿车再次去提亲，所带的礼品一样，但这次对方父母答应，并确定了结婚的日期。同年 5 月 2 日正式结婚。

到了结婚的日子，因为牙开村离帮溪镇很远，WLB 提前一天把 LML 接到了毛阳镇。正式结婚当天早晨 6 点，WLB 的朋友和婶婶（一男一女）带着两辆车到毛阳镇接新娘，新娘在自己姐妹 7 人的陪同下来到村口。新娘进村之前要举行一个仪式，由本族里的

"朝兵"拿一把砍刀，杀一只小鸡，念一些驱鬼的话，新娘进门时跨过火堆，表示将新娘村里不好的东西隔在男方家外，仪式结束后才能进村。新郎手持黑伞陪新娘入村，进村后首先在"朝兵"的带领下拜祖公，从此新娘就是本族的人了。此时，亲戚朋友都赶来祝贺，一般都会带糯米酒、小猪等，也有直接送礼钱的（一般20—100元，但帮工不用给礼钱）。客人来到家里，主人就要摆酒席招待，酒席一般摆在新郎家以及亲戚的家里，由他家的亲戚帮忙招呼客人。

结婚前一天，WLB家共杀了7头猪（其中5头是自己养的，2头是买的）、一头黄牛（购买）、白酒250斤（自酿），加上配菜共花费6000元。酒席上一般都要敬轮杯酒，有的是由新娘和新郎起杯（一般新娘都有一个陪娘，是自己娘家的妹妹，替自己挡酒），然后分别从两个方向开始轮，轮到谁喝，谁就在喝完酒后在杯底放两块钱或更多，算是给新娘、新郎的礼钱。客人们边喝酒边唱歌，一直到天亮。

图4-3 新婚夫妇向亲朋好友敬酒（王永赞摄）

据笔者分析，牙开村黎族婚姻习俗（图4－3）的变迁过程主要呈现出以下几个特点。

第一，传承性。牙开村婚姻习俗的有些要素在与异文化的接触、法律法规的影响下被不同程度地改变了，但作为婚姻习俗的最主要程序则被保留了下来。传统的婚姻习惯和礼俗在黎族社会仍然根深蒂固，即使在千变万化的现代社会，它也没有失去自身的效力，都还在影响着黎族社会生活和人们的行为活动。

第二，开放性。牙开村黎族婚姻习俗变迁的开放性主要体现在内心对待婚姻的态度以及对外来婚姻文化的态度两个方面：一是牙开村人开始追求一种自由而独立的婚姻，爱情在婚姻中的基础地位不断提升，个体在婚姻领域中的自主性也得到了尊重；二是牙开村黎族对外来文化采取一种兼容并包的态度，这使本民族的文化内容更加丰富多彩。

第三，现代性。牙开村黎族自身对外来文化的开放性，使得其能够很快接受现代事物。例如前文提到的结婚时已经使用现代化交通工具汽车和摩托车；结婚服饰选择方面，都不再穿民族服装，男子穿西服，女子则穿西洋式的婚纱；结婚的嫁妆已经有了现代化的电器、交通工具，甚至有现代化的农机；结婚过程中，很多新人都增添了拍结婚照、婚礼摄影等内容。

第二节　家庭习俗的变迁

家庭是文化的起点，家庭的重要性如同语言一样，是人类存在的一个标志。[①] 尽管在不同的社会发展阶段，家庭的意义不尽相同，但是家庭作为社会的细胞和最普通的社会制度，在相应的社会系统中占据重要地位并发挥着巨大作用。关于"家庭"的含义，目前学术界对家庭下

---

① ［法］安·比尔基埃等主编：《家庭史》，袁树仁等译，生活·读书·新知三联书店1998年版，第15页。

的定义已达数百种，可谓众说纷纭。默多克（Murdock）把家庭（family）定义为共同生产、共同消费、共同居住，其成员由血缘、婚姻或收养等关系而组成的一群人。①

庄英章则以经济独立自主的家户单位及宗教祭祀的家庭仪式单位为标准来界定家庭和分家。② 联合国社会发展和人道事务中心认为："家庭的概念不太容易确切地下定义，它没有标准，而且从一种文化到另一种文化的含义不清。然而，通常使用三种混合和重叠的关系来表明构成一个家庭的各个人。这些是血缘即血液关系、婚姻和共同居住。三种因素的任何一种因素，在影响和确定家庭关系的程度上，不同的文化都有所不同。"③

笔者认为，马凌诺斯基的观点更加容易接受，即"家庭是温暖、舒适、食料及感情等各种需要的满足的中心"④，它作为社会的基本结构单位将长期存在，并随着社会转型，不断地发生深刻变化。

一 大家族与小家庭

黎族社会是以男子为中心的一夫一妻制父系小家庭组成的。据《海南黎族社会调查》记载，20 世纪 50 年代，牙开村家庭有大有小，平均每户人数 4.2 人，其中最大的家庭由 8 人组成，最小的只有 2 人，家庭由 3—5 人组成的占到了所有家庭的 80%。家庭成员主要包括父母及子女两代，也有包括祖父母及子孙三四代的，还有一些包括亲属的孤寡老人和因父母去世而无独立生活能力的亲属子女。

由于"不落夫家"习俗的存在，牙开村一个家庭的产生并不是从结婚之日开始，而是从妻子怀孕生子回夫家定居后才算正式建立家庭。但此时并不意味着这个家庭成为独立的生产和消费单位，因为这个家庭

---

① G. P. Murdock, *Social Structure*. New York：The Free Press, 1949（1965）。

② 庄英章：《家族与婚姻》，台北"中央"研究院民族研究所 1994 年版，第 75—77 页。

③ 谢联辉、宋玉华：《全球行动——迎接人口老龄化》，华龄出版社 1998 年版，引自联合国社会发展和人道事务中心《世界人口老龄化现状》1991 年版。

④ ［英］马凌诺斯基：《文化论》，费孝通译，华夏出版社 2002 年版，第 7 页。

刚刚成立，缺少必要的生产资料及一些日常生活必需用品，需要在父母的帮助之下，待条件成熟后才分出去。牙开村黎族这种"小家庭"是相对于整个村"合亩"这个"大家庭"而言的。由于生产资料的所有权属于整个"合亩"所有，"合亩"内的成员可以无偿使用其他家庭的田地、牛等生产资料，因此，牙开村内的"小家庭"只是分配、交换、副业生产以及消费单位，而不是独立的生产单位，在生产上它对"合亩"还有很大的依赖性。虽然也有少数"合亩"内的成员将自己的土地抽出来自耕，反映个体家庭力图摆脱集体经济走向独立的倾向，但在实际生活中，往往遇到无法克服的困难而又不得不回到"合亩"中去，只能作为合亩制中一种从属性的经济力量存在。

可见，当时个体家庭还没有完全脱离"合亩"的襁褓，私有制和阶级仍然孕育在原始公社的母胎之中，呈现出一幅家庭公社逐渐走向瓦解、公有制和私有制因素交错在一起的奇特景象。①

随着合亩制的消失，在生产上，牙开村各家各户已成为生产经营的独立单位，但是大家族的观念在成员心中是根深蒂固的。这种"大家族"的观念并不以"合亩"形式出现，而是采用"共同祖先"的形式。

根据老人 WXZ（1950 年生，黎族）的回忆，1980 年以后，牙开村人期望得到"祖公"的护佑，但由于没有人能够记得住"祖公"究竟是谁，所以"祖公"只具有形式意义，而无具体所指。按照当时可以推算的范围，牙开村的黎族人是由三个兄弟的后代组成的，因此就请五指山的"Pading"（黎语，汉译为"头圣"）通过"圣"术（一种迷信，本文第六章有专门介绍），在三个兄弟家里分别立了"祖公"牌位。其中牙开一村两个，牙开二村一个。但随着人口不断增多，牙开二村仅一个"祖公"牌位已经无法满足拜"祖公"的需求，于是 1980 年又请"Pading"过来，在村里另立两个"祖公"牌位，并通过"圣"术确定了牌位的安放地点。1986 年，其中有一户 WCW（1963 年生，

---

① 邢植朝：《黎族文化溯源》，中山大学出版社 1993 年版，第 60 页。

黎族）单独分出来，请另外一个"Pading"立在琼中，2000年又合并在牙开村。所以，现在整个牙开村被分为6个大家族，每个家族大约100人，都有自己的祖先牌位。

大家族只是名义上的，但每个家族都确定了一个能够代替"祖公"对族内成员进行管理的代理人。这个代理人是通过"圣"术来确定的，因此并不是年龄最大、资格最老的人来担任。平时村里人都是以小家庭单独生产生活，只是到了祭拜祖先或者有其他涉及大家族的公共事务时，大家族的人才会聚在一起。大家族如果祭拜或平时聚会，则采用捐款的形式筹集资金，资金的使用情况都张榜公布，供大家监督。

虽然大家族并不经常在一起生产或生活，但不管谁有困难或者需要帮助，族内的人都会积极帮扶，而不收取任何报酬。同时，在有空闲的时候，一个家族内的人还积极地开展一些文体活动，增进相互之间的感情。这种团结互助、和睦相处的氛围不仅深深影响着牙开村人，还影响着来到牙开村的人。

二 分家

过去，牙开村家庭中儿子成家了，就不再与父母合灶煮饭，而是另外建屋立户，以一家一户为单元，分为父母家屋、儿子家屋等。分家后就出现一家多户的大家庭。黎族民歌"一间茅屋三石灶，一条绳子挂家当，一把钩刀砍大山，一碗谷种养全家"，反映出黎族家庭在过去是极为贫困的。因此，即使分家，家长也没有什么可以分配的财产，分家也只是意味着分灶。

中华人民共和国成立后，随着人们生活水平的提高，有些家庭的经济实力比较雄厚，因而选择不分家。但总的来讲，牙开村大部分人要与父母分开居住。分家主要有两种情况。一种是长子结婚后要求分家，父亲把财产（田地、生产工具、粮食等）按父子人数分成等份，长子获得自己一份财产后即成立一个新的家庭；而其他未婚的儿子仍是父亲家庭中的成员，仍要与父亲一起生活，一直到逐个结婚后，才从父亲家庭中分离出来。另一种是几个儿子都结婚以后一起分家，各自组成新的家庭，原来父亲的家庭即告消失，父母可以自由选择与其儿子同住。在牙开村，分家主要有几方面的考虑：一是老人和年轻人的生活习惯有较大的差别，住在一起不太方便；二是可以降低家庭经济运行费用；三是父母还要继续承担其他子女的婚姻费用。分家以后，父母子女和兄弟之间在生活上或生产上有困难，可以互相帮助，一般不用偿还。

在传统黎族社会，家庭中"长男无权当家长"，指的是分家后由谁来照顾年老体衰的父母，谁来当家，不是长子而是最小的儿子。有人认为，这种俗规与妇女"不落夫家"习俗是有关系的，但这种说法并不充分。黎族家庭对妻子"不落夫家"时生下的小孩是尽心尽力培养与抚育的，并没有另眼相待。但是，他们分家后对父亲应尽的义务减少。唯有最后生的儿子才挑起赡养年老父母的重担，也只有小儿子最后才能"当家"。

随着婚姻法等相关法律的实施，"玩隆闺""不落夫家"等习俗也在发生着改变，父母由谁来赡养的问题并不如以前那样严格。现在，父母年老后，不能劳动也不能自己照顾自己时，兄弟中如果有谁愿意照顾父母，谁就可以得到父母名下的那一份财产。虽然遵循自愿的原则，但较多的仍是年龄最小的小儿子。如果老人只有一个儿子的话，这个儿子就要承担起赡养老人的责任。如果老人只有女儿，而且已经出嫁不能照顾老人，那么就可以由老人家族里的近亲来照顾，这时，老人的田地就归他耕作，收获也归他所有，日后老人的财产也由其继承。虽然继承财产不是赡养老人的最终目的，但是有了一定的经济基础作保障，赡养老人的积极性就会更高些。

下文谈一谈家庭财产继承问题。父亲死后，由长子继任家长职务，但财产的继承是由兄弟互相来分。一般来说，长子比次子要多分一点；女子不管出嫁与否，都没有继承财产的权利。如父母健在而分家时，父母习惯跟幼子一起居住。但父母这份财产当他们死后仍是由兄弟平分，幼子不能独占。对于过继的嗣子来说，他有全部继承父亲财产的权利；独女则没有此权利，父亲死后，全部财产由最亲的堂兄弟来分。鳏寡孤独、年老残废而失去劳动力的人，一般是由堂兄弟来照顾。

三　家庭结构的合理化

家庭结构是家庭成员之间不同的组合关系和组成方式。[①] 它包括两方面的要素，一是家庭人口要素，即家庭成员的人数、家庭规模的大小；二是家庭的代际要素，即家庭成员的代际情况。两种要素组合形成不同的家庭结构。

2009 年统计显示，牙开村共有 138 户。其中最小的家庭只有 1 人，共有 4 户。2 人的有 15 户，3 人的有 23 户，4 人的有 35 户，5 人的有 36 户，6 人的有 16 户。最大的家庭由 7 人组成，共有 9 户。3—5 人的家庭占全部家庭的 68%，平均每户 4.17 人。有学者将家庭分为以下四种模式：（1）核心家庭，即由父母及未婚子女组成的家庭；（2）主干家庭，即由两代或两代以上夫妻组成，每代最多不超过一对夫妻，且中间无断代的家庭，例如父母和已婚子女组成的家庭；（3）联合家庭，指家庭中任何一代含有两对以上夫妻的家庭，如父母和两对或两对以上已婚子女组成的家庭，或是兄弟姐妹婚后不分家的家庭；（4）其他家庭。[②] 照此分类，牙开村共有核心家庭 118 户，主干家庭 17 户，联合家庭 1 户，其他家庭 2 户。

核心家庭在牙开村占所有家庭数的 86%，说明牙开村传统的分家习俗依然保留，正如黎族俗话说的"男大要分家，女大要出嫁"。

相比于 20 世纪 50 年代的分家，现在分家已经有新的特点：一是过去分家大多出于经济上无力维持持续增长的家庭人口，而现在分家大多是因为人口众多所引起的家庭成员之间的复杂关系，不仅有父母与子女

---

① 邓伟志、徐榕：《家庭社会学》，中国社会科学出版社 2001 年版，第 37 页。
② 同上书，第 39 页。

之间的关系，而且还有兄弟姐妹、叔伯、姑嫂、妯娌、姑侄、婆媳以及祖辈与孙辈之间的关系，内部关系难以协调，同时也有生产、生活习惯上的不同引起的矛盾冲突。二是过去人口较少，人均占有土地面积相对较大，对于分家的家庭来说，一般都会在父母的旁边另建房屋，单独开灶，而现在由于土地资源严重紧缺，虽然分家，其实大多都在一个大型房屋里居住，只是有了自己单独的灶，单独开火吃饭。三是过去分家后父母与儿子之间仍保持着密切的联系，相互之间在生产生活上给予帮助和关照，以此加强亲属成员之间的血缘认同。而随着社会经济的发展，尤其是改革开放以来，现在的家庭不仅要实现经济功能，还要履行教育、抚养、赡养、生产经营、消费、娱乐、情感交流等方面的社会综合功能，彼此之间的联系相对减少。

牙开村现在有一户属于联合家庭，这也是 60 多年来牙开村唯一的一例。从对这一户家庭的走访中我们发现，这种情况是在一些特殊的情形下产生的：一是牙开村现在的饮食习惯于煮食，方便易做，而且可以随到随吃，每天早上只需要做一次饭即可管全天的食用，这给大家庭的存在提供了前提；二是大家庭中要有一个绝对的权威，可以把控家庭的生产生活；三是大家庭的整体经济实力较强，为其存在奠定了扎实的经济基础。

雷蒙德·弗恩说："社会结构中真正的三角是由共同情操所结合的儿女和他们的父母。"[①] 可见，内部只有三角关系的核心家庭是最稳定和最有效率的家庭类型。牙开村的家庭结构顺应了时代发展的要求，不仅核心家庭所占比重大，而且迄今没有留守儿童或老人带孙儿留守家庭的现象，原因在于村里外出打工的多集中于未婚年轻人。

四　家庭分工

在家庭内部，男子一般不做什么工作。有空闲时，男人只编织一些

---

① [英] 雷蒙德·弗思：《人文类型》，费孝通译，商务印书馆 1991 年版，第 83 页。

竹器等；舂米、煮饭、挑水、喂猪、养鸡、看管小孩等家务活，均由女子负责。至于户外工作，犁田、耙田、挑秧、除田基草、砍山栏等，均由男子来做；而拔秧、插秧、除草、割禾、放山栏种等，则由女子来做。

家庭财产收支由父母统一掌握，但钱一般由母亲保管。由于妇女在生产中占有很重要的地位，因而妻子在家族中受到尊重。在处理家庭大事时，例如子女婚事、买卖田地或牛只等，都必须经过夫妻商量后才能决定；对外的事情则由丈夫多出主意，并由其处理。日常的生活中，这些分工也并非要严格遵守。比如在空闲的时间，丈夫帮助妻子管教子女，挑水做饭，饲养家禽等。父母与子女之间有相互抚养的义务，正如黎族谚语所说："父养子，子养老。"对老年人尊重、赡养父母是每个做子女的责任。老人或父母时时注意通过一些具体事例，对晚辈进行教育。晚饭后，全家坐在饭桌旁或三脚灶周围，由老人对子女讲历史，讲家史，讲故事，唱山歌，讲做人的道德品质等。

在黎族社会，妻子在家庭中的地位以及她们的意见，一般都会得到丈夫的尊重，丈夫有保护妻子的义务。除此之外，妻子在家庭中被看成是有身价的女子，是由男子上门求来的，而且她们能够生男育女，发家致富，理应受到丈夫的尊重，并享有支配家庭财产的权利。过去，在牙开村，妻子的权利常常受到舅权权威的保护。如果妻子有过错，丈夫要报告娘家来处理。而妻子如果受到丈夫欺负，妻子立即回娘家告状，娘家就兴师动众来评理，逼使丈夫杀猪摆酒招待大家，并在酒席上当众认错，然后由丈夫亲自到娘家把妻子带回家。如果妻子怀孕，丈夫更要加倍体贴照顾。

第三节　小结

对于个人来说，婚姻是个体经验的重要组成部分；从社会层面来看，婚姻又是形成家庭这一社会基本单位的基本途径。婚姻习俗不仅反映个人心理状态，而且深刻地反映了一定历史时期社会的意识形态和价值观念。因此，婚姻习俗的发展和演变是一个历史文化积淀过程，是特定社会制度、民族文化、民族经济、宗教信仰、伦理道德观念以及人文地理等因素相互作用的产物。

纵观整个牙开村的婚俗变迁，有必要对几个因素的作用做一简要评析。

一是政策因素。中华人民共和国成立后，婚姻法和人口政策的推行是政府自上而下的一种强制性制度安排，牙开村村民经历了抗拒、变通、适应的过程。比如，牙开村村民仍然把办酒席作为是否结婚的标志；部分村民并不急于办结婚证，而是需要生育时再去补办结婚证。

二是经济因素。家庭联产承包责任制实施后，土地的使用或经营权下放给农民，每个家庭成为相对独立的生产单位，生产效率大大提高。经济的发展使牙开村村民拥有了比以往更丰富的物质生活，同时推进了村民婚姻思想观念的转变。三是文化因素。随着文化教育的普及，牙开村人的整体文化素质得到明显提升，必然会对传统婚姻观念和习俗进行反思。

改革开放以来，牙开村男女青年通过电视、报纸、书籍、手机等传播媒介和外出学习、打工等活动，接触到新思想、新观念，在一定程度上促使其观念的改变。应当指出的是，除了上述三方面的因素外，牙开村黎族婚姻习俗的变迁还与市场原则、社会时尚、科学知识、文化传统等因素相关。这些因素分别作用于牙开村黎族婚姻习俗的各个层面，并促使其发生牵连性的变迁。

牙开村黎族的家庭习俗作为一种传统文化，随着社会转型而不断发生着变迁，尽管这种变迁相对于社会转型而言更为缓慢；加之黎族社会发展的跳跃性，早期生活的文化因子仍然存活在黎族的家庭习俗之中。但变迁的趋势是不以人的意志为转移的。随着牙开村黎族社会生产能力的增强，物质资料丰富，生活水平提高，个体价值取向增强，以群体生活为特征的大家庭逐渐解体，核心家庭成为主要模式。改革开放的深入，市场经济的发展，现代家庭生活观念的传播，使传统的家庭习俗受到巨大冲击，民主、自由、平等、团结的现代家庭氛围已经进入牙开村黎族家庭。

第五章

纠纷处理习俗

纠纷是"特定主体基于利益冲突而产生的一种双边或多边的对抗行为。它又常被称为冲突、争议或争执，其本质可归结为利益冲突。即有限的利益在社会主体间分配时，因出现不公平或不合理而产生的一种对立不和谐状态，包括紧张、敌意、竞争、暴力冲突以及目标和价值上的分歧等表现形式"①。

从整个人类社会的角度来看，纠纷是客观、普遍存在的一种社会现象，是不以人的主观意志为转移的。因此，在人类社会中，凡是有人活动或集居的地方，就有发生纠纷的可能，这是不可避免的事实。纠纷意味着对现有生产生活秩序的破坏。正如法国社会学家涂尔干所说，"纠纷意味着失范，代表了社会秩序紊乱和道德规范失衡的反动倾向"②，而"秩序的存在是人类一切活动的前提"③。所以，纠纷解决机制也应运而生，其目标就是恢复被破坏的秩序。

千百年来，黎族社会尽管相对远离中原文化，但在长期的历史发展进程中形成了能够自我规范、自我调整的体系。牙开村黎族也正是在这种制约冲突、解决纠纷的实践中，累积形成了一套约定俗成的行为准则和道德规范。

---

① 徐昕：《迈向社会和谐的纠纷解决》，法律出版社2006年版，第66页。
② 何兵：《现代社会的纠纷解决》，法律出版社2003年版，第4页。
③ 张文显主编：《法理学》，高等教育出版社1999年版，第324页。

第一节　纠纷处理过程中的关键人物——"奥雅"

一　认识"奥雅"

翻开有关黎族的文化艺术作品，无论是诗歌、民间文学、小说，还是戏剧、歌曲等，"奥雅"一词出现的频率非常高，但是大多数作者总把"奥雅"一词与"地主"一词等同使用，认为"奥雅"是黎族人民对地主的称呼，甚至一些有关黎族的书籍对"奥雅"一词也注释为地主。其实这是不准确、不妥当的，也是一种误解。据现有的史料考证和牙开村老人的回忆，早在封建社会还未形成之前，他们的祖先已经称呼他们的峒主、头人和老一辈的人为"奥雅"。"奥"是"人"的意思，"雅"是"老"意思，解释成汉语是老人。"奥雅"是简称，全称是"奥阿雅"，释成汉语是老的人。①

随着社会的发展和汉族统治者在政治经济上的渗入，海南岛沿海一带和靠近汉族的黎峒，许多黎族"头人""峒长"已经蜕变为封建政权的基层组织代理人。特别是在国民党统治时期，这些人绝大部分已经效忠于国民党政权，他们对黎族人民进行敲诈勒索。有不少人还跟汉族的官吏相勾结，对黎族人民进行剥削和压迫，形成了黎族社会中一个地主恶霸的阶层。对于这些人，黎族人民并不叫他们"奥雅"，而叫他们"汉官"，黎话叫"闷美"。可见，"奥雅"在黎族的口语中并不是贬义词，也不是地主的代义词。把"奥雅"一词与"地主"一词画等号是不妥当的。②

从对牙开村老一辈人的调查来看，"奥雅"这个称呼是对"能力"的尊称，是对长辈的尊称。在牙开村，能够被称为"奥雅"的人一般具有以下几个特征：一是年龄比较大，大约在 60 岁以上，多为男性；

---

① 邢植朝：《黎族文化溯源》，中山大学出版社 1993 年版，第 121 页。
② 同上书，第 124 页。

二是办事公正，能说会道；三是对内协调和对外交往能力强；四是在群众中有号召力；五是记忆力好。正由于"奥雅"有这些特点，使其在村寨中具有相当高的威信和影响力。当然，"奥雅"当中也分大小，一个"奥雅"解决不了的纠纷则由大一点的"奥雅"来解决。但要特别指出的是，本章所关注的"奥雅"与一般的老人不同，主要指能够在纠纷处理过程中发挥作用的那一部分老人（图5-1）。

图5-1 作者等人与"奥雅"（左二）合影

"奥雅"不是靠推选而产生，没有特殊的福利待遇，也没有专门的办事机构和办事地点。他们平时和普通村民一样在村里参加劳动，只有当遇到重大纠纷时才出面组织协调。他们没有可被世袭继承的权力和地位，完全靠自己的才华和品德赢得大家的信赖。在牙开村，历史上也有部分"奥雅"存在两面性：既具有为了群众的利益，领导本村人民群众抵抗外来侵扰的一面，又具有剥削、压迫本民族群众的一面。总之，

"奥雅"受人尊敬，主要是年长者、有社会经验、懂生产知识者；狭义就是指老人。

中华人民共和国成立前，牙开村处理民间纠纷、维护良好社会秩序主要依靠"奥雅"。20世纪50年代初，虽然国家权力以前所未有的速度渗入牙开村，但是由于惯性，村民的思想观念并没有发生质的改变，"奥雅"仍然发挥着重要作用。笔者根据访谈资料分析得知，牙开村"奥雅"的作用主要包括以下几方面：一是协助国家权力，在牙开村处理日常纠纷；二是参与村事务的讨论，有发言权；三是主持村中红白喜事仪式。

"奥雅"在处理纠纷时，不仅要叫来当事人双方，还要召集全体村民，在全村人面前公开处理。"奥雅"在处理纠纷时，旁观纠纷处理的民众不仅在处理纠纷的过程中有表达自己意见的权利，而且这种表达意见的权利人人平等。对每个人表达的想法，"奥雅"都要认真加以考虑，然后再对纠纷进行处理，直到处理办法获得到场群众的一致认可，方能表示对纠纷处理的终结。此时的处理结果，才是双方当事人真正需要履行和遵守的。

需要说明的是，笔者在调查中发现，中华人民共和国成立以前，在牙开村处理纠纷过程中，参与处理纠纷的人有着各种各样的称呼（包括"奥雅"、哨官、保长、甲长、峒长、亩头、村头等）。可见，在人们的记忆里，这些都是活跃在黎族乡土社会中的"头人"，都是黎族解决纠纷主体的一部分。他们只是在解决纠纷的层次上有所区别。一般来说，在传统黎族社会发生纠纷，先由"合亩"或村峒内的头家解决，头家不能解决的，诉诸哨官，如果哨官也不能解决，则要诉诸峒长。峒长召集全峒的哨官、头家开会，共同解决。峒长不能处理的问题，报请总管处理。[①]

事实上，即使有这种层次上的区分，他们的功能界限有的时候也并

---

① 广东省编辑组：《黎族社会历史调查》，民族出版社1986年版，第171页。

不那么清晰。比如，在不同的黎族地区，"奥雅"、哨官、保长、甲长、亩头、村头可能由同一个人担任，或者相同职能的人因地区不同而称呼不同，或者在职能上有所交叉。这些都不会影响他们在黎族文化圈内的地位以及在调处纠纷中的作用。本书仅选择纠纷处理过程中的"奥雅"为主要研究对象，主要有两方面的原因：一是哨官、保长、甲长、峒长、亩头、村头都是 1949 年以前存在于黎族地区特定组织的头人，如黎族"峒"组织、黎族"合亩"组织等，以后随着这些组织的解体，这些头人的称谓及职能已不存在；二是"奥雅"虽然指称发生了变化，但是他们在民间纠纷处理过程中仍然发挥着作用。

二　"奥雅"在处理纠纷过程中的作用

在牙开村的处理纠纷过程中，独具特色的调处者——"奥雅"凭借其出色的组织协调能力，及时、有效地化解了各种纠纷，保证了当地的社会生活秩序。其发挥的作用如下。

1. 召集作用

纠纷发生时，当事人邀请"奥雅"出面解决纠纷，或者"奥雅"出于维护社会秩序、保障社会生产正常进行的需要，积极地介入纠纷。"奥雅"根据纠纷的大小来召集不同的人参与。如果事实比较清楚，纠纷情节比较轻，则由"奥雅"召集当事人双方进行解决；如果是比较严重的纠纷，则要通过召集民众，一起来参与和确认。

2. 调解作用

调解这种简单的方式可以概括为："讲道理的第三人与听别人讲道理而从内心表示服从的当事人表演的戏剧。"① 历史上，牙开村基本上是依俗而治，政府很少介入，由习惯法组织按照习惯法来处理纠纷，治理社会，调解则是实现这一过程的主要方式。因为在牙开村，人们处在

---

① ［日］高见泽磨：《现代中国的纠纷与法》，何勤华等译，法律出版社 2003 年版，第 212 页。

一个物质上和精神上都十分接近的圈子里，所以纠纷才容易发生；同时也正是因为彼此共同生活在这个圈子里，所以纠纷也容易平息。① 所以，纠纷的双方总是想方设法与对方达成和解，尽量降低自己的损失，避免破坏融洽和谐的关系。但若超过了当事人自身能够解决的范围，就需要第三方的参与，比如"奥雅"的调解。"奥雅"不管是以主持的身份还是以被通知参加调解的角色参与，他都会认真而且负责任地和大家一起讨论，询问当事人，查明案情。

3. 监督作用

在牙开村这个熟人社会中，家庭、邻里发生纠纷，当事人双方一般会在"奥雅"主持的调解中当场做出一定的让步，来换得纠纷的圆满解决。如果是涉及赔偿等重大人身财产利益时，当事人双方不能当场了结纠纷的，都会约定在一定期限后执行。在执行期间，"奥雅"会参与其中，并监督纠纷的彻底解决。一旦超过期限，纠纷不能正常解决，"奥雅"会出面询问当事人，并督促当事人按照约定履行义务。"奥雅"的监督作用是在习惯法的背景下，依靠社会舆论发挥的，因此一般会促进纠纷的顺利解决。

在牙开村解决纠纷过程中，"奥雅"能够一直发挥其作用，主要有三方面的原因：一是对秩序效益的追求。牙开村人生活在一个相对狭小、封闭的空间，是一个熟人社会，当纠纷发生时，为了使生活得以继续，人们不得不选择一种较为简便的方式来处理纠纷，以期得到人际关系的恢复。这是追求秩序效益的正当体现。二是对经济效益的追求。落后的经济生产方式使牙开村人并没有得到很高的经济回报，因此不可能在处理纠纷过程中有过多的花费，如果有偿借助第三方资源，比如司法系统来处理，势必会大大增加开支，其生活也会受到很大影响，为了追求经济效益最大化，调解无疑是一种比较好的解决方式。三是"奥雅"

---

① ［日］高见泽磨：《现代中国的纠纷与法》，何勤华等译，法律出版社 2003 年版，第206 页。

在黎族人民心目中所具有的崇高地位。"奥雅"被认为是有着高尚的道德、办事公平、拥有智慧的人物，他们身上有一种道德魅力，因而获得了人们的普遍认同。

三 消解与利用："奥雅"角色的转换

传统黎族社会处理纠纷主要来自村内的"奥雅"所主持的调解，这些活动在相当长的历史时期内几乎独自维持了牙开村村寨生活的基本秩序。中华人民共和国成立后，国家权力开始以前所未有的速度和力度进入农村社会，随着国家权力的扩展，"最重要的关系已改换成国家政权与农民的关系"[1]，牙开村也不可避免地发生着巨变，权力格局发生改变，"奥雅"在处理纠纷中的地位和作用也在发生变化。

1958年农村人民公社化以后，牙开村的行政建制稳定在生产大队、生产小队上。一个大队选一个"贫农组长"，负责依照国家法律主持处理纠纷；村中的"奥雅"也参与，但仅限于补充组长的话，提出意见及批评教育。纠纷发生时，由队长和"奥雅"一起主持，队长先提出解决意见，"奥雅"同意，则进入表决程序，以口头或举手表决；如果"奥雅"不同意，则会讲明道理，提出意见，一般情况队长会予以采纳，然后再表决通过。如果不用处罚，则当场决定；如果有处罚，处罚以实际损失为限，但要开会批评教育。若当场抓住，则立即批评教育直至赔偿落实；若不是当场抓住，则派年轻人和"奥雅"一起抓回（不绑），批评教育至赔偿落实为止。

在1958年至1985年这一阶段，牙开村的"奥雅"在国家权力的介入下，虽然在解决纠纷中的作用与地位呈减弱的趋势，但依然在一定程度上发挥着重要作用，这主要归因于三方面的因素。

---

① 黄宗智：《长江三角洲小农家庭与乡村发展》，中华书局2000年版，第194—195页。

第一，中华人民共和国成立以后，村级干部的选举与产生程序，虽说是按照国家的有关政策来进行的，但由于受牙开村黎族社会传统历史文化的影响，在现实生活中，上级选拔干部，群众推举领导，通常都会将目光投在那些办事公正、能说会道、协调能力强、在群众中有号召力的人身上。而在当时的农村中，具备这些条件的大多是村中的"奥雅"。因此，这一阶段，村里的干部大多由"奥雅"来担任。"奥雅"在顺应形势发展需要的同时，也有积极维护自身权威的一面。

第二，由"奥雅"来主持解决纠纷这一习俗，是在牙开村黎族社会经济基础上形成的，并且随着社会经济基础的变化而发生变化。但是，属于上层建筑的文化习俗在社会发展中具有稳定性和滞后性的特点。当最初与它相适应的社会经济发生变化时，"奥雅"处理纠纷的习俗不会立即消失，还会在很长一段时间内存在。

第三，从土地改革开始，国家权力全面进入村庄，权力以制度的形成为手段达到顶峰，人民公社建立以后，村庄处于一个"被组织化"的状态。① 这种结构并非形成于村庄传统政治制度的基础上，牙开村人存在接受与抗拒两种不同的文化表现，在这样的背景下，"奥雅"的作用与地位才得以延续。

随着人民公社的解体，村民自治制度最终取代了以集体经济为基础的"集权式乡村动员体制"，它是村民个人权利捍卫和保护的制度性承诺。②

1987 年后，牙开村的纠纷由村委会和各村民小组解决。解决纠纷时，一般由组长处理，如果不服，则由村委会处理。如果涉及土地纠纷、坟墓地归属纠纷、男女关系问题以及比较大的疑难纠纷，也请村里的"奥雅"出面判定。目前，"奥雅"仅限于确认功能。按照他们自己

---

① 宿胜军：《从"保护人"到"承包人"》，载杨善华、王思斌《社会转型：北京大学青年学者的探索》，社会科学文献出版社 2002 年版，第 111—126 页。

② 于建嵘：《岳村政治》，商务印书馆 2001 年版，第 231—233 页。

的说法，就是"现在有政府和法律了，我们现在的任务就只剩下听了，有问题你们去找政府"。

在调查过程中我们发现，牙开村的村民有一些大的纠纷会直接找政府解决，过去维系整个村庄秩序的习惯规则以及"奥雅"的影响力在逐渐减弱。究其原因有三。

第一，法律宣传到位，深入人心。牙开村每天早上7点到8点、中午10点到11点、晚上7点到8点，用广播宣传时政及法律知识；组织村民看《法治在线》等电视栏目和普法电影；在村中显眼的位置还贴有法律宣传标语"有纠纷找司法"；村委会召开支部会、生活会时，请村中"奥雅"一起参加，宣讲一些国家政策法律，逐步改变一些不太合适的习惯做法。

第二，科学解释使村民对神的依赖逐渐减弱。在传统社会，"神"的观念成为牙开村习惯法对村民进行强制性保护极为重要的观念基石。随着科技的进步，人们认识能力的提高，牙开村人对一些自然现象或社会现象有了正确的认识，对"神"的信仰也逐步减弱，这些都使得"奥雅"的公信力受到质疑，威信也大大减弱，村民们更加信赖政府和法律。

需要指出的是，牙开村人对待无法用科学认识的现象时，也时常表现出手足无措。笔者在调查过程中发现，村里连续八年都有人过世，村里有人无法认识这一现象的原因，有人甚至怀疑是否是种植苦瓜而得罪了"神"的原因，因为村里的苦瓜种植是从死人的那一年开始的。在这种情况下，"奥雅"的解释会使很多人信服。

第三，国家纠纷解决机制的建构与完善，法律的公平与正义，使牙开村村民逐步接受并选择了这种纠纷处理方式。随着国家人民调解机构在牙开村的设立以及国家"司法下乡"活动的开展，人们能够很清楚地了解到哪些行为是合法的，哪些行为是非法的。行为的可预期性使人们的生活变得更加稳定，更加安全，村民们对法律由被动适应逐渐过渡到主动接受。

第二节　纠纷处理的依据——习惯法①

一　习惯法的内容

历史上的牙开村黎族虽然没有文字，却有自己的法律——习惯法。这些习惯法是牙开村人长期口耳相传，世代相袭，逐渐被加以确认，并成为普遍遵循的习惯准则，是调节村民之间某些关系的社会规范。长期以来，牙开村黎族的习惯法在维护社会秩序、缓和村民矛盾、保护生态环境等方面发挥了重要的作用。这些习惯法缺少文字或实物的记载，通过田野调查所获取的第一手资料可能存在瑕疵。为保证材料的可靠性，笔者注重田野调查过程中多个调查对象的相互印证，同时又注重将田野调查所获取的资料与文献资料相互印证，力求通过对比分析，尽量还原事物的本质面貌。

（一）对侵害人身权行为的处罚

1. 对杀人行为的处罚

（1）故意杀人：对故意杀人者，一般由受害者的舅舅和家属共同

---

① 关于"习惯法"的定义，研究者站在不同的角度有着不同的认识。英国《牛津法律大词典》："当一些习惯、惯例和通行的做法在相当一部分地区已经确定，被人们所公认并被视为具有法律约束力，像建立在成文的立法规则之上一样时，它们就理所当然可称为习惯法。"（［英］戴维·M. 沃克：《牛津法律大辞典》，北京社会与科技发展研究所编译，光明日报出版社1988年版，第236页）《中国大百科全书·法学》："国家认可并由国家强制力保证实施的习惯。"（《中国大百科全书·法学》，中国大百科全书出版社1984年版，第87页）梁治平认为："习惯乃是这样一套地方性规范，它是在乡民长期的生活与劳作过程中逐渐形成；它被用来分配乡民之间的权利、义务，调整和解决了他们之间的利益冲突，并且主要在一套关系网络中予以实施。"（梁治平：《清代习惯法：社会与国家》，中国政法大学出版社1996年版，第1页）。俞荣根认为："习惯法是维持和调整某一社会组织或群体及成员之间关系的习惯约束力量的总和，是由该组织或群体的成员出于维护生产和生活需要而约定俗成，适用一定区域的带有强制性的行为规范。"（俞荣根：《习惯法与羌族习惯法》，《中外法学》1999年第5期）综合以上种种观点，笔者认为，习惯法是在某一特定地区或特定群体中，因约定俗成或由公众授权的权力团体制定的，表现为口诵或成文形式的，为众人遵循的具有强制执行力的行为规范。关于习惯法，还可参考龙大轩《民族习惯法研究之方法与价值》，《思想战线》2004年第2期。

出面处罚凶手。处罚时虽然也会考虑凶手的家庭经济情况，但一般是责令凶手赔偿给受害人家庭一定数量的银钱和水牛，若没有水牛，也可用田换牛或直接赔等价的田地，并要支付所有的丧葬费用。整个处罚过程由村中的"奥雅"主持，待商定处罚结果后，凶手还要买一头猪、一坛酒，请"奥雅"和受害者的家属喝酒吃饭。席间，"奥雅"告诫凶手："你杀人，这是事实，也已经接受处罚，以后不要再犯了。"凶手要在最迟一个月内履行赔偿，如果不履行，则要捆绑抓回，并加倍处罚。

（2）过失杀人：对过失杀人者，一般由受害者的舅舅和家属共同出面处罚凶手。处罚的方式一般是责令凶手赔偿少量的银钱和水牛，支付所有的丧葬费用，并要买一头猪、一坛酒，请"奥雅"和受害者的家属喝酒吃饭。如果杀人者的行为属于正当防卫，则不需要赔偿，但要给受害者家属支付丧葬费用。

2. 对伤害行为的处罚

（1）故意伤害：对故意伤人者，伤害人要请医生帮其治疗。待被伤害人痊愈后，伤人者要买一头猪、一坛酒，请医生喝酒吃饭。席间医生会说："我已经帮你把对方的伤治好了，总共花费多少钱。"伤人者要支付所有医疗费用，然后把猪分一半作为酬谢送给医生，其他的一起吃掉。如果故意伤害他人致人残疾但能走路，要定月支付生活费，一般为一定数量的稻谷；如果受害人不能走路，要把他接到自己家中，像照顾自己家人一样照顾他。

（2）过失伤害：过失伤害和故意伤害的处罚方式一样，但处罚标准较低，一般要支付所有的治疗费用，并要买一只鸡、一坛酒，一起吃喝。如果过失伤害他人致人残疾但能走路，要定月支付生活费；受害人不能走路的，要把他接到自己家中，像照顾自己家人一样照顾至死。

3. 对家庭内伤人行为的处罚

在家庭内部，如果父母打子女不是很严重，并没有什么处罚。如果丈夫打妻子，情节较为严重时，妻子的舅舅会带领家属过来说理。丈夫这方不管有理无理，都要杀一头猪，还要拿酒来款待。在酒席上，丈夫首先要讲明打人的原因，然后妻子方的人一般会说："你们两个都有不对的地方，要相互体谅，不要再出这样的事了。如果你（指男方）真的不要我女儿的话，就打背包把她送回来，不要打，不然会影响生产和生活。"

4. 对通奸行为的处罚

（1）已婚妇女与未婚男子通奸：若被已婚妇女的丈夫发现，妻子要向丈夫承认错误，并请"奥雅"出面处理。若得到了丈夫的原谅，处罚方式为罚男子一头猪、女子一坛酒，请村民们吃喝。席间"奥雅"说："你们以后不要再发生这种事情了，再有下次，要重罚。"若丈夫不原谅，可要求离婚，并由妻子的娘家赔偿一定数量的水牛，作为聘礼的损失。

（2）已婚男人与未婚女子通奸：处罚方式相同，妻子可要求离婚，并把结婚时带来的嫁妆全部带回娘家。

（3）已婚男人与已婚妇女通奸：男女双方都必须拿出一定数量的猪和酒，供村民们享用。

（二）对侵害财产权行为的处罚

1. 对抢劫行为的处罚

（1）对一般抢劫行为的处罚：对于正在实施抢劫的人，可以当场捆绑，并按照所抢到的具体数额处罚。除此之外，还要罚抢劫人买猪、酒等，请参与调解处理的人吃喝。

（2）对特殊抢劫行为的处罚：对于持刀或持枪等实施抢劫的人，可当场制止，造成抢劫人伤亡的一般不用承担责任。抢劫人除了罚一定数量的银钱或水牛外，还要买猪、酒等，请参与调解处理的人吃喝。

2. 对偷盗行为的处罚

（1）对一般偷盗行为的处罚：如果偷的是牛，牛如果没有被宰杀，偷盗的人要把牛退还给被偷的人，并且罚一头猪，一半给被偷的人，一半给说理的人；另罚一坛酒，请在场的人吃喝，席间保证以后不再偷。

牛如果已经被宰杀，偷盗的人就赔偿两头牛；除此之外还要罚一头牛，其中一只牛腿送给被偷的人，另一只牛腿送给说理的人，剩下的请在场的人吃喝。

如果偷的是银钱、猪、鸡、稻谷等，一般会要求偷盗的人进行经济上的赔偿，价值是其偷盗的数倍甚至十倍。

（2）对惯偷的处罚：如果是惯偷，可以游村公判，也可交给官员处置。

（三）婚姻家庭及财产继承纠纷

1. 对悔婚的处理

如果女方反悔，要罚一头水牛、一坛酒，并双倍退还所有彩礼；如果男方反悔，女方有权不退还彩礼，男方还得罚一头水牛、一坛酒。

2. 对离婚的处理

离婚在协商的基础上以黑布为凭证，双方各执一半。如果女方提出离婚，女方家退还男方的彩礼；如果是男方提出离婚，女方有权不退还彩礼。如果只有一个孩子，要留给男方；若有两个，则双方平分。如果孩子多的话，妻子可以任选一个带走，其余留下给丈夫家。如果孩子还小，可先由妻子带回娘家抚养，待长大后再送到丈夫家里。

3. 对财产继承纠纷的处理

父亲死后，财产由所有儿子来平分，女儿没有继承权。

（四）借贷纠纷

1. 对一般借贷关系的处理

双方达成借贷关系后，如果到期不还，则利上加利翻一番。

2. 特殊情况的处理

父母有借款，若父母死亡，待埋葬完后，由村中"奥雅"问全村及外村的亲戚："死者有没有借款，或者有没有人欠死者的，如有，要在五天之内提出。"待最后确认后，由其子女承担债务或继承债权。丈夫或妻子如果有一方死亡，程序相同，但由妻子或丈夫来承担债务或继承债权。

（五）其他纠纷

牙开村的纠纷处理习俗，涉及生产生活的方方面面，除了上述几种纠纷之外，还有一种比较常见的习俗——"打标"习俗。这一习俗是指用茅草打结的方式做成的一种以物代言的符号，是山居民族在征服自然和改造自然的历史过程中形成的协调人自身、人与人之间、人与自然之间、人与神之间关系，限制和约束人们的日常行为，祈望神灵保佑，消灾避祸、驱魔逐邪、求吉祈富的一种传统习俗。

在牙开村，草标的使用范围非常广泛，文化内涵十分丰富。其中重要的一项是"物权标"。"物权标"表示的是一种财产所属关系。比如某人在山上看中了一块土地，想利用开荒种植农作物，他就要在这块山地的四周挂上一些树枝作为标记，意为此块山地已有主，不准任何人插手。如果采摘到了水果或者砍倒了树木等物，一时不能或不想搬回家，只要打上草标，就说明这些水果或烧柴等物是有主人的，别人就不会占有和取用了。如果看到公路旁边有一棵已经成熟的龙眼树，只要打上草标，别人就不会摘取了。黎族社会通过"打标"的先占方式确立物的绝对排他所有权。若是有人不遵守规定，侵犯了别人的物权，则必须返还原物。

二 习惯法的价值

牙开村黎族的习惯法是黎族千百年来在生产生活实践中逐渐形成、不断积淀、世代相袭、共同遵守，并由家庭、宗族、村寨等群体和组织用强制力加以维护的行为规范，表现出民主性、民族性、具体性、神威性的特点。[①] 它所实现的社会功能主要体现在三方面。

第一，规范本族本村群众的行为，维护正常的经济社会秩序。牙开村黎族习惯法反映了人们对自然现象和客观世界的认识，包含了人们生产生活实践的经验积累，促进了生产的发展和社会的安定，满足了本族

---

① 陈文辉：《浅谈黎族习惯法的特点》，《琼州学院学报》2010 年第 1 期。

成员的需要。"在这种前提之下，人们要求创制一种永恒不变的秩序，即无论在何地、何时，还是对某种方式做某事时，只要在一相同的情形之中，就无须犹豫和疑虑。"① 正因如此，牙开村黎族社会中所广泛存在的生产生活习俗，一直以来得到牙开村人的普遍遵守。

第二，调整村民的权利义务关系，促进社会发展。"动物只是按照它所属的那个种的尺度和需要来建造，而人却懂得按照任何一个总的尺度来进行生产，并且懂得怎样处处都把内在的尺度运用到对象上去。"② 牙开村黎族习惯法规定了村民行使的权利和承担的义务，这种权利和义务体现了当事人之间及与社会利益之间的平衡关系，一旦这种权利义务关系受到破坏，就要受到整个牙开村黎族社会的舆论监督。因此，一般情况下，群众不会轻易打破这种平衡关系。

第三，增强民族认同意识和民族凝聚力。"一个人不能养活全村人，全村人可养活一个人。"这是牙开村人团体观念的直观朴素表达，体现了黎族人民对集体力量的遵从，也是相对隔绝、自给自足的自然经济条件下的必然选择。个人的权利行使和义务承担不能仅凭个人的自由意志所决定，而要受到团体的约束，其目的也是维护家庭和亲属关系，维护村落共同体的安宁。

三 冲突与调适：国家在场下的习惯法

中华人民共和国成立后，国家法律逐步渗入牙开村，并对其日常处理纠纷的依据——传统习惯法构成影响。"文化大革命"期间，乡村习惯法在"破四旧"（即旧思想、旧文化、旧风俗、旧习惯）运动中遭到完全否定被取缔。

牙开村和其他乡村社会一样，传统的习惯法无法与国家强制力、国家法律相抗衡，逐渐地退出了乡村治理舞台。但作为民族文化的重要组

---

① 转引自［美］E. 博登海默《法理学：法律哲学与法律方法》，邓正来译，中国政法大学出版社2004年版，第238页。

② 《马克思恩格斯全集》（第42卷），人民出版社2004年版，第97页。

成部分，这种"绝迹"只是被理解为是一种形式上的消失，实际上，在村民的心目中，传统习惯法的影响仍然根深蒂固。20 世纪 80 年代，随着家庭联产承包责任制、村民自治制度的推行，传统习惯法很快得到复苏，某些内容和观念形态顽强地生存下来。1987 年《中华人民共和国村民委员会组织法（试行）》颁布以后，传统习惯法获得了另外一种形式的认可，即以村规民约形式存在。根据该法第 16 条的规定，村民公约是由村民公议制定，并报乡、民族乡、镇人民政府备案的由村民进行自我管理、自我教育、自我服务的行为规范。习惯法主要经历了形式、内容两方面的变迁。

1. 习惯法形式的变迁

黎族社会没有文字，所以牙开村习惯法基本上都是不成文的，一般采用口耳相传的方式。牙开村人从一出生就受到各种形式习惯法的影响，当发生纠纷时，他们会采用观摩的形式参与到整个纠纷的处理过程中，在不断积累的过程中实现对习惯法的理解与认识。而现代习惯法的存在形式是一种国家认可的成文形式，即群体依其固有习俗、文化传统、风土人情、客观环境等要素而自发订立的调整该群体成员行为的规范和约定。①

在牙开村，这种成文形式表现为 1996 年 7 月制定的乡规民约（附件 1）和 2009 年 2 月制定的村规民约（附件 2）。从这两个规约所规定的内容及具体实施来看，主要体现如下几方面特征。

（1）形式的标准化、理性化。相比于纯粹自然生成的习惯法而言，现代规约具有较高的技术性、系统性和规范性。规约的内容大多与国家有关法律、法规和政策保持一致，这实际上是对规约制定程序进行控制的结果。

在牙开村，制定规约的程序一般由村民委员会提出草案，由村民会议讨论并根据审议意见进行修改后，提交村民会议表决，经出席会议半

---

① 龙大轩：《羌族民约的习惯法特征》，《西南政法大学学报》1999 年第 7 期。

数以上成员同意后生效。经村民会议通过的规约要报乡人民政府审查备案，对于不符合国家法律要求或国家不提倡的村风民俗的，一般要求重新制定。同时，为了使规约能够真正做到合法、有效、管用，牙开村所在的毛阳镇还为所辖的村制定了村规民约范本，对村规民约制定的原则、范围、内容、执行程序等方面提出了详细的意见。附件2所显示的村规民约就是毛阳镇于2009年第七届人民代表大会第三次会议通过的，牙开村并没有在这个基础上进行修改，而是直接套用。

（2）内容的特殊性、补充性。国家制定的法律往往比较抽象、原则，不可能对各个地区、各个民族的具体问题面面俱到。因此，从一定意义上讲，规约是对国家法的补充，而且因为各个地方风俗不同，规约还体现出区域范围内的特殊性。从附件1和附件2可以看出，规约调整着一些国家法没有调整的社会关系，如生产管理、治安管理、耕牛管理的规范等。这些规范调整着国家法难以深入发挥作用的社会层面，帮助国家法得以具体落实，如日常生活中的电鱼、炸鱼、毒鱼等行为。同时，规约是建立在牙开村人具体生产、生活实践基础上的，所有规约内容都与民族自身的传统习惯、周边的客观物质世界、亲身的经验感受、情感体验相一致。规约内容的这种变化，既是一种民族习惯法的国家化产物，也是一种国家法律及政策地方化、民族化的产物。①

附件1：

毛路村委会乡规民约

为了确保我村委会的社会治安和加强耕牛管理，结合实际，并经镇政府审批后，特制定如下民约：

---

① 张跃、周大鸣主编：《黎族海南五指山市福关村调查》（中国民族村寨调查丛书），云南大学出版社2004年版，第264页。

一、社会治安

1. 无论在任何场所喝醉酒后打架斗殴或有意闹事者造成事故，除担负伤者的医疗费、误工费、营养费外，还处以200—300元的罚款。外地人进入本村庄，晚上十一时半后闹事，调戏、侮辱妇女造成不良影响的，本村有权拘留闹事者并送交有关司法部门处理。

2. 盗窃农作物和有意破坏农作物者，按所偷窃的数量以市场价格加倍赔偿，并处以100元罚款，揭发者给予50%奖励。

3. 电鱼、炸鱼、毒鱼破坏水产资源者，每次罚款100—200元，并没收全部用具和水产品。对于积极揭发或送交村委会和村小组处理的，从罚款中提取70%作为有功人员奖励。

4. 外地人进入本村山界乱砍木柴、山竹、红藤、白藤等不经有关部门批准的，一律执行每次200—500元的罚款，并没收全部物资，或扣留违反者送司法部门处理。

二、耕牛管理

1. 若有耕牛进入园地、田地破坏农作物，每头耕牛一律罚款50元。

2. 破坏橡胶，每株处以50—100元的罚款。

3. 破坏芒果、荔枝、龙眼等热带水果，每株处以50—100元的罚款。

4. 破坏造林，每株处以20—30元的罚款；破坏木薯、香蕉，每株处以10—20元的罚款；破坏秧地，按数量赔偿谷子，并处以50—100元的罚款。

5. 破坏禾苗，按实际损失禾苗能插植面积的数量计算赔偿，并且处以30—100元的罚款。

6. 破坏正在抽穗或成熟的稻谷，按受损失面积估产赔偿谷子，并处以150—200元的罚款。

7. 耕牛、猪进入园地、田地等破坏经济作物，被园主、田主发现，当场在田地、园地里打死、打伤耕牛的，不追究当事人的任何责任，耕牛主还要赔偿园地、田地里被损坏作物的经济损失。

8. 耕牛主因耕牛入园地、田地破坏经济作物被处罚，或因当场打死、打伤耕牛而采取打击报复等手段者，情节严重的送交司法部门处理。

9. 凡是农户不圈猪或三鸟（鸡、鸭、鹅）致使其闯入田地、园地破坏经济作物，田地、园地主人打死、打伤猪或三鸟，当事人不负责任，并加倍赔偿田、园地的经济作物损失，并加倍罚款，但要把打死、打伤的猪或三鸟交给物主。

10. 村委会或村小组处理每宗案件，被处罚者赔偿其他经济损失外，还加付处理费30元，当作治安费使用。

11. 以上规定如与国家有关法律、法规相抵触，按国家法律、法规的规定执行。

12. 本约自一九九六年七月五日起生效，本约处理不了的事故或案件，送司法部门处理。

附件2：

毛阳镇村规民约

（2009年2月26日毛阳镇第七届人民代表大会第三次会议通过）

为了更好地弘扬我镇公共道德，维护公共秩序，规范村民行为，实现自我管理、自我教育、自我服务，确保我镇居民人人都有良好的文化道德素养，畜禽、卫生管理规范化、科学化，保持亮丽、整洁的村容村貌，促进我镇各村经济科学发展，增加农民收入，推动我镇社会主义新农村的健康发展，根据我镇目前的实际情况，特制定村规民约如下：

一、社会公德

第一条　爱国，爱党，爱集体，爱劳动，爱社会主义，爱美丽家园。

第二条　遵守国家政策法规，履行公民义务，依法缴纳税费，积极参加各种公益活动。

第三条　尊老爱幼，男女平等，勤俭持家，团结邻里，文明礼貌，助人为乐，爱护公物，保护环境。

第四条　学科学，学文化，学以致用先进生产技术，提倡文明健康的生活方式。

第五条　充分发扬民主，行使合法权利，积极参加村民会议和村民小组的会议，无故不参加的，在村广播上予以通报。

第六条　执行常年值班站岗制度，违反规定擅自离岗及不站岗者，对直接责任人按《治安管理处罚条例》从严处理。

第七条　不参加任何邪教和反动组织活动，反对封建迷信，违者依法处理。

第八条　红、白喜事从简，不大操大办，不借机敛财，违者没收礼金归村所有，用于公益事业。

第九条　提倡新婚风尚，晚婚晚育，自觉遵守国家人口与计划生育政策，不超生，不偷生，不为计划生育对象提供躲避场所，违者按计划生育条例处罚。

第十条　严禁虐待、遗弃老人和婴儿，违者除责令赡养老人和婴儿外，征收500—3000元养老及抚育押金，并进行教育，屡教不改者做书面检讨，张榜公示。

二、社会治安

第一条　每个村民都要学法、知法、守法，自觉地维护法律的权威和尊严，同一切违法犯罪行为作斗争。

第二条　村民之间应团结友爱，和睦相处，不打架斗殴，不酗酒滋事，严禁侮辱、诽谤他人，严禁造谣惑众，拨弄是非。

第三条　自觉维护社会秩序和公共安全，不扰乱公共秩序，不阻碍公务人员执行公务。

第四条　严禁偷盗、敲诈、哄抢国家、集体、个人财物，严禁赌博，严禁替罪犯隐藏赃物。

第五条　严禁非法生产、运输、储存和买卖爆炸物品；生产、销售烟火、爆竹和购置各种枪支，须经公安机关批准。拾得枪支弹药、爆炸物品后，要及时上缴公安机关。

第六条　爱护公共财产，不得损坏水利、交通、供电、生产等公共设施，不得任意在居住区内安装噪声大的机械，如粉碎机等。

第七条　不得在公路上打场晒粮、挖沟开渠、堆积粪土、摆摊设点，不得以任何理由妨碍交通秩序。

第八条　不制作、出售、传播淫秽物品，不调戏妇女，遵守社会公德。

第九条　严禁非法限制他人人身自由，或者非法侵入他人住宅，不准隐匿、毁弃、私拆他人邮件。

第十条　严禁私自砍伐国家、集体或他人的林木，不准在村附近或田边路旁乱挖土，严禁损害庄稼、瓜果及农作物，严禁牛羊啃青苗。

第十一条　严格用水、用电管理，未经批准，不得私自安装用水用电设施，要切实爱护水电设施，节约用水用电，严禁偷水、偷电。

第十二条　认真遵守户口管理规定，出生、死亡要及时申报和注销，外来人员需要在本村短期居留的，应向村治保汇报办理临时居住手续。

第十三条　严禁在道路两侧和沟塘河坝乱取土，违者除限期修复外，按每辆车5元、每三轮车10元、每四轮车15元收取植被复原金。

第十四条　严禁侵占他人承包地和宅基地，违者责令退出多占部分，并按损失额的两倍予以赔偿。

第十五条　临近五七〇国家物资储备处、武警中队、库区及景区景点、发电站、水泥厂、淀粉厂等各个企业的村庄，务必认真维护好本地区社会治安的工作，并有配合做好相关有益工作的责任和义务。

第十六条　严禁电鱼、毒鱼、炸鱼，违者各处以1500元以上的罚款，并没收捕鱼器具，情节严重者交由公安机关进行拘留。

第十七条　严禁贩卖黄蜡石资源，违者依照国家相关法律法规从重处罚。

第十八条　对乱砍滥伐森林资源等破坏生态的违纪违法行为，依照国家有关法律法规从重处罚。

第十九条　对违犯上述社会治安条款者，按以下办法处理：

（一）触犯法律法规的，报送司法机关处理。

（二）情节严重但尚未触犯刑律和治安处罚条例的，由村委会批评，酌情罚款。

三、经济作物

1. 损失橡胶、槟榔、芒果、荔枝、龙眼等果树

（1）种植一年以内的每株按50元处罚；

（2）种植一年以上三年以内的按每株200元处罚；

（3）种植三年以上六年以内由双方商议确定处罚款额。

2. 损失经济作物

（1）损失木豆、香蕉，每株按10元处罚；

（2）损失甘蔗，按每株/根3元处罚；

（3）损失木薯、番薯、花生，按面积每亩1000元处罚；

（4）损失瓜菜类，按每亩的实际经济效益核算。

3. 损失造林

（1）种植四年以内，每株按50元处罚；

（2）种植四年以上的，每株按100元处罚。

4. 在处理事件过程中，如有拒绝和打击报复行为，交司法部门处理。

四、畜禽管理

（1）各家各户畜禽按要求合理规划圈养，放养必须有人看护，凡是耕牛、猪、羊等牲畜进入稻田破坏农作物的，一律按每株1元赔偿。

（2）凡是牛、猪、羊等牲畜进入园地破坏经济作物的，按经济作物的种植时间赔偿。种植一年以下的嫁接橡胶每株罚款10元，橡胶苗每株处罚1元；种植二年以上、六年以下的橡胶，每株处罚20—50元；种植七年以上的橡胶，按国家规定进行处罚。

（3）槟榔以及各类水果种苗。种植一年以下的，每株罚款20元；已种植一年以上的，每株罚款20—50元。其他木苗按市场价进行处罚。破坏油菜的，参照本条款执行。

（4）被牛、猪、羊等牲畜毁坏的粉蕉，每株罚款30元；人为毁坏的，按粉蕉每株市场价格的3倍罚款。

（5）如破坏薯类和蔬菜类等作物的，一律按破坏程度轻重给予加倍赔偿。

（6）如破坏稻谷（包括下抽禾苗），一律按损失面积估产给予赔偿。

（7）凡是农户不圈猪、牛、羊等家禽类而进入他人田地或园地被打死打伤的，由禽类主人自负责任，与他人无关。

（8）凡是因猪、牛、羊等家禽类进入他人园地、菜地破坏农作物、经济作物而被处罚或被当场打死、打伤的，主人采取打击报复手段，情节严重的交由司法部门处理。

（9）以上条例如与国家有关法律、法规相抵触，按国家的法律、法规的规定执行。

本村规民约自2009年2月26日起生效。本村规民约处理不了的事件或案件，交由司法部门处理。本村规民约的解释权归属村民委员会。

2. 习惯法内容的变迁

随着经济社会的发展，牙开村黎族习惯法不仅在形式上发生着变迁，而且在内容方面也发生着变迁。这些变迁既有适应国家政策或法律的需要，又有主动适应不断变化的社会需求的需要，体现在对部分习惯法内容的添加、修改、消失等方面。

（1）新增的内容。一是由国家所提倡的社会公德以及精神文明建设的内容在规约中有所体现，如尊老爱幼、男女平等、勤俭持家、团结邻里、文明礼貌、助人为乐、爱护公物、保护环境等社会新风尚。二是因生产生活方式的变迁而添加的内容。随着经济体制改革，尤其是实行家庭联产承包责任制后，牙开村的生产生活发生了巨大变化，一些新的生产生活方式，在促进牙开村经济发展的同时，也产生了许多新的纠纷，如土地承包、计划生育、资源保护、户口迁移等，这些都在新的规约中得到体现。

（2）修改的内容。一是严格区分正常的宗教活动与封建迷信。传统习惯法中对于宗教与迷信活动并没有做出严格区分。随着科技的进步、人们认识水平的提高和观念的改变，现代规约对其进行了区分，如禁止参加任何邪教和反动组织活动，反对封建迷信等。二是对罚金的规定逐步减少。与国家《治安管理处罚条例》限定的罚款额度相比，牙开村规约所规定的罚款偏高。为了进一步与国家法律相一致，2009年规约对相关的罚金额度进行了降低调整。

（3）消失的内容。一是惩罚方式的部分消失。除罚款这一惩罚方式仍然存在之外，现代规约中删除了国家明文禁止的处死、开除村籍等传统的处罚手段。二是维护旧的土地制度的规范。三是部分生产、生活方面的禁忌、习惯。

第三节　纠纷处理方式的变迁

为了解决社会纠纷，保障社会秩序，维护公共利益，黎族社会形成了自己独特的纠纷解决习惯法，主要包括神明裁判、调解等。一般情况下，黎族人选择用调解的方式解决纠纷；只有在人力无法判明时，才采用神明裁判的方式化解矛盾。

一　神明裁判

神明裁判是一种特殊的纠纷处理程序。当纠纷的解决者对纠纷的处理令双方当事人难以满意时，或双方对复杂的案件各执一词，难以辨明真伪，纠纷调解者也会束手无策，此时就需要求助于神灵的力量。神明裁判的核心是对不可知的超自然力的崇拜，是人们在不能利用自己的智力来搜索犯罪证据或迫使嫌疑者吐露实情时，不得已采取的一种信赖超自然力的裁判方法。[1]

神明裁判是原始宗教的产物，是人们在缺乏认识的能力或者不能以确凿的证据来解决纠纷而求助于自然力量的一种方式。通过神判方式，产生强大的心理威慑，人们的行为受到一定的心理约束，从而有助于社会的安宁，也符合自然秩序的客观要求。

20 世纪 80 年代前，牙开村仍然存在着神明裁判。大部分是在偷窃案件中，失主没有当场抓住行窃者，而是凭借主观臆断怀疑一个可能行窃的人，然后拿尖刀向太阳发誓，并凭借当事人双方身体某些部位抵御外来力伤害的结果，或者是当事人心理上的恐惧与羞愧，来进行案件的验证，其结果就是案件的最终裁决。

随着人们认识能力的提高，神明裁判的方式逐渐消失在人们视野中，但主导这种方式存在的心理观念，却远远落后于具体的外在形态。比如两兄弟因为某件事情反目成仇，两人发毒誓不再说话，如果谁先说话，谁就先得病或者先死，从而在心理上给对方形成威慑力。在这种心理作用下，双方即使见面，双目对视也不敢开口讲一句话，否则就会引来神明的惩罚。可见，它已经远远不属于神明裁判的范畴，只是出于对

---

① 陈金全主编：《西南少数民族习惯法研究》，法律出版社 2008 年版，第 92 页。

神明的畏惧。当然这种毒誓也不是永远都生效的，时间长了以后，一方当事人觉得这种局面需要打破，就可以在家族长辈的主持下，自愿杀猪摆酒席，宴请另一方当事人及其亲属，互相赔礼道歉，和好如初，这种毒誓也就自行失效。

二 调解

在历史上，牙开村基本上是依俗而治，政府很少介入，按照习惯法来处理纠纷、治理社会，调解则是实现这一过程的最常见的方式。因为在一个群居的村寨生活、互助的生产方式下，和睦相处、团结友爱、同享幸福是社区共同的精神追求。但正是因为人们处在一个物质和精神上都十分接近的圈子里，所以纠纷才容易发生；同时也正是因为彼此共同生活在这个圈子里，所以纠纷也容易平息。[1] 一旦有纠纷发生，人们必然会在保全自己和利益合理的前提下，设法与对方达成和解，以尽量降低损失，避免破坏融洽和谐的关系。但若纠纷超越了当事人自己解决的范围，或是当事人协商不成，此时就需要第三方的参与调解。

牙开村的调解程序大体上是这样，由"奥雅"召集主持会议，一些德高望重的老人一起开会讨论，查明案情，询问当事人。如果当事人能够达成和解，则调解成功；如果双方互不相让，则由众人一起判决，最后判决的结果还要得到大众的确认。这种简单的方式可以概括为：讲道理的第三人与听别人讲道理而从内心表示服从的当事人表演的戏剧。[2]

笔者以处理盗窃纠纷为例，说明整个调解的经过。

第一，报案。村民甲（A村）偷了村民乙（B村）的牛，被乙当场抓住并捆绑。乙要立即向本村（B村）的"奥雅"报告，

---

① ［日］高见泽磨：《现代中国的纠纷与法》，何勤华等译，法律出版社2003年版，第206页。

② 同上书，第212页。

并请"奥雅"出面帮助解决。

第二，通报。B村"奥雅"在询问情况后，派人到村民甲所在的A村，并把情况通报给A村"奥雅"。A村"奥雅"在问清楚情况后，带猪一头、酒一坛到B村。

第三，谈判。A村"奥雅"到达B村后，与B村被偷的人的家族的"奥雅"开始谈判，谈判过程由村民乙请不定数的"奥雅"主持，全村的人都可旁听。村民乙可以按照习惯法，亦可按照自己的想法提出解决方案，双方讨价还价，并当场口头或举手（实行少数服从多数原则）决定处罚的标准及期限。双方握手言和。B村的"奥雅"帮助村民甲解开绳索，处罚立即生效。随后，B村村民开始宰杀A村"奥雅"所带的猪，与参与谈判的"奥雅"、村里的老人以及当事人一起吃饭喝酒。

第四，训诫。席间，"奥雅"及村里的老人会反复训诫甲说："你已经错了，罚也罚了，以后不要再偷了，要和好，不要报复了。"

第五，执行。如上述案例中，A村"奥雅"和村民甲一起回到A村后，村民甲要在规定的期限内执行。若不执行，则由村民乙的家族"奥雅"带领部分村民去找A村"奥雅"。若A村"奥雅"告之偷盗人正在准备卖田、卖地，积极筹集罚金，需要一点时间，双方"奥雅"当场商量延期事宜；若A村"奥雅"告之偷盗人已跑，无法找到人，则要被带到B村（无须捆绑），并通知A村"奥雅"家人。A村"奥雅"家人带猪一头、酒一坛到B村，协商并当场履行赔偿（数额不变），若不能当场给付，可商量确定时限，A村"奥雅"在规定时限内执行。

需要特别指出的是，纠纷有大有小，对纠纷的处理往往包含以上所有程序，有时也会因时、因地而发生变化，对部分程序作一些取舍。

黎族传统的调解方式曾经有力地调控了牙开村的社会秩序。在国家法制统一的背景下，现代社会观念与国家诉讼机关深入牙开村，今天，黎族地区的传统纠纷解决方式已经被以诉讼为中心的解纷手段所代替。但是通过调查我们发现，传统的调解机制仍然在一定范围内存在，并且具有顽强的生命力，比如因地界划分引起的纠纷，等等。

三 多元纠纷处理方式的构建

在牙开村调查时，当被问及当地解决纠纷的方式时，无论是普通村民还是村干部，都非常坚定地说，他们是按照国家法律来办事的。当笔者询问村治保主任关于牙开村治安问题时，得到的答案也非常肯定："我们是生态文明村，治安良好，至今没有一起刑事案件。"不可否认的是，纠纷是肯定存在的，但有显性和隐性之分，只是两者的处理方式不同而已。前者是指被提交给村干部或相关国家机关和机构来处理，在较大范围内为人所知的纠纷；后者是指由纠纷当事人自行解决或被限制在家庭或家庭内部解决，不为外人和社会所知的纠纷。①

中华人民共和国成立后，国家行政司法等各种权力深入牙开村，其基层组织建设也日趋完善。国家为维护法律的权威，构建正常的法治秩序，也通过其行政司法机构建立了相应的纠纷处理机制。在牙开村，这种机制包括司法诉讼、司法调解、行政裁决、行政调解、行政复议、行政决定、人民调解等。

通过司法途径解决纠纷的情况在牙开村较少出现，究其原因主要有三：一是不适合乡土社会的实际。费孝通说，乡土社会是一个人们面对面直接交往的熟人社会。在牙开村，这个熟人社会还表现为具有血缘关

---

① 张跃、周大鸣主编：《黎族海南五指山市福关村调查》（中国民族村寨调查丛书），云南大学出版社 2004 年版，第 276 页。

系的亲密社会，用打官司的方式是得不偿失的。二是不符合农民生活的实际。司法诉讼周期长，花费大，村民们既要承担高额的诉讼费，还要耽误大量的时间用于参与诉讼，无论从人力、财力来说都是一个非常沉重的负担。三是不符合村民的观念逻辑。诉讼一直被认为是不光彩的事情，无论结果如何，都会承担十分巨大的社会压力，还要承担各种不可预见的风险。

相对于司法诉讼，行政处理纠纷的方式就显得更加灵活与主动，主要包括镇政府、镇司法所和派出所处理的纠纷。在牙开村，行政处理纠纷的方式也并不常见，主要原因有二：一是这种方式被认为是民间解决方式的"上诉程序"或"救济手段"，只是在经过多种调解方式无效的情况下才选择。二是这种方式多用于处理村与村之间、村委会与村民之间的纠纷；个人之间的纠纷只有涉及刑事犯罪或治安违法时，才会选择行政处理。

人民调解主要由村民委员会人民调解委员会以及各村民小组的人民调解员来负责。村委会干部基本上兼任人民调解委员会委员。这种人民调解方式是群众自我管理、自我教育、自我约束、自我服务的一种解纷息争的有效制度，牙开村的村民如果有纠纷，大多会选择这种方式。调解时，调解员会先介绍相关的法律规定，再介绍依据习惯法应如何处理，最后提出自己的处理建议，供当事人参考。调解人根据当事人的意见、纠纷的性质来决定调解结果。调查过程中，村民普遍对这种方式表示认可，主要有三方面的原因：一是方便，易于在最短的时间内解决纷争；二是省钱，整个调解过程不存在费用问题，最多也只是请调解人吃饭、喝酒；三是灵活，既可以依照法律也可以依照习惯法，调解的满意度比较高。

但是，值得指出的是，牙开村虽然存在多种纠纷解决机制，但涉及土地归属、墓地归属、个人隐私等问题时，一般先由村组长处理，若不服的话，则由村委会处理。当事人如果对村委会的处理仍不满的话，就要请村里的"奥雅"出面判定。

第四节　小结

　　牙开村传统的纠纷解决机制，在较长的历史时期里，有力地促进了各类纠纷的解决，维护了社会秩序。当历史的车轮滚滚向前时，牙开村的纠纷处理习俗无论从纠纷处理的参与人，纠纷处理的依据，还是纠纷处理的方式等方面，都发生了深刻的变迁。究其原因，可以归纳如下：一是国家权力的渗透，使村民们在纠纷处理方式上有了更多的选择。二是全国性的普法教育使村民的法律知识和法律意识得到提升。三是现代科学技术的发展，使电视、广播、互联网、手机等新型传播方式迅速进入牙开村，村民们通过这些媒体所宣传的法律知识及典型案例，对法律有了经验性的认识。四是村庄里的年轻人出外打工，还有其他民族的人到牙开村经商，使牙开村人的文化交流逐渐增多，对待纠纷的认识也随之发生改变。五是文化教育的普及，使牙开村人的科学文化知识储备量明显加大，思考问题的方式也更加理性、客观。

　　在这一变迁过程中，我们可以明显看到，国家希望通过统一的法律，有意识地塑造普通民众的生活，将个人的行为纳入预定的轨道。因此，国家法在被"引入（乡土社会）之初就含有浓厚的改造民间的冲动"①。实际上，国家所提供的法未必都契合农村的实际，国家法的运作在很多方面还不能很好地满足村民的需要和解决他们的实际问题。

　　电影《被告山杠爷》中，杠爷的两行眼泪表现出了对农村纠纷处理方式合理但不合法的无奈，这种无奈值得我们深思。建设法治中国是建设社会主义和谐社会的必然要求。中华人民共和国成立以后，我国在法治建设的道路上，努力地建构了一套完善的法律制度。尤其是改革开

---

　　① 赵晓力：《中国近代农村土地交易中的契约、习惯与国家法》，《北大法律评论》1998 年第 2 期。

放以后的 30 余年中，我们制定了 400 多部法律或法律性决定，900 多个行政法规，近万个地方性法规，还有为数更多的部门规章和地方政府规章。此外还制定了一定数量的自治法规。这些法律、法规和规章，构成了一个颇具规模的法律体系框架，在广阔的范围内调整社会生活和公民生活。然而，由于各地的经济发展水平、自然环境、历史传统不同，千篇一律地强调国家法制的绝对统一、完全排斥地方习惯法的做法有待商榷。

实际上，纠纷处理习俗是一定社会文化背景下的产物，应该把它放在具体的历史层面进行分析与研究，孤立地就事论事，反而不能切中问题的要害。笔者认为，正确认识目前牙开村纠纷处理习俗的变迁，还必须深刻理解该村的背景因素。

恩格斯说过："在社会发展某个很早的阶段，产生了这样的一种需要：把每天重复着的生产、分配和交换产品的行为用一个共同规则概括起来，设法使个人服从生产和交换的一般条件。这个规则首先表现为习惯，后来便成了法律。"① 这是法律的形成过程。而现代法律是西方工商业社会的产物，崇尚的文化和理念都与我国的本土文化有着本质的区别，所以在引入之初，就存在着与中国现实无法适应的问题。

由于种种因素，在中国农村社会，特别是地处边远的民族地区的乡村，在一定程度上和在一定领域内是超越正式法律控制的，因为政府还不能提供足够的或对应的法律服务来保持这些社区的秩序。② 法制的统一是建立在地方经济文化平衡发展的基础之上的。和其他少数民族一样，黎族的社会经济虽然取得较大的发展，但与中东部地区相比，还有很大的差距。再者，国家法制的推行还要靠足够的法律资源，既包括完善的法律体系，还要包括相当数量的法律执行者。然而，现实情况是受人力和财力的限制，牙开村村民真正需要的法律救济，政府往往不能及

---

① 《马克思恩格斯选集》第 2 卷，人民出版社 1972 年版，第 538—539 页。
② 苏力：《法治及其本土资源》，中国政法大学出版社 1996 年版，第 30—31 页。

时提供。

　　法治国家的建设是一项系统工程，不可能一蹴而就。对于长期处于习惯法规范影响下的黎族社会来说，当下最值得思考的问题主要有三个：一是纠纷发生以后，如何选择处理方式的问题；二是如果选择传统的习惯法处理，国家法应该如何对待；三是选择国家法处理，应该如何提供更方便、更快捷、更省钱的服务。由于每个人的价值观念、认识水平的不一致，这些问题都可能会出现，需要我们认真对待。

　　笔者认为，在我国法治现代化建设的进程中，我们既要借鉴世界先进法律制度，还应发掘、利用包括少数民族习惯法在内的我国法治的"本土资源"。

第六章

民 间 信 仰

　　民间信仰是一种社会意识形态，它在人类一定的社会历史条件下产生，并在一定的社会历史条件下发展。黎族民间信仰有一个产生、形成、演变过程，逐渐由低级向高级发展。在长期的历史发展过程中，黎族形成了多种多样的民间信仰文化，这种文化渗透到黎族社会生活的方方面面，既反映了人与人之间的关系，又反映了人与自然的关系。从20世纪50年代的调查资料来看，牙开村黎族过去有一些虚幻的、超自然的观念以及巫术和神话传说，包含着原始宗教文化、人为宗教文化以及因此而产生的预兆、禁忌等。

第一节　信仰与崇拜

一　自然崇拜

　　自然崇拜实际上主要是以自然事物和自然力为崇拜对象。在原始社会，由于生产力的低下，人们对各种自然现象无法解释，认为自然界的万物都是有灵魂的，而且威力强大无比，能够支配人类，可以主宰人类，可以改变人类的命运，所以对许多自然物和自然力（诸如风、雨、雷、电、山川、河流等）既有依赖性又有畏惧感。在黎族群众眼里，自然物和自然力同人一样均有意志，故对它们无限崇敬。在这种思想影响之下，黎族人认为，世界万物均有神灵。山上有山鬼，水里有水鬼；

甚至人死后，其灵魂会栖附于其他物体上变为鬼。黎族人认为，宇宙万物、人世祸福皆由鬼来主宰，这就产生了万物有灵的自然崇拜。这种原始宗教观念，在牙开村黎族群众中主要反映为以下几种崇拜。

1. 对"天鬼"的崇拜

牙开村人认为，云、雾、雷、风、雨等天体现象都有一种不灭的灵性，并将其统称为"天鬼"。其中，最可怕的是雷公鬼。"天鬼"发怒就会使人肚子痛、腰痛、发冷、发热、得眼疾、脚肿，会使农作物生长不良。

2. 对"地鬼"的崇拜

牙开村人认为，土地是农作物生长、结果的基地，农作物之所以能获得丰收，是"地母"的恩赐，必须举行祭祀，用以表示期望和感激。这种祭祀活动多出现在农作物的犁田、播种、收割等生产过程中。

3. 对"水鬼"的崇拜

牙开村人认为，"水鬼"寄身于河里，据说是人过河时溺死后所变的恶鬼。"水鬼"又分为"水浮鬼""水串鬼""落水鬼""水谷鬼"等，它主宰着田地是否遭受旱涝之灾。

4. 对"山鬼"的崇拜

牙开村人认为，山是活的，有灵魂，并赋予其人格化形象，认为山中的一切飞禽走兽均属"山鬼"管辖。"山鬼"是黎族人的保护神，上山砍山栏园或者打野猪，甚至预报天气，都要先祭山鬼。

5. 对"火鬼"的崇拜

烹饪食物、刀耕火种、御寒狩猎都离不开火。牙开村人视火为有灵性的怪物，对火的崇拜集中反映在对"灶公鬼"（或称"灶鬼"）的崇拜上。村民禁止任何跨越、敲击或乱动用三块石头砌成的"品"字形炉灶。

6. 对植物的崇拜

这里要特别提到对"葫芦瓜"的崇拜。传说在远古时代，葫芦瓜在突发的洪水中保住了黎族祖先的生命，繁衍了人类，也给他们的生活提供了多种多样的便利。因此，"葫芦瓜"成了牙开村人崇拜的对象，它还是后代船形屋的雏形。

7. 对动物的崇拜

最受崇拜的动物有牛、狗、猫等。牛和狗与人的关系特别密切，上山打猎、犁田种地、婚丧等都与之有关。牙开村人认为，猫死后有鬼魂。因此他们不伤害猫，更不吃猫肉，否则，死去的猫的祖先之鬼将作祟于家人。

二 祖先崇拜

对"祖先鬼"的崇拜实际上是"鬼魂"观念和血缘观念的结合。祖先崇拜发生于母系氏族时代，崇拜对象最初是母系已故老者的灵魂，其后是父系家长的亡灵。牙开村人认为，人死只不过是灵魂离开了肉体，成为一种无形无质、变化无常且比阳世生活的人强大得多的某种神秘力量。它或栖附于其他物体，或往来于阴阳两界间，或游离于亡者的住处，能够危害或者保佑活在世上的人。因此，牙开村人平时禁忌念祖先的名字，怕祖先灵魂回到人间，导致家人生病。

在牙开村人心目中，"山鬼""地鬼"和"火鬼"为一般的鬼，"太阳鬼""风鬼"较为可怕，而祖先鬼的威力最大，也是最可怕的。因此，在牙开村普遍流传着一句民间谚语："天上怕雷公，地下怕祖公，人间怕禁公。"

三 预兆与禁忌

在这种祖先崇拜以及自然崇拜的观念影响下，牙开村人把幸福与收获、苦难与不幸都看成鬼神在起作用。他们往往把自己没有把握、不能确定的未来归诸神秘莫测的天意，把日月周行、群星照耀、风云变幻、雷鸣电闪、生死贫贱、吉凶祸福等，都说成是神灵的显示。他们既对这种神灵有崇拜之心，又心存畏惧之感。

预兆是指用神意或神秘力量来解释或预卜前兆现象和未来事物之联

系的迷信活动，有凶兆和吉兆两种。① 这些现象以不寻常的梦、常见的动植物和生物的异常表现等为多见。它是人类在生产力水平低下、受自然力威慑、对未来的遭遇和行动后果无从预知或控制的情况下产生的一种心理反应。20世纪50年代，牙开村对预兆包含的内容非常广泛，比如看见大树自行倒下，看见者将会病死；晚间听见猫头鹰在树边乱叫，就是"报病"的信号，村中将有人生病；梦见打破锅子、碗碟就是凶兆，等等。

禁忌是人们对某种神秘力量产生恐惧而采取的消极的预防行为，渗透在生产、生活的各个方面。20世纪50年代，牙开村黎族的禁忌主要分为生产禁忌、生活禁忌、生育禁忌、节日禁忌、丧葬禁忌、婚姻禁忌、宗教禁忌七大类。其中，宗教活动上的禁忌主要体现在"做鬼"宗教习俗上，包括以下几方面。第一，出外"做鬼"时，须从后门出去；出去后将前、后门都关起来；第二，"做鬼"时，忌外人闯入，否则"做鬼"便不灵验；第三，"做鬼"时，当天不能持火到室外，否则"做鬼"也不灵验；第四，若家中有人刚赶"大山鬼"未满四天，外人不能闯进赶鬼者的家里，病者也不能外出。

第二节　巫术与民间祭祀人员

一　巫术

人类学家认为："科学和知识虽然能够极大地帮助人们获得其想往的东西，但是知识并不能完全控制变化，不能消灭偶然事故，也不能预料自然界的突发事件，或是使人为之事可靠并且可以完全满足人们的实际需要。恰恰是在这个领域，有许多比宗教更富有实践性、更有确定性、更有局限性的活动发展成为一种特殊的仪式活动类型……此类活动

---

① 练铭志等：《排瑶历史文化》，广东人民出版社1992年版，第491页。

统称为巫术。"①

马凌诺夫斯基认为，巫术基本上来源于受挫折情境下个人感情的反应，当原始人的知识无法解释他所遇到的现象，或当他在实际活动中遇到坎坷时，这个人的"神经系统和他的整个机体就要逼迫他去寻找某种替代的活动"②。牙开村人以巫术的信仰为主，其中包括"禁"和占卜等，多用于禳灾被祸。

1. "禁"

"禁"是一种巫术手段。在黎族社会，人要是被极其凶恶的鬼魂附于身上，男的就变成"禁公"，女的就变成"禁母"，一般为中老年人。"禁公""禁母"可以利用鬼魂去"禁"人，致使被"禁"的人或病或疯或死，因此黎族社会中普遍畏惧"禁"。"禁公"一般会对跟自己有纠纷或有仇恨的人实施"禁"术。"禁母"一般没有明确的目标，这是因为附于其身上的"禁鬼"为寻找食物而实施的"禁"术，多为无意识的。

"禁公""禁母"实施"禁"术，一般通过念巫术咒语或放置"禁"包等形式实现。受到"禁"术祸害的人，一般要通过举行法事查出施"禁"者才能治好。

2. 占卜

占卜是古老的神秘信仰中根据某些预兆或推算方法来预测吉凶、判断命运的方术的总称。③ 20 世纪 50 年代，牙开村占卜的种类有鸡卜、筊杯卜、石卜三种。

鸡卜多用于农闲时出猎前的占卜。出猎前，领队要主持祷告"山鬼"和鸡卜。先杀一只小雄鸡，把它放置在地上的树叶上，领队人饮下鸡血，喃喃道："山鬼啊，请你今天保护我们打得又大又多的山猪。"

---

① 史宗主编：《20 世纪西方宗教人类学文选》，上海三联书店 1995 年版，第 84 页。

② 夏建中：《文化人类学理论学派——文化研究的历史》，中国人民大学出版社 1997 年版，第 133 页。

③ 杨树喆等：《中国民俗文化面面观》，齐鲁书社 2001 年版，第 73 页。

随后把鸡腿骨抽出作占卜，若鸡卜出现吉兆，即表示"山鬼"允许他们出猎。

笅杯卜主要用来"问病"。卜卦时，占卜者在病者门外放一个小凳，上置两碗清水，三块石片，一边念咒语，一边把两片木笅杯掷于地上，若念至某鬼名而笅杯刚好打出全"阴"（"笅杯"凸的一面）或全"阳"（"笅杯"平的一面）时，即认为该鬼作祟（图6-1）。

石卜是黎族特有的一种占卜。牙开村几乎每家都有人会做。做石卜时，用一根小绳缚紧一块石头，悬于一根小竹竿上，然后两手执小竹竿的两端，使石块悬空摆动，看摆动的方向定吉凶。在确定是哪一种鬼神在作祟时，就要用杀猪、杀牛等祭祀鬼神，从而化凶趋吉。

图6-1 村民正在占卜

二 民间祭祀人员

在黎族人看来，普通人和鬼魂分别生活在两个不同的世界，普通人无法直接与鬼魂取得联系，更谈不上满足鬼的需求，而民间祭祀人员因其特殊的身份能够实现这一目的。因此，在黎族社会里，民间祭祀人员被看作神鬼的"化身"与代言人，黎族民众对其十分尊崇。在黎族不同方言地区，民间信仰文化存在着一定差异，各地民间祭祀人员的称谓和类型也不尽相同。黎语称呼有"拜泵"（娘母）、"帕泵"（娘公）、"帕透"（鬼公）等；汉语称呼有"道公""三伯公"等。据《海南岛黎族社会调查》记载，20世纪50年代，牙开村只有一个"娘母"，没有"道公""三伯公"。事实上，村民们知道有"道公""三伯公"。

"娘母"是黎族土生土长的巫师，是黎族社会从事民间祭祀活动的人，这一称谓属于汉语表达，其黎语表达在不同方言区有不同形式。"娘母"产生于母系氏族社会，是为了适应黎族社会期望在人与神之间建立联系的需要应运而生。"娘母"的产生的程序比较奇特，即凡久病（一两年的疾病）经过若干次"做鬼"都不能恢复健康的妇女，在请"娘母"到家来治病后，这个病者都有可能成为新的"娘母"①。"娘母"的法具有长衫、山鸡毛、头巾、弓箭。"娘母"以查疾病做祖先鬼法事为其特色，其次为招魂、求子、求福等。②

"娘母"原先全为女性，后来男性也可以担任，称为"娘公"，是男性社会在母系氏族社会末期，从女性神权中分享部分神权的结果，它产生于母系社会向父系社会过渡时期。据调查，20世纪50年代至60年代初期，"娘公"曾普遍存在于牙开村所在的毛阳镇，但随着汉文化的传播，部分"娘公"逐渐被人称为"道公"，以致原来有过"娘公"

---

① 高泽强、潘先锷：《祭祀与避邪——黎族民族信仰文化初探》，云南民族出版社2007年版，第8—9页。

② 王学萍主编：《中国黎族》，民族出版社2004年版，第174页。

的许多地方如今却无人晓得有"娘公"的称谓了。

"道公"称谓的由来与道教在黎族地区的传播有关，是汉族地区道教法术或民间巫术传入黎族地区的产物，是黎族地区主持宗教活动和巫术活动的人员。据《海南岛黎族社会调查》记载，"道公"的来源据传说是这样的："从前有个人病了，很久未愈。一夜，他梦见自己横渡大河，不久就感到自己从梯子上一步步向天上爬去。至半空，不能继续了。这时，雷公便借给他一根线，以线吊他到天上。到天上后，雷公即把他的肚子割开，用刀把他肠中的秽物除去，然后将肠放回肚子里。以后又梦见有人劝其不要吃狗肉，因为狗秽。接着又梦到有人教他念鬼，以后他的师傅把他从天上放下地来，从此，他便成为道公。"① "道公"的主要职能包括"问卜、查鬼、做鬼、查禁、解禁、祈福"等。"三伯公"是"道公"的别称，系汉人道士。在一些道教影响不太大的黎族地区，人们也称"道公"为"鬼公"，原因在于大多数"鬼公"都通过学道而转变为"道公"，或者二者兼而有之。

需要指出的是，这些民间祭祀人员并不是职业人员，他们不脱离生产劳动，主要靠自己劳动所得维持生活，只有村民遇事有求于他们时，他们才充当民间祭祀活动主持人。

第三节　外来宗教的传播和影响

宗教是一种信仰，既是一种对支配人们日常生活的超人间化的外部力量的信仰，又是一种注重追求来世幸福的社会意识形态。同时，宗教还借助于严格的组织、固定的宗教职业者和严格的宗教信礼使自己成为一种重要社会力量。简单地说，这就是宗教的几个基本特征。② 宗教的存在，在于它能够满足人的某种需求。正是这样的特征，使其在进入黎

---

① 中南民族学院本书编辑组：《海南岛黎族社会调查》（下），广西民族出版社 1992 年版，第 20 页。

② 赖永海：《宗教学概论》，南京大学出版社 2004 年版，第 57—58 页。

族社会的时候就开始产生影响。

一 道教

道教是中国土生土长的宗教，它形成于东汉顺帝年间，起源于殷周时代的鬼神崇拜、战国时期的神仙方术和黄老道家哲学，是汉族的宗教。汉元封元年（前110），武帝在海南建郡立县，汉文化开始传入海南。随着汉、黎民族的不断交往，道教与黎族原始崇拜相结合，对黎族民间习俗和社会生活产生了广泛而深远的影响。

"道法自然"是道教的核心思想，其特征为崇尚多神，与黎族"万物有灵"的自然崇拜和祖先崇拜有共同之处，有利于黎族民众接受。专门从事道教活动的"道公"进入黎族地区后，将祭鬼（神）驱邪的方法传给黎族民众，把祭祀器具包括香、炉、烛、元宝、纸钱、纸衣等带入黎族地区，使道教活动能够在黎族地区开展，道教得以传播。因此，自清代以来，黎族民众信奉道教者居多。信道者普遍相信科仪（道场法事）、斋、醮、符箓、禁咒可以除祸求福、役使鬼神，相信用道教符箓可以对付恶鬼疾病、凶魔祸害。

从20世纪80年代开始，道教对牙开村人的影响逐渐加深。最明显的是其民俗所发生的变化。村内出现了类似汉族民俗中带有道教性质的"土地公庙"等祭祀场所。当地原本没有祖先偶像的崇拜，现在已改为用"神主牌"来代表祖先置于龛堂。神主牌刻上历代先祖名讳，这些历代宗亲不再是作为一种不可抗拒的神秘力量而受到崇拜，也不再存在"祖先鬼"那种对子孙施以各种疾病灾祸的威力。在丧葬习俗方面，村内已经摒弃只葬不祭的原始风俗，出现了风水堪舆、墓葬龙脉、木棺入殓、立碑祭祀，以及清明节祭祀祖先、扫墓等类似汉族的习俗。

二 基督教

明嘉靖三十九年（1560），有一位葡萄牙籍基督教传教士名叫巴特勒·加俄，他在从日本去印度的途中漂流到今三亚市，在此居留了几个月后前往澳门。这是基督教传入黎族地区的开始。随后，基督教徒纷至沓来。

清代光绪七年（1881），广州美国长老会美籍丹麦人冶基善来海南传教。1916年，保亭县黎头王义兄弟保送十几个黎族青年男子到美国教会学校读书。不久，教会派一名教员前往保亭县，设立了一所简易的小学。

从1920年至1939年日军占领海南岛这段时期，基督教传教士先后到黎族合亩制地区进行传教，散发《圣经》，建立教堂和教会学校。1949年以后，外籍神职人员离开海南岛，基督教活动由华籍神职人员主持。"文化大革命"开始后，基督教堂停止活动，信徒转入家庭过宗教活动。1980年以后，部分基督教教堂得到恢复和新建，宗教活动也得以恢复正常。[1]

据牙开村的老人们回忆，曾经有人来村里宣讲过教义，也散发了《圣经》等宣传资料，但并没有人特别在意。因此至今村内没有基督教信徒出现。之所以会出现这种现象，主要原因在于基督教本身的核心观念和思想与黎族社会的原始信仰并非完全契合。比如《圣经》告诫人们不要杀牲，就连苍蝇、老鼠等危害人的身体健康的害虫都不能打，这是黎族人民接受不了的。同时，饭前祈祷，礼拜日不能做其他事，这也同他们的日常生活格格不入。最关键的是，病时祈祷不一定灵验，所以当地人不太相信。

第四节　民间信仰的变迁

黎族民间信仰的形成有着悠久的历史渊源和深厚的社会基础。新中国成立以后，从某种意义上讲，牙开村黎族民间信仰习俗的变迁受到了

---

　　① 高泽强、潘先锷：《祭祀与避邪——黎族民族信仰文化初探》，云南民族出版社2007年版，第211—212页。

国家宗教政策的直接影响。土地改革运动、合作化运动、人民公社运动及社会主义教育运动等历次运动，使牙开村黎族民间信仰赖以存在的经济基础发生改变，其生存空间被进一步压缩。"文化大革命"期间，对宗教采取了"破四旧"政策。和全国其他民族一样，牙开村黎族民间信仰被定为"封建迷信"，被列为消灭之列。牙开村黎族民间信仰在国家力量干预下出现了断裂，但主要体现在物质层面，精神层面触及的并不多。十一届三中全会以后，宗教信仰自由政策重新得到落实，牙开村黎族宗教信仰在一定层面上得到恢复，显示出了顽强的生命力和社会适应性。

20世纪90年代以后，随着国家宗教政策的日趋完善，牙开村黎族民间信仰也在调整中发展。从牙开村黎族民间信仰习俗的变迁过程来看，"有其不完全服从、依赖于经济、政治变革的相对独立性和自身发展的规律性"①。

一 原始宗教向原始宗教与道教结合体的转变

当生命面临自然力的威胁和饥饿时，人们往往会把索求食物和祈求对身体庇护的愿望寄托在自然神身上，于是图腾崇拜和自然神崇拜应运而生。但当社会发展到一定程度，人们就会产生对生存意义的追求。正如英国人类学家詹·乔·弗雷泽所言："巫术断定，一切具有人格的对象，无论是人或神，最终总是从属于那些控制着一切的非人力量。任何人只要懂得用适当的仪式和咒语来巧妙地操纵这种力量，他就能够继续利用它。"② 因此，无论是哪一种宗教，只要从一定程度上能够满足人的某种需要，人们就会自然地接受。

据20世纪50年代的调查资料显示，早在四五代以前，黎族的先祖已改奉道教，1927—1928年是黎族信仰道教最盛的时期，佛教、基督

---

① 陈瑶：《试论当代民间信仰的变迁》，《哈尔滨学院学报》2005年第8期。

② ［英］詹姆斯·乔治·弗雷泽：《金枝》，徐育新、汪培基、张泽石译，北京大众文艺出版社1998年版，第79页。

教、伊斯兰教等其他宗教对合亩制地区的影响极小。

符和积在《道教在海南黎族地区的传播与民族化》一文中，归纳了黎族化的道教宗教信仰特点：一是没有任何政治色彩，二是没有经济索取行为，三是与义理学联系不密切，四是以看病、治病为主，五是祈求保命长寿，六是宗教神祇没有等级高低之分。① 正是因为信仰道教相对原始宗教来说更简单、有效，所以，道教对整个黎族地区来说影响是非常大的。

我们从对牙开村人的采访中发现，他们从未听说过道教。实际上，他们正在经历着从原始宗教向原始宗教与道教的结合体的深刻转变中。主要理由有三：一是牙开村人与五指山市水满乡的道教人士之间的联系非常紧密，已出现直接向其求助的行为；二是牙开村已有数人拜五指山市水满乡的道教人士为师，学习道术，并已经独立在牙开村开展宗教活动；三是仍然有人信仰原始宗教。

这种结合并不是简单的相加或相减，它体现的是作为本土文化的原始宗教与作为外来文化的道教之间结合时所表现出的一种自我调适。其调适过程主要有以下几个特征：一是由于学习道教法术的人文化层次不高，所以学习过程很少依靠书本，具体靠记忆，因此难免会有遗漏，学习得并不到位；二是由于道教主要是以海南话传播的，而海南话在翻译成黎话的过程中也存在若干差别，导致在实际操作过程中有偏差；三是人们并没有很一致的信仰，只是出于实际需求和效果的考虑，才有目的性地选择信仰。

二　鬼魂变神明

鬼是不可见、不可触及的。《中国鬼信仰》一书解释道："迷信称人死魂灵为鬼"，指"万物的精灵"②。牙开村人认为，天地山川的一切

---

① 符和积：《道教在海南黎族地区的传播与民族化》，《中国道教》2006 年第 3 期。

② 张劲松：《中国鬼信仰》，中国华侨出版公司 2010 年版，第 1 页。

实体都是有灵性的东西，黎族人称它们为"鬼"，诸如上述的天鬼、地鬼、山鬼、水鬼等。"神"字最早见于殷周时期，古人见电光闪烁于天，认为是"神"所显示，故金文又以"申"为"神"。清人桂馥在《说文解字议证》中说："神也者，申、神相音近。"牙开村人是从吉凶祸福来对待"鬼神"的，认为"鬼"是不敬的称呼，是被驱逐镇压的对象，要祈吉求祥则呼神，是庇佑助人的恩主。

随着认识水平的提高以及对自然规律的掌握，牙开村人已经把幻想领域中作为高一级发展阶段的"神"，从"鬼"的概念中完全分化出来，作为"正义之力"去驾驭诸鬼，并且相信神（善神）能驱鬼逐妖，保佑黎民村寨安宁，人兴畜旺，五谷丰登。

20 世纪 50 年代，牙开村人普遍认为父母死后都要变成鬼，凡是"祖先鬼"，不分男女都会作祟或保佑于人，子孙都要加以供拜才能平安。对于那些雷击、溺水、上吊等非正常死亡的人之"鬼魂"，统称"恶鬼"，会作祟于人。还有一种无家可归的鬼魂——孤魂野鬼，常会出没山间路径，拦路阻道"抢吃"。人们甚至平时都不敢提祖先的名字，害怕把"祖先鬼"招回来。

1980 年，牙开村专门有人到五指山水满乡请"大师"（牙开村对会法术人的尊称）回来，施法清除村里"禁公""禁母"身上的或者被利用的鬼神，"禁公""禁母"彻底不存在了。随后，把祖先牌位请回来，以此来保护子孙平平安安，身体健康，生活幸福。目前牙开村有六个祖宗牌位，分别保佑着其子孙后代。

需要特别指出的是，牙开村人对祖先的祭祀是在家族记忆指导下的不断重复的实践行为。在牙开村，由于缺少一个明晰的族谱文本，所以，只有部分记忆力好的人才能明确说出四到五代的家庭成员。

牙开村的祖先祭祀主要分为两类：一类是家庭祭祖，一类是家族祭祖。由于缺少族谱，牙开村人对家庭的繁衍史记忆非常有限，只能大致勾勒出四到五代的家庭成员。因此，牙开村祖先牌位实际上是在祭祀一个群体，而不是在祭祀某一个始祖。所有过世的先祖都享用祭品。牙开村不是每个家庭都供有祖先牌位，而是为了方便起见，由可以记忆的祖先范围内的所有后代共同设立一个祖先牌位，通常放在辈分最高的人的家里。每逢节日或家庭中有重大事件时，都要祭祖。

家庭祭祖是一种不断重复的行为。在这种重复过程中，家的观念得到强化。在这里，家不再只是一个现实的群体单位，而是加载了历史记忆、美好寄托的象征。

牙开村的家族祭祖是在每年的清明节举行的。这种祭祖行为大概出现在20世纪80年代初期。清明节这天，每家每户必须至少派一个代表参加扫墓等活动。由于无法追溯到始祖，所以仅对记忆范围内的祖先进行扫墓。家族的祭祖仪式让牙开村人更加清楚地认识到自己的村落身份以及整个村子对于个体家庭的意义。同时，作为一个家族村落，这一行为也就具有了浓重的家族集体行为的意味。

三 "圣"术取代"罗反"术

"罗反"（海南方言音译）术是牙开村传统黎族社会广泛存在的一种法术。在牙开村，如果有人生重病，经食草药仍不能治愈的情况下，就会求助于"罗反"术来实现人与神之间的对话，查明病因，并确定相应的"治疗"方案。"罗反"术主要分为两个环节，一个环节是"查鬼"，另一个环节是"治鬼"。其中第一个环节要杀鸡，后一个环节则要根据所查出的鬼来确定需要杀牛、猪、鸡等来祭祀。

一位"奥雅"（1949年生，黎族）通过回忆，介绍了"罗反"术的整个过程。

"娘母"首先询问清楚情况，然后到一个非常安静的地方，开始在一根竹剑上或者一根筷子上系上一根红线，下面绑上泥土，口念经语，大意是说："现在某人生病了，是不是你在搞怪，你是什么鬼，是大鬼还是小鬼，需要用牛或猪或鸡等来招待？"逐个询问过程中，如果问到牛时，泥土前后摆动，则代表查明是什么鬼。这样依次询问，直至找出相应的鬼。根据"查鬼"情况，杀牛或杀猪或杀鸡。然后"娘母"和当事人一起上山到树林里，准备好生米、酒、水等物品，一边撒米，一边口念咒语，大意是说："现在某人已经生病了，请你出来吃牛、猪、鸡，然后回去，保佑人平平安安。"随后众人开始煮饭，并把所带的牛、猪、鸡等全部吃完后下山。至此，"罗反"术实施完毕。

1980 年以后，一种叫作"圣"（海南方言音译）的法术逐渐在牙开村传开，并取代了"罗反"术。与"罗反"术一样，"圣"术也是以解决牙开村人实际困难、保佑其平安幸福为主要目的，但具体的实施有所不同。

以下是笔者在调查期间对"圣"术的记录。

1. 个案 1 作平安法

事情缘由：2000 年铺设自来水管道过程中，三人从管道上滑落，造成两死一伤。为了避免此类事件再次发生，村里特别邀请 WJM（1958 年生，黎族）和 WYG（1964 年生，黎族），在重新铺设高空管道过程中作法事，保平安。

作法事过程：分为两个部分，第一个部分由 WYG 承担，主要包括（1）红底黑字书写"吉利平安"四字，分别用米饭贴在管道上；（2）红底黑字书写鬼的"灵符"，用于斩鬼之用。

第二个部分为 WJM 与 WYG 共同承担。作法前准备 3 杯水（用于天神洗手、洗脚）、5 杯酒（供天神享用）、3 碗熟饭（供天神享用）、1 碗米（用于保护人身）、3 炷香、1 只煮熟的鸡、3 张黄纸、1 张竹席。

作法事步骤：（1）WYG 扑通一声倒在竹席上，全身摇晃，抽搐颤动，表示与天神取得直接联系。WJM 用海南话念经，一边念一边撒米，叫天神下凡。（2）念完经后，用"筊杯"验证天神是否已经下凡。（3）由牙开一村村民、牙开二村村民各执一炷香，向即将铺设的高空管道各拜三次。（4）WJM 烧掉用黄纸折叠成的房子，并手执石榴叶，向管道各个部分洒水，以保平安。

2. 个案 2　作平安法

事情缘由：2010 年 2 月 4 日，牙开二村村民 WLZ（1980 年生，黎族）带舅舅去五指山买新车，在返回牙开村途经毛阳镇中心学校的时候，与一辆轿车相撞，小车玻璃破损（车属他人，开车的人很害怕），WLZ 对事故不存在责任，但觉得开车的人也很可怜，于是放他走了，也没有要求赔偿。WLZ 回家后觉得此事很蹊跷，于是请牙开一村 WJM（1958 年生，黎族）和 WYG（1964 年生，黎族）为他作法事求平安。

作法事过程：分为两个部分，第一个部分由 WYG 承担，主要包括（1）红底黑字书写鬼的"灵符"，用于斩鬼之用；（2）红底黑字书写"退"字，用于净身之用；（3）红底黑字书写"吉利"灵符，用于请天神下到凡间；（4）红底黑字书写"朝令"，用作天神的令牌；（5）红底黑字书写"通城"，意为把灵符通到各个天神；（6）"出入平安"符，折叠成三角形，保佑 WLZ 平安。待全部完成后，加盖天印，口含水喷洒在各个灵符上面，方能生效。

第二个部分为 WJM 作法。作法前准备 3 杯水（用于天神洗手、洗脚）、5 杯酒（供天神享用）、3 碗熟饭（供天神享用）、1 碗米（用于保护人身）、3 炷香、1 只煮熟的鸡、3 张黄纸、1 碗净水、1 束石榴叶（图 6 - 2）。

作法事步骤：（1）点燃一束稻草，并把"灵符"烧在已经放置好的盛满净水的水桶里。（2）砍芒草秆，搭建三个拱门，制作"拱门符"（图 6 - 3）①。WJM 面对"拱门符"，用海南话念咒，一边念一边撒米，叫天神下凡。待念完后，用"筊杯"验证天神是否已经下凡。（3）在 WJM 的带领下，先剪断第一个芒草，然后剪断一根红线（红线的缠绕

---

① 拱门符是一道把阴阳两界隔开而且坚不可摧的"门"。做法之人在"门"底下焚烧一堆干稻草，烧后残留于地上的灰烬表示"门"已关上，鬼魂不再有路返回村寨来作祟于人。转引自高泽强、潘先锷《祭祀与避邪——黎族民间信仰文化初探》，云南民族出版社 2007 年版，第 48 页。

图 6 - 2　做法事时摆的祭品、祭物

规则是进口与出口处的底各缠绕三圈，头顶上纵向系一根红线），如此重复三次，最后把所有的红线剪断。全族的人都穿过"拱门符"三次（前两次要跨过中间的火堆，最后一次要踩火堆），还要在每圈的最后撩起放置桶中的水过头，WYG 在一旁用石榴叶洒水到每个人的身上，帮助他们净身，并念"所有的恶鬼都要离开人的身体"，所有族人穿过三次后，要迅速离开现场，不能回头。（4）WJM 分三次分别砍掉"拱门符"，第一次砍表示保佑 WLZ 出入平安，第二次砍表示保佑全族人平安，第三次砍代表要砍死恶鬼。最后把公鸡用锋利的砍刀放血，并把血洒在地上，意思是让土地公见证。（5）收拾现场，把水、酒、米等都洒在"拱门符"上。

图 6-3　芒草做的"拱门符"

　　牙开村人虽然重视"做鬼"仪式在日常生产生活过程中的作用，却不认为这种仪式是科学的，所以既不会盲目崇拜，也不从根本上否定它，他们更多是顺其自然，保持一颗平常心来对待。

　　当问及"圣"术取代"罗反"术的原因，WXZ（1950 年生，黎族）认为，主要有三方面的原因。一是"罗反"术的实施需要大约一天时间，耗费时间太长，耽误做工；而"圣"术仅需要半个小时就可完成。二是"罗反"术每个环节的实施都需要杀猪、杀鸡，有时甚至要杀牛，花费太大，不是每个家庭都能够承受得起。三是"罗反"术主要是通过招待鬼，让鬼好吃好喝，最后离人而去；"圣"术虽然也是通过招待鬼，但如果鬼不听安排的话，则是依靠"祖宗神""土地公"等过来帮忙，其成功的概率要大一些。这些优势充分反映在牙开村人的思想观念中，到现在人们在谈到"圣"时，仍滔滔不绝，连连称赞。当时如何治愈小孩夜间哭闹、如何让重病者痊愈等情景，深深地印刻在他们心中。

当问及如何看待"圣"术时，三个村民的回答如下。

WLB（大学生村官，村卫生所医生，1983年生，中专，黎族）：

这属于迷信，本不应该相信，但看到这种迷信确实帮助很多人减轻了痛苦，比如小孩子夜里总是哭，但作法后立即不哭了；小孩子经常出现打不进针的情况，作法后，一打就进去了，这些都是亲眼看到的。以前也听说过，作法人的能量很大，可以让行使的拖拉机立即停止，也可以施法让两个椅子互相打架，从这个角度来说，它是有益的，但有病后应该积极去治疗。

WWD（村民，1976年生，高中读了一年级就辍学，务农，黎族）：

一半相信，一半不相信。相信是因为自己看见作法后确实有效果，事实让人不得不相信。不相信是因为这毕竟属于迷信，有时候也不一定能灵的。如果我生了病会先去看医生，如果看不好，我会选择这种迷信的方式。有三个原因：一是医生都治不好，就必须寻找另外一种看病的方式；二是作法人本身也不是以营利为目的，因为天神赋予他神力时也有限制，就是不能用来赚钱，而只能用于造福百姓；三是作法人有职业操守。

WHF（村民，1974年生，小学，在海口打工，黎族）：

我相信，因为身边有太多的事实让我不得不相信。比如有的老人腿痛，怎么治都治不好，作法后发现，有恶鬼用箭射中了腿，经再次作法，把弓箭拔出并赶走恶鬼后，腿就不痛了。

四 人鬼之间新的代言人——"朝兵"

原始宗教文化影响下的牙开村黎族，是以频繁的祭祀禳祝、降神附体、跳神驱鬼、卜问神灵、施行巫术等来祈福禳灾的。在这些民间祭祀活动的主持人是"娘母""娘公""鬼公"等。但随着20世纪80年代牙开村的"圣"术取代"罗反"术，"朝兵"（海南方言音译）也正式成为黎族祭祀活动新的主持者、人鬼之间新的代言人。"朝兵"是牙开村人对祭祀活动主持人的称呼，实际上在黎族不同地区有不同的称呼，但从调研过程来看，"朝兵"在传承对象、学习方式、法具祭品、作法程序等方面，都与其他杞方言地区"道公"相似，因而可以判断出牙开村人所称呼的"朝兵"，实际上就是"道公"，只是由于地区性的差异，道教文化在黎族社会中的影响程度不一样，其表现方式不一样而已。

笔者通过对牙开村一位"朝兵"WYG（1964年生，黎族）的访谈，了解到目前该村"朝兵"的基本情况。

问：你最初为什么会选择去学这种法术的？

答：当时还很年轻，经常看村里的"朝兵"做法，起初是出于好奇，觉得很神奇，想尝试着做着看。

问：现在你学了，并已经成了"朝兵"，你现在怎么想的？

答：以前仅仅是满足自己的好奇心，现在我觉得这种方式可以帮助有困难的人解除困难，所以从内心里讲是愿意并将长期继续下去的。比如当别人打针打很久都不能进入时，我们通过作法，可能很顺利地帮助他们，减少他们的痛苦。

问：现在牙开村共有多少"朝兵"？有没有妇女？

答：共11人。以前有妇女学习，但后来嫁人，都自愿放弃了。

问：除了保佑平安之外，你还做哪些法术？

答：如果有人生病，我们也帮忙作法。但如果是我生病，我不能自己看自己，只能请另外的"朝兵"帮我看。

问：一年当中有多少人请你作法？

答：没有计数，有时比较集中，有时也很少，大约一个月有三至四次吧。

"朝兵"在牙开村受人尊敬，地位较高，村里无论大事小事，都要请"朝兵"祈福保佑，比如婚丧嫁娶、乔迁新居，甚至小孩夜里啼哭等。笔者试图采访"朝兵"WJM，几次都没有成功，最后从村里人那里得知，他除了要种田以外，还有大量的"做鬼"业务，平均下来，几乎每天有一次。"做鬼"仪式是人与鬼神之间的对话，因而整个仪式非常隆重。同时，"朝兵"的工作是不需要付费的，但一般情况下，村民们只要请他们帮忙，除了请他们吃饭、喝酒，也会包上10—20元的红包表示感谢。

当问及是否信教时，牙开村有98%的人回答不信教，只有两个人回答听说过，但不是很清楚。很明显，虽然道教、佛教、基督教及伊斯兰教等外来宗教很早就登陆海南岛，但牙开村对这些外来宗教并不熟悉。值得提出的是，牙开村人对外来宗教的不熟悉并不代表他们没有受到实际的影响，当问及他们是否知道"朝兵"时，几乎所有的人都回答知道，并能很详细地说出村里的"朝兵"是哪些人。实际上，牙开村正在经历着外来宗教本土化的过程。这个过程包括以下两方面：一是外来宗教的神灵观念在牙开村已深入人心，二是"朝兵"获得了普遍的尊重与信任。

第五节　小结

黎族民间信仰在牙开村根深蒂固，以至于从小孩到老人都深信不疑。更让人难以理解的是，中华人民共和国成立后，经过历次政治运动的洗礼，黎族民间信仰曾经受到强烈冲击，但在改革开放以后，黎族人民的科学知识水平、生产技术水平等都有大幅度提高，黎族民间信仰却又出现反弹的迹象，这是一个值得深思的问题。其实，从文化分层理论的角度来讲，这种现象也非常容易理解。从行为模式来看，民间信仰处于民族文化意识结构的表层，易于被感知；但是从思想意识来看，民间信仰则处于民族文化总识结构的深层，是历史的积淀，是相对稳定的。民间信仰并不会因为处于表层的行为模式在一定的时间内被革除而失去作用，相反，在一定的社会环境恢复后，处于深层的思想意识就会慢慢浮现。

从对牙开村调查的情况来看，黎族民间信仰习俗虽然对村民的思想意识、行为规范产生着重大影响，但受内在思想、外来宗教等的影响，仍然发生了诸多变迁。笔者认为，主要有以下几方面的原因。

第一，思想观念代际分化的影响。在现代传媒的不断浸润下，牙开村黎族不得不对他们面对的"世界"和他们所信仰的宗教进行反思。这种反思使他们作为一种精神存在的、本不容易发生改变的思想观念出现了代际分化。

对于这种分化，德国著名社会学家卢克曼在研究宗教与现代社会的时候有所论述："'宗教'与'世界'的彼此冲突，或至少截然不同的主张，促使个人经常会'停下来想想'。这种反思会产生各种答案。其一是'信仰的飞跃'……另一个答案则是，由于发现自己不能系统地给出一个可信的答案，于是回归到反思之前的态度，个人以这种态度从'世俗'滑向程式化的宗教行为。第三种可能性有赖于系统地提出一个明确的'世俗'价值体系：因此或者出于'机会主义'原因而扮演宗教角色，或者干脆丢弃宗教角色。"①

第二，知识结构代际分化的促动。教育背景的差异，造成了他们在知识结构上的分化。中、老年人的知识结构一般以浓厚的宗教知识为基础，以经验认知为指导，对新事物、新思想的接受较为缓慢，甚至排斥；年轻人的知识结构常常以科学文化知识为背景，以新闻媒体和学校授习为来源，容易接受各种新理念、新事物，而对宗教知识则不愿意（或没有条件）学习。

---

① ［德］托马斯·卢克曼：《无形的宗教》，覃方明译，中国人民大学出版社2003年版，第80页。

第三，社会经济发展的推动。文化与经济是同生、互动、同构的。马克思主义者认为，经济基础的变革是文化变迁的根本原因；奥格本则宣称，物质文化是现代社会文化变迁的源泉。① 文化在影响经济发展的同时，社会经济的发展的确也推动了文化各个领域的变迁。宗教作为一种文化形态，不可避免地受经济发展的影响。改革开放后，特别是海南建省办特区后，黎族地区经济上获得了快速发展，道路基础设施不断得到改善，广播、电视、网络等大众传媒得到普及，邮电、通信事业迅速发展，人们生活有了极大的提高。这些变化直接或间接影响着人们对原始宗教的看法。

通过对牙开村黎族民间信仰 60 多年来变迁的考察，我们可以看到传统民间信仰在民众生活中的地位。现实社会不仅为习俗的存在和发展提供了空间，习俗也在不断变化的社会环境中进行着主动的选择和适应。我们应该如何看待这些民间信仰的存在和变化？如何看待这些民间信仰的消极性与合理性的并存？

在现代社会中，我们对待传统文化的态度是"取其精华，去其糟粕"，黎族民间信仰作为黎族传统文化的一部分，理应同样适用。我们需要辩证地看待黎族民间信仰，对于其中长期以来束缚黎族人的精神枷锁和阻碍黎族社会发展的封建迷信成分，予以坚决克服抵制；而对于其中的合理成分，理应从历史文化的角度去认识、分析、探讨，挖掘和探寻其存在的历史根源和现实基础，揭示和分析其具体存在形态以及所反映出的内容内涵、精神实质，使其逐步适应社会发展。

---

① ［美］威廉·费尔丁·奥格本：《社会变迁——关于文化和先天的本质》，王晓毅、陈育国译，浙江人民出版社1989年版，第138页。

第七章

礼俗与节庆

礼俗与节庆的产生根源于人类社会的精神生产活动。在特定的时间和空间所产生的礼俗及进行的节庆活动，不仅是人们对日常生活的延续，也是人们重要的情感寄托和精神信仰方式。礼俗与节庆是一个民族在其历史发展进程中，不断孕育、形成、发展、衍化的。在不同的时代和社会背景下，礼俗与节庆的功能与价值也会发生变化。在牙开村黎族传统社会，礼俗与节庆活动一直是人们进行生产生活、寄托精神、寄托希望、表达欢乐、沟通天地人神的理想化活动。随着时代的发展和社会的进步，牙开村黎族的礼俗与节庆文化始终处于发展和变迁之中。这种变迁反映了人们在新的社会环境里与新的时代氛围下对民族礼俗与节庆文化做出的新阐释，也是民族传统礼俗与节庆文化为适应新的现实生活而做出的积极回应。

第一节　人生仪礼的演化

在一个相当静态的社会里，总是有一套程序化的人生礼仪来界定每一个人。通过这些不同的人生礼仪社会赋予个人以相应的角色。各种人生礼仪，就像道路上的里程碑，标志着个人社会角色的改变，以及由此引起的权利和义务的变化，并伴随他或她从生到死的全部人生过程。人们在各种礼仪中学会正确的做人模式，掌握传统文化，通过程序化的行

为，更好地认同和加入这个社会。①

中国向来被称为礼仪之邦，因此，有关仪礼之事都受到人们的高度重视，黎族也不例外。笔者通过对牙开村的调查发现，围绕人生的礼仪非常丰富，并随着社会的发展逐渐发生着改变。比如，黎族传统社会有严格意义上的成年礼，女孩子到12—13岁时就开始文身，文身后就标志成年了，可入住"隆闺"，获得恋爱的权利；而男孩在13—14岁开始入住"隆闺"，就代表成年。20世纪50年代以后，文身被禁止。随着社会发展，"隆闺"在村中逐渐消失，成年礼也有所变化，一般以与父母分居为子女成年的标志。子女要独立居住，要根据家庭的居住条件来决定，这使成年礼观念变得更加模糊，没有统一性和固定性。

再如寿礼方面，村中的老人一般都不过生日，大多数的老人根本不知道自己确切的出生年月，村里至今仍然是这种状况。但随着外来文化冲击和社会的发展，小孩过生日渐渐兴起。20世纪90年代后，父母给子女过生日、爷爷奶奶给孙子过生日等已屡见不鲜。过生日的方式是买蛋糕、水果等物品，在家中设宴邀请亲朋好友来庆贺。年轻人喜欢到饭店、酒店过生日。总之过生日的方式越来越多样化。

黎族社会人生仪礼中，有"三礼"最为重要，即诞生、婚嫁和丧葬。由于婚嫁习俗已列专章叙述，这里主要围绕人生礼仪中的生育习俗、丧葬习俗所反映的文化内涵展开。

一 摇篮边的祝福：诞生礼

生育是黎族传统社会的一件大事。围绕生子，黎族社会有各种传统经验和习俗惯例。妇女在怀孕期间没有太多禁忌，一般不会停止劳动，只要身体允许，可以参加任何劳动与社会活动，到临产前几天才休息。孕妇在怀孕期间忌吃冷水冲成的稀饭，因此主要以吃干饭为主。同时，

---

① 徐平：《文化的适应和变迁——四川羌村调查》，上海人民出版社2006年版，第131页。

还要吃雷公根、雷公笋等食物进补。孕妇在临产前一个月内，家人要为其准备专用的锅、碗、瓢、盆、筷子等餐具，坐月子期间的坐凳也必须为其准备。

在黎族传统社会，孕妇睡觉的房子即为产房。生孩子时，没有专门的接生婆，基本都是家里的亲人负责接生，特别是由丈夫亲自剪断新生孩子的脐带，一般都是顺产。20世纪50年代后，为了提高生育质量，政府专门培训了一批产婆负责村里妇女的接生工作。随着农村合作医疗制度的建立，村里人基本上选择到卫生院生育，因为妇女在不违反计划生育政策的情况下，由国家承担所有的住院生育费用，还会得到合作医疗专项补贴。这种省钱又能确保安全健康的方式获得了村民的认可。

过去如果遇到难产，村民都认为是祖先在作祟所致，通常由同一家族的"道公"或男性老人抓一只鸡举行"以鸡祭鬼"的法事，即念诵一些求保平安的祷词，然后诵念家族中死去的人的名字，并祈求祖先们不要再作祟，随后把鸡象征性地"送"出去。现在难产由村中的接生员处理，如果处理不了就及时送医院。

小孩出生后，如果生的是男孩，家人立即在自己家的门槛上悬挂龙眼叶，一方面用于避邪，阻止妖魔鬼怪进入屋子里扰乱，确保小孩平安；另一方面也是告知村里的其他人一个新生命诞生了，为了保证母子平安，其他人不要靠近该处房子。但是，如果生的是女孩，就不能挂龙眼叶，因为他们认为，龙眼叶在遮挡凶神恶煞等不好的东西进入房间的同时，也挡住了美好的情缘、姻缘等，担心她成年以后没有男孩子来找她恋爱。

出生后的头三天，母子俩因为身体比较虚弱不能洗澡，只有等到第四天，产妇才能到河边洗澡。洗完后要挑一担水回来给小孩子洗澡。这次洗澡除了清洁身体之外，还有一个很重要的作用，就是检查产妇身体的恢复情况，也是决定以后服药恢复身体的时间。在牙开村，村民们一般会选择fogmui（含有麻醉成分）、tfilun、vegzeg（学名沙姜）等草药作为产妇恢复身体的主要补品，这些草药具有去湿、催奶等功效（图7-1）。

图7-1　妇女坐月子吃的草药"三榕"

在身体恢复期间，产妇要过相对独立的生活，不仅要单独吃饭，碗筷专用，产妇的床不能随意乱坐，房间禁止其他男人进入，而且连自己坐的椅子也不允许男人使用。在这期间，产妇只吃雷公根、白花菜等，放盐但不放油。待产妇身体完全恢复后，要请村里的"道公"作法，向祖宗报告，祈求祖先的保佑。

国家户籍制度建立前，牙开村里的小孩在十岁前并没有自己的黎名或者汉名，一般都是家里人随便叫。比如一个偶然的机会看到小孩跌倒，那个小孩的名字就叫"跌倒"；如果看见小孩和小猫、小狗在一起，那个就叫"小猫""小狗"。男孩年满十岁，家人就给他穿上牛鼻裈；若是女孩，家人就给她穿筒裙并开始文脸。同时，其父母和家族长辈或老人一起商量起正式名，一般情况下都是起黎族和汉族两个名字。黎语中有"姓"的概念，称作"蓄茂"或"茂"，而且习惯在"茂"的前面冠以"捆"（意为"群"），就是指居住在某某地方的那"群"人是某某"茂"（指"姓"或"种类"）。比如"捆什长"是指居住在种植芋头地方的同宗族人。汉族名字则比较随意，如果有很多小孩，为方便起见，直接按照出生时间叫王老一、王老二、王老三等。

随着国家户籍制度的建立，小孩出生后就要上户口，村民们在小孩出生后就先起汉名，然后起黎名，而有一部分人起了汉名后就不起黎名。从 20 世纪 80 年代末开始，一般只起汉名，不再起黎名。

同族、同村中小孩的名字不能同名，即便是外家的小孩也不能同名，原因有两方面：一是村里人认为，同名小孩的命连在一起，彼此之间会互相拖累；二是受到重名那家人的责难。如果确定发现重名了，就要重新改个名字，并不需要特殊的仪式。同时，孩子的名字不能与死去的村内家族中人的名字相同，属于禁忌。村里人认为，任意叫喊祖先名字，会给家人及族人带来灾难。

孩子长到满月以后，要找族里的懂作法事的老人过来祭"天鬼"与祖先，希望孩子以后能够平安成长。满月当天，外家和族里的人都要来，一起聚餐，共同祝愿孩子能够健康平安成长。

牙开村人过去不太重视生日，一般情况下不过生日，但在 20 世纪 90 年代后受汉族的影响，部分村民开始给一岁的小孩过生日。生日当天，父母为小孩购买生日蛋糕，燃放鞭炮，并邀请亲戚朋友一起喝酒吃饭为小孩庆祝。小孩的爷爷、奶奶等亲属会购买衣服或鞋等礼物，其他人也会封上十元至五十元不等的红包。受汉族影响，也有类似"抓周"的活动。生日宴会期间，父母会在桌子上摆放各种物件让小孩去抓，比如镜子、梳子、笔、钱、水果等。如果抓到镜子或者梳子代表长大后会打扮，会很漂亮；如果抓到笔，代表以后会读书，是一个有知识的人；

如果抓到钱，代表会花钱。这些并没有严格意义上的文化解释，村民们仅仅把这种活动当作一种娱乐活动看待，不会有人特别在意小孩抓的是什么。

二 中止与延续：葬礼

丧葬习俗是指不同民族在其殡葬过程中经过漫长的发展、演变而逐步形成的一种风俗习惯。在牙开村人的传统观念中，人死了但灵魂不死，并且相信还有一个阴间世界存在，认为人已寿终正寝但其灵魂还会回到世上来。正如列维·布留尔所指出："但对原逻辑思维来说，人尽管死了，也以某种方式活着。死人与活人的生命互渗，同时又是死人群中的一员。"[①]

受这种观念的支配，牙开村人非常重视丧葬，整个葬礼隆重、复杂，形成了自己独特的丧葬习俗。丰富的丧葬礼俗作为历史、民族、地域性行为模式，也透射出牙开村黎族博大精深的文化内涵。随着经济社会的发展，牙开村黎族丧葬习俗也随之发生着深刻的变迁。

1. 落气

当有人病危时，兄弟姐妹无论是在本村还是在外地都要赶回村，守在病人旁边，喊病人的名字并安慰其坚持住。病人断气时，由男性亲属（原则是儿子或兄弟，依次选择其一）喂稀饭水，口里不停地念："某某现给您饭水喝。"意思是让死者在死前能吃饱喝足好上路，到阴间不会变成饿鬼。然后在家族长辈（男性）的指导之下，用黎话念诵其祖先名字，叫死者（实际是灵魂）主动去找祖先，并交代祖先要好好照顾刚死的人，以免其在阴间受欺负而作祟祸害阳间的亲人。

人落气后，亲属们立即把死者的遗体从床上挪到房屋中间的露兜叶席上，同时给死者换衣服（寿衣），但不修指甲，也不梳头及化妆。如果死者是男性，给其换衣服的是他的儿子；如果没有儿子，一般是他的

---

① ［法］列维·布留尔：《原始思维》，商务印书馆1986年版，第298页。

亲兄弟或者堂兄弟。如果死者是女性，换衣服的是她的女儿；如果没有女儿，一般是她的亲姐妹或者堂姐妹。

所换的衣服，过去是传统服装，男性为自制的麻衣、棉衣、吊裙，女性为自制的头巾、衣服、筒裙。如今，无论男女都换成了黑色布料的衣服。寿衣一般是死者在病危时其亲属就已经准备好了，落气后直接更衣。如果是突发性死亡的，则需要到市场上去买或者制作，然后才更衣。随后，要砍两截红藤条，分别放置于死者的腋窝下，左边短，右边长，代表死去的人有子女，其就不会抢别人的子女，它是用于避邪，保护阳间的孩子。

2. 报丧

报丧是给死者的亲戚朋友告知噩耗的行为。在传统黎族社会，一般有鸣枪报丧的习俗，但在牙开村从未出现过，一直沿用的是派人报丧的习俗。人死后，死者家属要立即组织本族内的兄弟，专门负责通知死者的亲戚、好友前来参加葬礼：一是向本村的父老乡亲传噩耗，以便族人和村里的人前来参加治丧事宜；二是报舅父家族，黎族有"天上怕雷公，地上怕舅公"的传统观念，以舅权为大；三是报外嫁女及其家族；四是报居住在外地的本家族兄弟和其他的亲朋好友。

对于舅父家族，报丧人只需要报舅父一人即可；对于外嫁女及其家族，报丧人也只需要告知外嫁女或者女婿即可；对于本村的人，报丧的人需走路逐户进行通知，而且必须在一天之内把丧事报完，以便亲戚朋友们能及时赶到死者的家里参加丧礼。随着现代交通及通信工具的普及，原来报丧人走路需要一天的时间，现在骑着自行车或者摩托车，只需不足一个小时就可实现。20世纪90年代以后固定电话和移动电话的出现和普及，报丧人能够方便及时地把任务完成。牙开村2000年后投入使用的广播台，更是实现了一对多的信息传输效果。报丧人经村委会允许后，就可以直接用广播来报丧，报丧所需的时间大大缩短，效率明显提高。

报丧人无论采用什么方式或方法报丧，都十分忌讳提到"某某死"

的信息，而是采用更加隐讳的形式，比如说某某人已经出远门了，或者到深山老林中去了，或者远走他乡了，或者跟水走了，等等。但随着社会的发展和交流圈的扩大，人们的观念也发生了变化，现在也不再顾忌这些传统习俗，报丧时可以直接说某某人死了。

3. 奔丧

黎族社会非常重视丧葬仪式，亲属、朋友在接到噩耗后，都会停下手中的劳动，准备奔丧。舅公立即组织其家族成员，以舅权身份直奔死者家核查死者死因，并监督治丧事宜。外嫁女、女婿及其亲属亦立即组成队伍，杀一头小猪或一只鸡，带上酒等祭品直奔丧家吊丧，见死者最后的遗容。其他的亲朋好友带上几斤酒和米，直奔死者家吊唁，并参与治丧事宜。

吊唁者悲哭入门，死者家族的孝男孝女——跪拜致谢，吊唁者一一把他们扶起来，表示死者遗孤有亲戚好友抚养，死者可以安息。每个吊唁者必须到床边看死者的遗容，与死者作最后诀别。

4. 入殓

凭吊完毕后，就开始准备入殓事宜。入殓之前，棺材的准备是一项非常重要的工作。在生产工具比较落后的年代，黎族社会并没有棺材，而是在事先准备好的墓穴中放置已经打碎的陶器，分别对应人的各个重要关节，然后把尸体放置在陶瓷片上埋葬。在独木棺葬未在黎族地区盛行之前，有用露兜叶席下葬习俗，即以自家编制的露兜叶包裹死者尸体下葬，也曾经流行一段时间。

到 20 世纪 50 年代，独木棺葬开始盛行。独木棺是用一根独木挖刨而制成的棺材，对木材的选择有着特殊的要求，比如树种要好，一般是荔枝树等，树干足够粗和完整。黎族家庭一般都会提前准备棺材，如果实在来不及，也可以向本家族的人借，但还时一定要还棺材。现在有专门的棺材生产和经销商，人们也可以选择到殡葬所购买。

随着人口的增多，所需要制作独木棺的树木越来越多，但资源是有限的。同时，由于生产工具不断更新，到 20 世纪 90 年代以后，独木棺逐渐消失在人们的生活中，取而代之的是用六块木板制作的棺材。一般情况下，家庭内的人都会把制作棺材的木板备在家里，一旦有人过世，就立即拿出木板开始制作，制作时间大约在四个小时。如果提前没有准备，也可以召集族内的兄弟到山上临时砍。当然为了方便，也可以就近在市场上购买。

20世纪50年代以前，牙开村是"抬尸出殡"，即先用五根竹竿搭成一个竹架，然后在竹架上铺上露蔸叶席，把尸体放置于席子上，左右翻转裹住并捆绑，用一根竹竿横插绳索上，由两个人抬到已经挖好墓穴、可放置棺材的墓山，入殓下葬。现在都是在死者家里入殓后再抬棺下葬的。

死者入棺前，要拿走放在腋下的红藤，不然意味着也将子女带走。然后，由4个人分别托起死者的肩部和腿部，抬至低垫上放置露蔸叶席的棺材中。这4个人通常会是死者的儿子、兄弟或是和死者的关系最为密切的族人。入棺后，将死者平放，面朝上，用被子将尸体全身盖住。被子可以是新的也可以是死者生前使用过的。棺材里同时放置死者的两套衣服，并把钱放在死者的手上，表示死后也有衣穿、有钱花。入殓时由舅父掀开被子确定死者已死，方准入殓。检查完毕后开始封棺。

以前由于停棺的时间比较长，所以棺材用白藤前、中、后绑三圈后，要用调制好的泥浆粘合接口处，以免臭味外泄。现在由于停棺时间较短，一般用手凿或电钻在棺材上打四个或六个洞，然后把削尖的木头钉入，以达到密封的效果。

过去要等到所有的亲戚朋友全部到场后才出殡，所以停棺时间一般会在三天以上。停棺的天数宜单数，忌双数。在停棺期间，堂屋的大门昼夜不关，孝男孝女及其兄弟姐妹们日夜守候在灵枢旁，一是尽孝，二是防猫、狗靠近，不能让它们从棺材上越过，也不能让它们从棺木下穿行，这样做是防止死尸复活，祸害众生。

5. 哭灵与守灵

入殓仪式完毕后，就进入了守灵阶段。每天晚饭后，本村的家族兄弟姐妹和部分留下来的居住异地的亲戚朋友都要到丧家参加哭灵活动。哭灵的仪式通常是在本村"奥雅"的主持之下进行的。一般情况下，女性长辈们坐在灵柩旁悲哭，唱丧歌，内容主要是死者生前的生活情况、为人处世及对子女教育等，表示的深切怀念，时间持续大约一两个小时，然后睡在灵柩旁，陪亡魂过夜，以示对亡魂的亲近关系。男性可以在一起继续喝酒，现在也有部分男性聚集在一起打牌。

6. 选择墓地

墓地的选择比较随意，不需测风水，只要是土质疏松、好挖坑的平坦地形就可以，但死者的脚一般要朝南。牙开村有集中的公共墓地，如果这一块集中的墓地用完了，则可另选一块，但必须由第一个死者的亲兄弟去寻找。墓地选择要遵循三个原则：一是一个家族相对集中的原则；二是辈分高的在上方，辈分低的在下方，以示尊重；三是男性在上方，女性在下方，但男女的墓地并不用分开，墓地中也没有先来后到或者地方好坏的区别。现在除了一个家族相对集中之外，其他两个原则已经不复存在了。

据20世纪50年代调查资料显示，牙开村黎族的坟墓并没有什么特别的标志，加上埋葬后堆土只略高于地面，有时很难辨认。但日积月累埋的人多后，有时会挖到之前埋下的尸骨，所以一般都会在所埋死者脚部的位置立一块石头，作为标识。即便是这样，由于长年累月受风雨的冲刷，无人照管，石头也经常会被挪位。

从20世纪80年代开始，牙开村黎族受汉族的影响，也开始购买水泥板并刻字作为墓碑，放置在死者的脚部，同时还购买花圈，所以，公共墓地安葬的死者就有了相对固定的位置。这为在公共墓地中选择下葬的位置提供了可能。据笔者调查，20世纪80年代后，若死者在生前提出死后要跟某个先逝者埋在相邻的地方，家族的人一般会尊重他的意愿，但后埋葬的不能比先葬的位置高，要稍低一点，表示尊重前者。

需要特别指出的是，外嫁女子若死后无人管，例如子孙不孝或者因为无后、夫家不管，娘家家族可以把她接回，埋葬在娘家家族公共墓地，也可以按照外嫁女子死前提出的要求，把她与娘家某个先逝者埋在同一个地方。若出现这种情况，夫家家族要带酒、猪肉、鸡等过来参加丧葬。这类现象出现的原因主要有三方面：一是外嫁女有把自己葬在娘家家族公共墓地的要求；二是外嫁女想与娘家的某个先逝者埋在一起；三是外嫁女无论有无后代，若夫家不管，娘家家族有责任和义务来管她。

7. 出殡

现在在牙开村，如果人是早上死的，下午也可以直接出殡。如果遇到死者的生日，则必须要停一天。如果是下午死的，则要到第二天才出殡。一般情况下，墓地在选择好以后，就要提前挖好。以前是挖好后才派人去通知出殡，现在只需要用手机通知即可。

待接到墓地已经挖好的通知后，出殡仪式马上开始。此时，哭丧的声音越来越大，人越来越多。由四个人把棺材缓缓抬出屋子，长子必须在棺材的前方抬。过去棺材一旦抬起来，就不能放下，必须要抬到村口才能换人，而现在只要出了家门就可以换人。过去女性不参与送葬，送葬的人只能是已经成家的男性，女性只是留在死者的家里继续哭丧；现在无论男女，也无论是否成家，都可以参加送葬队伍。

棺材前、中、后各绑三根绳索，中间插入一根粗长的竹竿，竹竿前方、后方各三人，共六人抬起棺材快速走在前方，后方送葬的队伍紧随其后。以前从灵柩出堂屋到坟地，一路上并没有放鞭炮和扔纸钱，现在受汉族丧葬习俗的影响，也开始有了放鞭炮和扔纸钱的习俗，以震慑恶鬼，让死者亡魂顺利地前往阴间，认祖归宗。

过去抬棺材的人一般都是死者家族的人，除此之外的人都不能抬，现在这一习俗发生了改变，无论是否是死者家族都可以抬。但出丧时越快越好，讲究棺材不能停留，更不能落地。牙开村人认为，棺材走得快，意味着死者没有牵挂的事情。抬棺去墓地的路上，必须由死者的长子第一个抬棺材。如是没有长子，可由死者最亲近的兄弟负责，中途可由村人相互更替。去墓地的路上，要把死者的衣物剪成条片，从村口一直扔到墓地，作为给死者带路的指向标。

到达墓地之后，村里老人先要用树枝在墓穴里扫一扫，意思是"好的鬼出来，坏的鬼进去"。然后，将棺材上的竹片解掉，慢慢下放入墓，埋土，堆成小丘形。死者的脚要对着对面山顶的凹陷处，这样才能让视野开阔，若是对着凸出的地方则意味着死者看不清前方。用一个无底的瓷坛作为墓碑，将整个坛身斜埋在地下，用泥土覆盖，坛口要朝向对面山顶的凹处。在坛口处的土层面上盖一个白碗，白碗的边缘要打一个缺口，意味着不能让死者太完整，如是太完整了，就会把本村的财运带走。

待埋完土后，老人还要再扫一次，意思是"你好好睡吧，我们回去种田、喂猪去了"。随后把死者生前使用的物品放在墓地的旁边。下葬回来之后，所有跟着去的人都要洗手、洗澡，以去除身上的晦气，才能到死者家中吃饭喝酒。

8. 对证

以前丧宴多采用长桌宴，长桌的一边坐着死者的家属，一边坐着外家的人。丧宴过程中，在村里老人的主持下，就涉及死者子女的抚养、生前的债权债务、怨仇、棺材钱的处理等事项进行对证，双方边喝酒边对话。如果死者是男性，则舅公要询问女方是否要回娘家居住，还是在夫家居住，一般情况下会尊重女方的意思。如果有债权或者债务，大家要在此时提出来，否则过时无效。如果子女已经成年，还要征求子女的意见。现在，长桌宴在牙开村已经不存在了，基本都是能坐十人的圆桌，席间对证的习俗依然存在，但只是死者家族选出的一两个代表与死者外家代表作对证。

满日后，如果死者为男性，家族里的人要到河里去抓鱼；如果死者为女性，则家族里的人要到河里去捡螺，回来后和酒糟一起煮，然后全村的人一起吃，表示整个丧葬工作的平安结束。

过去，牙开村存在许多针对死者家族里的人的禁忌。如从死者断气当天开始，家族内的人连续十三天不能换衣服，并且要反穿。家庭内的人除小孩外也不能吃米饭，否则就是愧对祖先，不守孝，不尽孝，但可饮酒吃菜。现在守孝的时间大大缩短，只用三天，也不用反穿衣服；不能吃饭的人的范围也逐渐减少，只有成家的人才不能吃，不成家的人可以吃，但必须到别家去吃。

按照黎历，祭日家庭里不能劳动。农历三十死，当天可以结束；其他日子死，则必须要三天的时间。如果是同一祖先要去吃丧宴，不能劳动；其他祖公吃完丧宴后，就可以下地劳动。

20 世纪 50 年代前，牙开村村民对非正常死亡者，即溺水、火烧、车祸、雷击、枪杀、兽害、上吊、难产以及掉树等突发事件而死亡的人，被视为凶神恶煞（凶鬼）作祟所致，不能在祖宗墓山埋葬，要根据事发地点，就近埋葬。例如溺水的人，如果尸体随着水漂了很远，那么就在发现尸体的地方就近埋葬；发生交通事故，就在发生交通事故的路边就地埋葬，等等。

对于非正常死亡者，一般情况下，是不按照正常死亡者的仪式来处理，比如喂饭粒、沐浴、更换衣服、下葬等程序。下葬时不需要棺材（即独木棺），死者的尸体必须面朝下。有些因为死者生前为恶过多，或者跟某人有过节，会在埋葬时加投石块压在尸体上，认为石块能压住他的灵魂，以防止死者灵魂回村作祟，祸害其家族及村寨里的人，葬后不立碑。葬后，死者家族杀一只鸡（死者为男性的杀公鸡，死者为女性的杀母鸡）和一头猪，举行洗身仪式，请参加丧葬仪式的人吃饭、喝酒，其他的人不参与，饭后各自回家，丧葬仪式完成。

随着社会的发展和村民信仰观念的变化，非正常死亡者的丧葬习俗也在发生变化。据笔者的调查，1982 年以后，对非正常死亡的人的处理又有新的变化。事故发生后，要立即抬回村里，然后杀一只鸡（死者为男性的杀公鸡，死者为女性的杀母鸡），举行报祖先的仪式，使非正常死亡先转化为正常死亡，再按照正常死亡的程序举行丧葬礼。待到满日时必须杀一头小猪、一只小鸡举行洗身仪式，请所有参加丧葬礼的人穿过芒草制作成的倒 U 形门（拱门符），以示洗身，将不吉利、不干净的灵魂驱除，每个人回到原有的生活；同时，让死者的灵魂再也不要回到村里来，作祟祸害其家族及村寨里的人。

丧葬习俗从传统向现代嬗变取决于社会变迁和时代发展等诸多因素，主要体现在人们的思想观念、经济条件以及科学知识等方面已经或正在发生的变化。牙开村黎族丧葬习俗变迁的原因主要体现在以下几方面。

一是受异质文化的影响。文化选择行为的对象是多种文化可能，而各种文化体系间必然存在着程度不同的内在特质或表现形式上的差异，这种差异的普遍存在可称为文化间的异质性。相对于某一民族传统文化，外来的文化或文化现象即是异质文化。[1] 异质文化的到来，激发了文化主体对本文化的反思和再认识，从而相应产生了或接纳、或抗拒、或犹豫的不同行为结果。

异质文化在牙开村黎族的传播，除了政府和媒体推介外，族际互动也是一种主要形式。通过升学、婚嫁等方式进入汉族地区和城市中的人口越来越多。他们的文化观念和行为不仅通过族际互动得到改造，而且通过探亲、返乡等各种方式，将城市和汉族地区的文化带回原地，改变着家乡人的传统生活方式和观念。其中，丧葬习俗也受到异质文化的影响。比如墓碑、花圈、纸钱等的出现，清明扫墓现象的出现，等等，即是受到汉族丧葬习俗的影响。

二是受思想观念的影响。随着时代的发展和社会的进步，黎族的生死观、价值观发生了很大的变化。比如，过去牙开村人认为，人死后灵魂不灭，仍有知觉，这就使黎族对祖先充满了恐惧和期待，恐惧的是怕他们扰乱活着的家人，期待的是想让他们保佑家庭幸福。这种信仰因素

---

① 毛颖：《当代民族文化变迁中文化选择的外部动因》，《昆明冶金高等专科学校学报》2004 年第 1 期。

制约了黎族摆脱旧俗的步伐。

随着经济的飞速发展，科学知识的迅速普及，村民的思想观念也发生了变化。尤其是改革开放后，封闭的牙开村也通过学校、电视、生意往来等了解新信息，学习科学文化知识。随着科学文化水平的不断提高，"无神论"思想逐步深入人心，村民对一些自然现象和社会现象有了新的认识，旧的信仰受到冲击。比如在过去，死者去世当天，全村人不可以搞生产，体现了生者对死者的重视与尊重。但在笔者调查期间，由于所种植的黄瓜正是销售的高峰期，大多数村里的人仍在田地里劳动，只是到了晚上才去吊丧。

三是受经济因素的影响。改革开放以后，我国实施经济体制改革，实行家庭联产承包责任制，土地的使用或经营权下放给农民，每个家庭成为相对独立的生产单位，村民的生产积极性大大提高，生产效率也随之提高。经济发展使牙开村村民拥有了比以往更丰富的物质生活，同时也推进了村民思想观念的转变。

牙开村黎族丧葬习俗作为"意识形态范畴的上层建筑，受到经济基础的制约，与社会历史条件相适应，并随着生产力的发展不断演变进化"[1]。比如现代通信技术的提高，使得人与人之间的联系方便快捷，一旦有人过世，消息会迅速传递到亲戚及朋友当中。另外，随着人们生活水平的提高，整个丧事越来越隆重。如笔者参加的这场葬礼，整整办了三天，每天宾客盈门，一顿饭要办三四十桌，一次丧事就耗费两三头牛和二十几头猪。来吊丧的亲朋好友都带来烟、酒等比较贵重的礼物，或者按现行的礼数送现金，亲戚一般送 500 元，朋友一般送 50 到100 元。

当然，除此之外，引起海南黎族丧葬习俗变迁的因素还有很多，包括政治制度、自然地理环境、环境卫生理念等。正是这些因素的变动以及相互间的制衡，共同促成了丧葬习俗的变迁（表 7 - 1）。

---

① 庄华峰：《中国社会生活史》，合肥工业大学出版社 2003 年版，第 305 页。

表7-1 不同年代牙开村的丧葬习俗

葬礼过程	20世纪50年代	目前
报丧	鸣粉枪三响，并派人通知	不再鸣枪，使用广播、电话等通信工具
葬具	独木棺，实行土葬	仍为土葬，但改为制作棺
墓地选择	公共墓地	请人看风水或者死者生前自己选定
洁身	不沐浴，直接换新衣。用木炭在死者脸上按施纹部位画纹图	用清水洗脸、洗脚、洗手，梳整头发，换黑衣、黑裤和黑鞋，衣服上不能打扣子
殓仪	在死者的嘴里放一些米饭和一个砍成两半的光银。准备一个陶罐，里面放肉、稻谷和酒，放在坟地外面	死者的嘴里放一些米饭，在手中放钱
陪葬品	死者的衣服、餐具和碗具等放在坟地旁	死者的衣服、餐具和碗具等生活用品直接入葬
下葬时日	停灵一天	当天去世当天埋，如果棺材没有做好，可停灵一天
墓碑	不砌坟，不树碑，不披麻戴孝	树碑立墓，披麻戴孝
服丧期	12天	同族的小辈一般5天，中年人和老人则需7天，感情好的人需9—13天
宗教仪式主持者	"奥雅"	"奥雅"与"朝兵"
吊唁	全村（包括其他族的人）立即来吊唁，喝酒守夜，不睡觉	不是所有其他族的人都立即赶来，不再整夜守夜，可以回家睡觉
哭丧	非常悲痛，讲述死者生前的功绩；哭丧的人多，持续时间长	仅有仪式性的哭丧，没有人讲述；哭丧的人少，持续时间短
悼念仪式	无花圈，无黑色孝套，无清明祭祖	有花圈，有黑色孝套，有清明祭祖
葬礼宴席	一般不上桌，仅有木凳垫上芭蕉叶即可，亲戚随便吃点即可，花费少	全部上桌，亲戚和朋友全到，场面大，耗费大
葬式	正常死亡以土葬为主，非正常死亡不能葬在祖先墓地	正常死亡仍以土葬为主，非正常死亡和正常死亡的人一样葬在祖先墓地

第二节　节庆习俗的变迁

节庆习俗属于地域文化范畴，它的形成与发展与一定区域内的自然环境、生产生活、宗教信仰等都有着密不可分的联系。从性质上看，可分为宗教节日习俗、生产节日习俗、年节习俗、岁时习俗和娱乐节日习俗等。[1] 牙开村黎族有着传统的节日习俗，这些习俗具有丰富的文化内涵，是黎族社会的历史积淀，是黎族人民社会生活的活化石，鲜明地表现了民族的性格和爱好，并以巨大的传承力，顽强地制约着本民族的行为和意识。

从 20 世纪 50 年代的调查研究资料来看，牙开村黎族的传统节庆，其产生大多与生产、宗教活动有关，多具有季节性、祭祀性和纪念性等特点。其起源的原型因子有岁时活动（如春节）、时令（如三月三）等。牙开村黎族的传统节庆，其文化内涵包括喜庆文化、土地崇拜、祖先崇拜、鬼神崇拜、农耕文化、宗教信仰、服饰文化、饮食文化等。而且每个节日的文化内涵都具有多元性、立体性、复合性、交叉性和混融性，都不是独立存在的。

一　黎族历法

跟汉族的"十二地支"相似，牙开村黎族传统社会以"十二日"为历法依据，即以十二天为一周期，每天都以动物或其他物体的名称命名，次序是鼠（日）、牛、虎、兔、龙、蛇、马、羊、猴、鸡、狗、猪。虽然受到汉族的影响，但直到现在，牙开村仍然合并使用汉族历法和黎族历法。按照传统习俗，每日都对应着一些忌宜，人们的生产生活必须根据这些忌宜统筹安排。比如，当地人认为老鼠会啃食稻谷和其他农作物，所以不能选择"鼠日"作为开始插秧或是其他作物种植的第

---

① 丛坤：《东北地域文化与节庆习俗》，《黑龙江社会科学》2009 年第 6 期。

一天。鸡具有特异功能，可以分清白天、黑夜，会按时打鸣能报晓，还能用脚感应自然的变化，选择在此日婚嫁，则婚后的关系会幸福和睦。猴子是生产繁衍的象征，在"猴日"婚嫁预示着婚后多子多福，有利于家族子孙的繁衍传承。

节日与历法有着密切的联系，各民族传统的节日也基本上是根据各民族的历法推算出来的。例如藏历年是藏族人民一年中最重要的传统节日；泼水节是傣历新年，是傣族人民相互泼水、互相祝福、欢庆胜利的日子；端节是水族人民一年中的岁首；火把节是彝、白、佤、拉祜、纳西等民族都有的节日。在传统黎族社会的节日中，最具代表性的应该是每年旧历三月初三举行的三月三节。邻近汉区和黎汉杂居的地区，除了黎族传统三月三节外，基本上与汉族相同，如春节、元宵节、五月初五端阳节、八月十五中秋节等。然而，在牙开村所在的合亩制地区，除了春节，就再也没有与汉族通行的节日，而是存在根据黎族传统历法而确定的特有节日，如每年秋耕后七月的牛日为"牛节"，要举行隆重的祭牛神仪式。节日中，众人通宵达旦地敲锣打鼓，为牛跳起招福魂舞蹈，并用竹筒盛米酒给每头牛灌饮以补身。每年秋收后的龙日为"禾节"，要举行禾魂仪式。节日中，村庄内要摆席，聚众喝福酒，通宵达旦地敲锣打鼓，欢跳招禾舞蹈，祝愿来年大丰收。

然而，据在牙开村的调查显示，现在人们大多数已经不记得还有"牛节""禾节"等生产类节日了，只有部分年纪特别大的老人依稀有点印象。可见，生产类节日已经被淡化，逐渐走出了人们的视线，究其原因主要有以下几方面：一是这些生产类节日多存在于原合亩制时期，当时生产力极为低下，人们必须依靠仅有的生产工具、生产资料来从事简单的重复劳动，"靠天吃饭"是当时生活的写照。人们希望通过过节的形式祈求风调雨顺。随着科技水平的提高，生产力大大提升，村里绝大部分家庭都用上了"铁牛"，稻米的产量也大为提高，因此，这种表达祝愿形式的节日也必然会淡化。二是生产类节日多为人们不能正确认识自然规律的产物，随着人们文化知识水平的提高，人们已经能够认识一些自然规律，并且能够通过掌握的知识改造大自然，节日也必然被淡化。

二 三月三：从民间到官方

在牙开村黎族社会中，自古以来就有悼念祖先、庆贺新生、赞美生活和歌颂英雄的节日，因在农历三月三欢庆，故称为"三月三"。关于三月三的来历，还有一个美丽的传说。远古时代，人类遭受灭顶洪灾，一对男女躲进葫芦瓜里，随洪水漂流到荒无人烟的海南岛。在三月三那一天，俩人对歌表衷情，结成夫妻，繁衍了黎族后代。黎族后人每逢三月三，都以各种方式纪念始祖的美满婚姻和繁衍黎族的功绩。每年的三月三，村里上年纪者会聚饮叙旧情；青年男女要换上漂亮的传统服装，戴上首饰，找一个地方，彼此以轻歌婉调倾诉衷情，并相互赠送定情礼物。

如今，三月三节日对牙开村的黎族来说，只是停留在怀念的心理层面，在形式上很随意。过去三月三是最能体现黎族文化的节日，但改革开放以后，三月三渐渐淡出了村民的视线，主要原因在于人们的思想观念发生变化，人们更加期待和崇尚新的生活方式。出于开发旅游资源及抢救民族文化的需要，从20世纪90年代开始，黎族三月三变成了官方主导的节日。每年的农历三月三，五指山市人民政府都会在城市三月三广场举行盛大的庆祝活动，节目主要是由各乡镇选送的反映黎苗风情的民族歌舞组成。在节日当天，各乡镇、村社的黎族民众和外地来宾、机关干部都会自发来到五指山市。昔日经常在牙开村出现的宗教仪式已不再出现，而是由市政府领导发表庆祝丰收、迎接新谷的颂词。

三月三中传统的信仰习俗在今天虽已渐渐淡化，甚至部分被人遗忘，但信仰的内容依然通过节日中的某些活动保留下来。比如在三月三那一天，各家各户都要准备丰盛的菜，通过互相敬酒表达良好的祝愿；有些老人在这一天还要给小孩们讲一些关于三月三的历史传说及故事，告诫所有的人要珍惜现在的美好生活，团结互助，共同进步。

三　岁时节日的强化与改造

牙开村黎族和我国其他民族一样欢度春节，并把春节当作一年中最重要的节日。但他们赋予春节的内涵及举行的活动与汉族并不一致，具有浓厚的民族特色。春节，黎族称"仗"，古时称"元旦"。"元"者始也，"旦"者晨也。西汉时期，汉武帝下令改定历法，颁布了《太初历》，确定正月为岁月，正月初一为新年。自此以后，农历年的习俗就被固定下来，时间为大年三十至岁首元月初五。

按照牙开村黎族的传统习惯，大年三十人人要回家，不在异地他乡过年。大年三十当天，各家要大扫除、换新符，并于厅堂香案上供祭品，祭祀祖灵；厨房灶台上供一杯茶，烧五炷香、一对烛等，祭社神；当家的黎族男子手拿使用过且破损的扫帚、土陶等生活用具，点燃香烛，从自家厅堂起，边赶边喊："那些瞎子、拐脚、鳏夫寡婆等，都统统坐上这只船，漂洋过海去咯！"当他走到村路口时，随手将上述物件扔掉，以示"送穷"出村去。① 随后，全家族的人围桌喝酒吃饭。

岁首初一，大清早家家户户在谷仓、牛栏、猪圈、鸡舍和果树等处贴红符或挂米粽，表示财物有主。还要在河边或井边置铜钱或年糕，祭河神挑"圣水"。大年初一，家家户户都要各自守在家里饮酒，谁也不能出门，以免招邪进宅。初五早上，举行送"神爷"出寨仪式，制作稻草人，做轿子，点香火。家家户户敲敲打打，呼喊"神爷"出村，并把过年的物品盛入大箩筐里，同送"神爷"轿子一起抬出村外，在路边用火焚毁。②

正月十五元宵节是牙开村黎族的小年。当天，家家户户都会制作糯米团、小汤圆、爆米糖等食品，杀猪、杀鸡设家宴，全家一起团聚，主要目的是商议新一年的生产规划和其他重大事情。

如果把民族文化视为物质文化、制度文化、精神文化的组合，那么

① 潘先锷：《黎族苗族调查文集》，中国国际出版社2009年版，第88页。
② 王学萍主编：《中国黎族》，民族出版社2004年版，第211页。

节日以其独特形态同时反映着这三大部分，兼具经济基础与上层建筑的双重特征。节日实质上是一个大的民族文化积淀场。节日作为文化系统的中枢、纽带，各个文化子系统的变异信息都会及时传递给它。因此，当社会经济结构进行急剧调整，人们的生产方式和生活方式发生剧烈变化时，节日固有的功能也会随着发生变化。牙开村黎族节日的功能与价值正在发生着变迁。

1. 节日中宗教活动的改变

牙开村传统黎族社会，对鬼特别害怕，因此全村的人都期望能够有神保佑他们，所以在每年的大年三十，拜"土地公"就成了全村最重要的宗教活动。20世纪80年代以后，随着一场轰轰烈烈的治"鬼"行动后，牙开村人请回自己的祖宗牌位，都期望得到"祖公"的保佑。因此，拜"祖公"仪式就成了节日中的重要组成部分。

村党支部书记WZ（1961年生，黎族）给笔者讲述了这一仪式的具体细节。

在牙开村，每年大年三十之前要举行"ding"（黎语），即"圣"的仪式，邀请村里的"朝兵"作法，并且确定新年初一打开祖先门的人。其具体做法是，在同一个祖先的所有人中首先挑选出已经结婚的人作为候选人，然后通过扔筊杯的方式最后确定一人。每人扔三次，如果分别是阴、阳、圣，则被确定。

被确定的人要在大年初一指定的时间（一般是早上六点）到放置祖先牌位的房前，打开房门，并由该族中的"朝兵"主持祭祀。随后念诵"道词"，大约是"保佑子孙平平安安，过个好年，一年365天，天天平平安安"。同一个祖先的其他人随后一齐念读。待念诵完毕后，同一个祖先的其他人同时点燃三炷香（其中，男人要点三炷香，两炷是敬祖先的，另外一炷是祈求祖先保佑打猎、捕鱼都能顺顺利利），鞠三次躬，每人包一个红包（放置多少钱没有做规定），放在祖先的牌位前，待正月十五时取出。

随后，开门的人给同一个祖先的所有人都系上红丝带，然后开始喝酒吃饭，直至傍晚。祖先的牌位前要摆放一个香炉、两个大金元宝以及三个分别盛满酒和水的杯子。

除了拜"祖公"之外，村里人依然要拜"土地公"。因为"土地公"保佑着牙开村的人畜平安、五谷丰登。更让牙开村人害怕的是，"土地公"附上人身后，人就变得非常可怕。村民 WXZ（1950 年生，黎族）说，他曾经看见"土地公"附上身，足足让被附身的人喝完一桶酒，还把喝酒的碗一口吞掉。还有人看见被"土地公"附上身的人突然神经错乱，三四个人都制服不了。所以在牙开村，一直保持着过年要拜"土地公"的习俗。只是在 1980 年，由原来只用几块石头构成的简易设置，变成了在牙开一村、牙开二村、牙开三村的村头分别筑有一座用水泥砌成的"土地公"（图 7-2）。每座"土地公"都由一个受各村委托的村民管理，并代表各村村民们完成拜"土地公"仪式。管理者人选也是通过"圣"术来确定，他义务为全村的人服务。

图 7-2 村头的"土地公"

2. 节日中融入大量的现代元素

（1）礼花的大量使用。随着村民们收入的增长，生活水平的提高，各家各户都把放鞭炮作为节日中不可或缺的活动之一。除夕夜，全村家家户户都会准时在自己家门前点放鞭炮礼花，表示新年开好头，并给自己的家人和亲戚朋友们送上美好的祝福。过年期间，会不断有鞭炮、礼花声响起，因为除了初一不出家门，一直到正月十五，走亲访友都要点放，表示有人来拜年了。在牙开村，购买鞭炮的花费越来越大。据推算，2009—2011 年，全村仅放鞭炮、礼花一项的开支，分别达 5 万元、7 万元、10 万元。

（2）红包。在牙开村，送红包已经成为互相拜年走动的必要环节，也是人与人之间表达美好祝愿的重要形式。送小孩，表示祝愿小孩学习进步、健康成长；送老人，表示祝愿老人身体健康、长命百岁；送长辈，表示祝愿长辈事事顺心、幸福永远。除此之外，还要送给"祖公"（祖先），希望"祖公"能保佑子孙平平安安，财运亨通（图 7-3）。

图 7-3　给祖先送红包

红包多采用现在制作非常精美的专用红包。红包包多少钱视个人的经济状况而定，一般是10元，最少的是5元，最多的有500元。

（3）现代娱乐活动。20世纪50年代，牙开村黎族的主要任务是解决温饱问题，因此即便是过年，村里人的主要娱乐方式也多体现在一起吃年饭期间的对歌、跳舞等。随着现代科技的发展，现在很多家庭都购置了音响设备，很多人都选择在家里唱现代流行歌曲。到晚上，村里的年轻人，也有部分老人，都会赶到离村子不远的露天舞厅跳舞、吃夜宵，伦巴、恰恰等现代舞让整个节日充满现代气息。也有部分年轻人选择在小卖部打台球或者打扑克等娱乐活动。

四 我的节日我选择

随着社会的发展，各民族文化的融合不可避免。表现在节庆习俗上就是你中有我，我中有你。改革开放以来，随着牙开村黎族与汉族交往的不断增多，汉族节庆风俗经过借鉴、吸收并加以改造，转而成为牙开村的节庆习俗。

1. 借用汉族节日形式，将其变成自己休息娱乐的节日

对牙开村人来说，最主要的节日是春节，因为大量的休息娱乐活动都在春节期间。一年之中除了忌日外，一般都处于忙碌状态，难得有休息娱乐的时间。然而，汉族岁时节日较多，牙开村人受此影响，并接受汉族节日时序安排，过节休息娱乐。这些汉族节日包括端午节、中秋节，等等。但有些节日并不是全村所有的人都过。春节这一天，村里嫁到外面的女儿和出去打工的男女早早回到家里，给父母钱，有的家族把钱汇集起来，买牛、猪、鸡、酒等，邀请自己家族所有的人在一起喝酒吃饭，共同祝愿父母节日快乐。

2. 借用汉族节日形式，将其变成自己的民族节日

20世纪80年代，牙开村也开始过清明节，但与汉族清明节的内容并不一致。首先是祭祀。在牙开村，祭祀要在人死后三年以后，因为牙开村人认为人死后三年内仍是"不干净"的，还没有到祖宗的名下。

人死三年后，同一族内的人，包括外嫁的女人都要回到家里。族内的男人要在上午11点前到祖先的坟墓（牙开村人认为，凡做事都要赶早。因为早上的天气比较适宜，容易做成事；而下午太热，人比较急躁，不容易做成事），举行祭祀仪式，请"土地公"保佑死者安静休息，请祖先收留自己的子孙。其次是扫墓。族内的人清扫坟墓，并修整在坟墓旁边的树枝。最后是聚餐。聚餐是过清明节的最后一个环节，要把杀的鸡煮熟，并准备其他好酒好菜，请死去的人一同享用。

牙开村人过清明节主要有两方面原因：一是过去一直害怕"祖先鬼"，连祖先的名字都不轻易提，所以也就不可能过清明节。但1980年后，"祖先鬼"已经被彻底清除掉了，以后的生产生活、人畜平安要靠"祖宗神"保佑，也有了祭祀的必要，而汉族这一节日刚好能够满足这一需求。二是牙开村黎族传统的埋葬方式是不立碑的，只用一块石头作标记，时间久了就不容易分清，也不知道该拜谁。现在的埋葬方式多学习汉族，有了固定的墓碑就有了祭拜的基础。

3. 借用国家法定节日，增加带有民族特色的民俗内容

社会的发展，信息技术的提升，使人与人之间的联系越来越方便的同时，却使人与人之间的距离越来越远了。这一现象在牙开村也不例外。改革开放以后，牙开村打工的人、外出经商的人越来越多，与家人、朋友等之间的交流越来越少，但他们渴望交流、渴望团聚的心情是非常急迫的。于是，日历本上标注的节日，成为他们聚会最好的借口。比如三八妇女节、五四青年节、六一儿童节等。

2010年的五四青年节就是最好的例证。2010年5月4日，毛阳镇所辖13个行政村的青年，在镇政府的号召之下来到牙开村过青年节。不到中午，千余名青年已经来到牙开村，有许多外出打工的也闻讯赶回来参加，表达了黎族青年渴望交流的心情。这天虽然是青年的节日，但更多的是全村人的节日，每家每户都被动员起来，组织安排活动及吃饭。吃完饭后，黎族传统的对歌、竹竿舞和流行歌曲、舞蹈纷纷被搬上舞台，民族风情与时代相结合，青年们载歌载舞，心理需求得到了极大

的满足。

笔者与一位外出打工七年之久的青年 WXJ（1974 年生，黎族）之间的对话，可以代表黎族青年的心声。

问：你在海口打工，是专程回来参加的吗？

答：是的，听村里说要过青年节，专门向老板请了两天假赶回来的。

问：你觉得回来过节的意义是什么？

答：我们虽然在外打工，但对家里还是非常想念的。一家人团团圆圆在一起最重要了。如果是过年，无论多么困难，就是坐飞机也要赶回来。现在和家里人在一起的时间太短，我们非常希望过这样的节日，因为既可以增进青年兄弟姐妹之间的感情，又可以经常回家看看。

问：你参加了那场晚会吗？

答：参加了，还跳了我们黎族的舞蹈，虽然有点不熟练了。我们黎族的歌舞都很有特色的，但现在也没有人组织了，所以大家几乎很少再唱、再跳了，很多都快忘记了。现在这种形式，我们一起跳竹竿舞，感觉非常亲切。

问：你还会继续参加吗？

答：只要请得动假，我肯定会回来参加的。

第三节　小结

礼仪是一种象征，一种认同，也是一种交流的媒介。人生礼仪是一个人一生中在不同年龄阶段所举行的仪式。在牙开村，人生礼仪中最为重要的是诞生礼、婚娶礼和葬礼。黎族家庭对生育非常重视，把生男育女视为家里、寨里、族里的喜事，一系列生育习俗的形成，也是为了保证母子能够顺利平安。

牙开村的丧葬过程仍然有一些让人感到神秘而恐惧的东西。按理说，牙开村在20世纪80年代的那场"治鬼"活动过后，人们对过世的人应不再恐惧和不安。我想这也许就是奥格本所认为的"文化是各个部分的高度整合，任何一个部分的改变会都带动其他部分的改变，各个部分对已变化部分的调适带动了文化整体的进化。但调适并不是立刻发生的，而是隔一段时间后才出现"①，这实际上是一种文化滞后。

村民的回答验证了笔者的猜测。村民说："人死后是不干净的，至少要过三年后才能回到祖宗那里去。"也就是说，祖先崇拜虽然是牙开村黎族宗教文化的核心部分，但仍然有"鬼"观念的存在。这其实也是我们上文所提到的，传统习俗仍然被部分保存下来，只是在形式上有所改变。究其原因，主要是本土文化在与外来文化进行结合时并没有直接到位，仍然处于调适阶段。在调适的过程中，人们总是在不断试探，不断吸收，然后不断整合。现在我们能够看到的变迁现象，实际上只是牙开村人内心观念受到挑战之后的外在表现形式。除此之外，政治变革、经济发展、科学技术进步等，也不同程度地影响到牙开村黎族的丧葬习俗。

节庆习俗是一个民族智慧和传统文化的积淀和结晶，是文化的重要组成部分。当文化发生变迁时，节日民俗文化也不可避免地或迟或早地随之发生变迁。文化人类学历史学派的主要代表格累培纳认为，"每种文化现象是整个文化的一部分，不能和整个文化相分离。当它传播时，经常成群移动，从某些特征开端，其他特征相继其后"②。

任何一种文化，当其面对外在压力而危及其生存时，都有相应的自身调适机制来缓解、释放压力，牙开村黎族文化亦然。在此形势下，包括岁时节日在内的黎族文化系统产生了激变，并相应作出反应和调适，以寻求生存、发展之道。

---

① ［美］威廉·费尔丁·奥格本：《社会变迁——关于文化和先天的本质》，王晓毅、陈育国译，浙江人民出版社1989年版，第194页。
② 转引自戴裔煊《西方民族学史》，社会科学文献出版社2001年版。

从三月三节日的变迁我们可以看出，一方面，以经济为主导的社会发展模式，决定了在文化现象的再构造中，具有商业价值的文化元素被赋予了表达权，缺乏商业价值的文化元素则被边缘化，甚至被遗忘。另一方面，为了遵循商业规律，具有商业价值的文化元素一再接受着改造、创新，很容易失去其原生特质。政府主导的初衷是起到对传统习俗文化的保护与传承作用，但在政府的实施过程中，民间的声音往往被整合，多元的文化表达并没有得到应有的尊重。

第八章

关于牙开村黎族习俗变迁的思考

习俗的形成是社会共同体在长期的生产、生活实践中，逐步适应人与自然、人与社会的关系中形成的，是客观历史的产物。一方面，它体现着人的社会性存在，即任何社会的存在都必须遵守一定的秩序与章法，而处于该社会中的个体必定要受到传统的规约。正如本尼迪克特所说："个体生活的历史中，首要的就是对他所属的那个社区传统上手把手传下来的那些模式和准则的适应。落地伊始，社群的习俗便开始塑造他的经验和行为。到咿呀学语时，他已是所属文化的造物，而到他成人并能参加该文化的活动时，社群的习惯便是他的习惯，社群的信仰便已是他的信仰，社群的戒律亦已是他的戒律。"① 另一方面，"任何社会都是由独立的个体组成的，没有个体的存在也不可能有社会的存在，而正是由于每个个体行为聚合的对外表达，才构成他们所处社会的传统。因此，习俗文化的形成与发展既取决于社会，又决定于个人，从而显现出集体公共性与个人独立性的二重特征"②。

人的社会性存在规定了人不可能脱离某种社会关系而存在，必然会受到社会传统的约束，从而体现固守的一面；人的自然性存在又迫使人不得不面对各种现实需求，从而体现活跃的一面。两种力量的合力决定

---

① ［美］露丝·本尼迪克特：《文化模式》，王炜等译，生活·读书·新知三联书店1988 年版，第 5 页。

② 郭山：《旅游开发对民族传统文化的本质性影响》，《旅游学刊》2007 年第 4 期。

着各种社会习俗文化的走向。其中，个体在整个实践过程中所起的作用至为关键。人类学家其实很早就注意到个人在群体文化变迁过程中的重要作用，并认为个人是变迁的真正单位，也是变迁的根本机制所在。[①]所以，研究文化变迁应当更加关注微观的个体。从这个角度出发，笔者围绕牙开村黎族习俗的变迁进行理论与实践探索。

第一节　牙开村黎族习俗变迁中的选择与适应

文化的变迁源于文化特质的增量或减量所引起的文化系统结构、模式、风格的变化。文化特质是组成文化的最小单位，亦称文化元素、文化要素。文化特质具有一定的独立意义，并且具有独特的内容和形式。任何文化特质的变化并不必然引起文化的变迁，比如牙开村女青年发式的变化，由盘发变为"羊尾巴"，再变为披肩发、烫发等，这只是一种时髦的变化，它虽然属于文化特质的变化，但并没有影响整个文化结构，因此尚不能叫文化变迁。再如牙开村婚姻服饰由具有民族特色的"黎锦"变为汉族成衣，再变为西式婚纱，这也只是一种服饰文化特质的变化，没有改变婚姻文化的结构，因此也不能叫文化变迁。但牙开村使用机械耕作代替"牛耕田"，从而改变了农田的耕作方式，使传统农耕文化发生了全局性、整体性的变化，因此可称之为文化变迁。

布迪厄文化再生产理论指出，文化是动态的、不断发展变化的，是一个处于不断再生产的过程。该理论，在不否认社会、文化对人的巨大作用的同时，也强调文化是人的产物，是人在一定的社会条件下，创造性、适应性改变的结果。[②] 文化变迁的动因是复杂的，有经济的、政治的、宗教的、伦理的以及科学技术的，等等，在这些因素中最重要、最关键、最核心的是人，因为种种因素都是通过人这个价值主体实现的。

---

① 克莱德·M. 伍兹：《文化变迁》，何瑞福译，河北人民出版社 1989 年版，第 6 页。
② 宗晓莲：《布迪厄文化再生产理论对文化变迁研究的意义》，《广西民族学院学报》（哲学社会科学版）2002 年第 2 期。

一切文化都是人创造的，都是为了满足某种价值需要而创造的，当某一种文化不能满足人的需要时，或者说当人意识到某种文化不能满足自己需要时，文化的改革与变迁就不可避免。因此，文化变迁是一种主体性行为，是一种有意识的社会历史活动，尽管事实上不是所有的人都是自觉的。

目前，研究文化或习俗变迁的著述似乎习惯性地选择宏观的视角，究其原因可能有三：一是微观的研究受很多因素的影响，不确定因素较多，很难得出确定性的结论；二是微观的个体在变迁的过程中只是一个个体的存在，共性价值显现不够；三是微观的个体在变迁中固然重要，但变迁过程是多种因素综合作用的结果，并非个体所能决定。

费孝通很早就已经注意到文化与个人的关系，他指出："文化是物质设备和各种知识的结合体。人使用设备和知识以便生存。为了一定目的，人要改变文化。一个人如果扔掉某一件工具，又去获得一件新的，他这样做，是因为他相信新的工具对他更加适用。所以，任何变迁过程必定是一种综合体，那就是：他过去的经验、他对目前形势的了解以及他对未来结果的期望。过去的经验并不总是过去实事的真实写照，因为过去的实事，经过记忆的选择已经起了变化。目前的形势也并不总是能得到准确的理解，因为它吸引注意力的程度常受到利害关系的影响。未来的结果不会总是像人们所期望的那样，因为他是希望和努力之外的其他许多力量的产物。"① 因此，从当代人类学的观念来看，既要关注文化观念、社会关系、社会结构对于社群中的个体的影响程度，更需要注意作为实践者、行动者个体对于文化观念、社会关系、社会结构的创造性实践。

笔者通过对牙开村黎族习俗的变迁研究发现，在正常的情况下，微观的个体在整个群体习俗变迁的内在实现中起着重要的作用，它的实现

---

① 王建民：《田野民族志与中国人类学的发展——纪念费孝通、林耀华先生 100 周年诞辰》，《中南民族大学学报》2010 年第 6 期。

过程可描述为：群体内的某一个或某一部分人受创新思维的影响，产生了改变已有习俗的想法并付诸实施；其他人则在观望中不断调适自己的价值判断，进而不断重复模仿行为；当大多数相似的行为足以影响到整个习俗特质的变化，习俗就发生了变迁。实际上，这一过程是牙开村黎族不断选择与适应的过程，笔者把这一过程叫作"模仿律"。其中，创新、调适、模仿、整合是"模仿律"实现的关键因素。

一　创新

埃斯皮纳斯在《动物社会》一书中认为："蚂蚁群的劳作和迁移是如何起源的？是不是从一群蚂蚁中的个体共同的、本能的和自发的冲动开始的呢？是不是从所有的个体在外界的压力下同时感受到的冲动开始的呢？与此相反，事情的开头总是由一只蚂蚁离开蚁群启动的；随后，它用触须触摸相邻的蚂蚁去寻求帮助，其余的事情就靠模仿的传染性去完成……在种属比较高的蚂蚁中，个体显示出令人震惊的首创性。"①和动物社会一样，人类社会中人所具有的自然本性决定了作为个体的人也同样具有首创的精神和动力。

创新是指在一个群体内部得到广泛接受的任何新的做法、工具或原理。其中，对一个新原理的偶然发现的活动叫作首次创新，而那些由对已知原理的有意义应用而产生的事物叫作二次创新。②无论是外在压力还是内在动力，当创新意识作用于个体的人时，每个人都会面临一个抉择的过程。虽然按照常理，一种创新如果要被接受，它就必须和一个群体内的需要、价值与目标一致，但这并不必然保证它会被接受。

习惯的力量往往成为接受创新的障碍。人们一般倾向于坚持他们习惯去做的事，而非采纳某种需要他们对自己作一些调整才能适应的

① Alfred Espinas, *Des Sociedtes Animals*, Paris, 1877, p. 223.

② 威廉·A. 哈维兰：《文化人类学》，瞿铁鹏、张钰译，上海社会科学院出版社 2006年版，第457页。

新事物。比如，在农作物品种的选择上，牙开村村民都习惯于种植他们所熟悉并多年使用的品种，当一个新品种被介绍进来以后，大部分人都会对其表示怀疑，甚至还有人表现出排斥。这主要是因为人们心理上存在着因循守旧、侧重过去以及要求连续性的倾向，已经成为"有机生命中所固有的一种惰性力量"①。在这种惰性力量的影响下，大多数人是习惯的奴隶，而对明显不合时宜的习俗，他们宁愿毫无怨言或者抱有质疑地选择承受，尽管改变现存习俗完全可能对他们大有裨益。

弗洛伊德对此有过深入的阐述。他曾分析一定的文化模式影响个人的途径，归纳起来主要有三方面：第一，感染性。人的行为有暗示性。在同一个群体中，每种情感和行为都会对别人产生感染性。这种暗示的观念更新具有直接转化为行为的倾向，它甚至能使一个人欣然地牺牲自己的个人利益而服从集体的利益。从某种意义上说，他已经不再是他自己了。第二，外在压力。人生来就具有群居的本能。与人群对立就等于与人群分离。为了不与群体脱离，每个人不可避免地都会受到种族特征、风俗习惯、阶级偏见、公众舆论等形式的集体心理态度的支配。第三，教育的作用。当一个孩子长大成人，父母的角色由教师或其他权威人士担任下去。群体的禁令和禁律在自我典范中不仅仍然强大，而且继续发展，并形成群体所要求的道德良心。②

即使是这样，受思想观念、文化水平、认知能力等因素的影响，仍然会有人从这种传统的认知氛围中分化出来，选择尝试。但要特别指出的是，一项创新比它所替代的事物或观念好很多，并不足以保证它被人们接受。它在很大程度上取决于创新者的声望或潜在接受者。如果创新者的声望高，那么这将有助于这项创新的接受。

① ［美］E. 博登海默：《法理学：法律哲学与法律方法》，邓正来译，中国政法大学出版社 2004 年版，第 238 页。

② ［美］露丝·本尼迪克特：《文化模式》，王炜等译，生活·读书·新知三联书店 1988 年版，第 238 页。

二　调适

调适主要指其他人对改变旧习俗的某一个或一部分人及其所继承、采借或创新的异质性习俗逐渐改变看法和态度的过程。例如，在对待种植新品种的问题上，创新者的带头示范必然会受到其他人的密切关注。如果他们尝试失败了，人们留给他的是嘲笑和讥讽，而尝试一旦获得较丰厚回报，其他人很快就会改变他们怀疑的心态和原来嘲笑或讥讽的态度，这就是调适的过程。

调适过程常常受三个因素的制约。一是旧习俗的改变对个人或整个群体是否具有"有用性"，这种"有用性"指能为后辈的生存带来某种利益，包含经济有用性和社会有用性两方面。前者指能为该传统文化持有者带来某种物质上的利益或得到物质上的享受，如能用于挣钱；后者指能为其带来某种精神上的利益或得到精神上的享受，如促进共同体的团结，增强凝聚力，获得归属感等。① 二是群体对此项改变是什么样的态度，或积极支持，或极力反对，或保持沉默。三是有没有其他人也在尝试做同样的事情。

对于第一个因素的判断，可以直接从创新的结果中得出。比如，当批量化生产的汉族服饰相比黎族传统服饰表现出更高的性价比时，人们很容易在两者之间做出选择。对于第二个因素的判断就略显复杂些，这里涉及第一个因素中"有用性"的价值判断问题，其中最关键的是个人的评价能力以及评价标准两方面存在异同，因为不同年龄、不同文化层次、不同性别的人，对待创新事物的认识与判断是不一样的，很难在短时间内得出确定的结论。比如，在对待婚姻成立这一问题上，牙开村人有着不同的价值观，部分受过较高文化教育的年轻人会从规范家庭关系、明确权利义务的角度，选择领取结婚证作为婚姻成立的标准；而大部分人仍然遵循传统习俗，认为办婚宴才是婚姻成立的最重要标志，至

---

① 郭山：《旅游开发对民族传统文化的本质性影响》，《旅游学刊》2007 年第 4 期。

于拿不拿结婚证并不重要。正因为第二个因素存在诸多不确定的因素，所以对第三个因素的判断就显得特别重要，如果对某种创新的价值判断不能得到确定性的结论，那么人们就会通过观察的方法评判。做同样尝试的人不多，说明人们都在观望，都存有顾虑，即使是创新确实有益，也不会影响自己的价值判断。相反，如果尝试的人很多，个人顾虑就很容易被打消。

调适行为可以被理解成"思想上的模仿"，因为任何模仿行为实施之前，都会在思想或者目的上对其行为有一个评判，这也是模仿行为由内心走向外表的关键所在。

三 模仿

塔尔德曾从心理学的角度给模仿下了这样一个定义："一个头脑对隔着一段距离的另一个头脑的作用，一个大脑上的表象在另一个感光灵敏的大脑皮层上产生的类似照相的复写……所谓模仿就是这种类似于心际之间的照相术，无论这个过程是有意的还是无意的，被动的还是主动的。如果我们说，凡是两个活生生的人之间存在某种社会关系，两者之间就存在着这个意义上的模仿……模仿是不可抗拒的，一切或几乎一切社会相似性都来自于模仿，正如一切或者几乎一切生物相似性都是靠遗传获得的。"① 塔尔德从心理学的角度比较完美地解释了人类心理现象，同样也对我们应用社会学原理解释社会现象和社会问题有指导作用。

在牙开村，模仿行为无处不在，无论是自觉或不自觉的、自愿或非自愿的。但对于其习俗的变迁来说，多数情况下是人们有意识的行为。在经过调适阶段后，开始有部分人选择模仿尝试并进一步调适，然后有更多的人参与进来。在这种过程中，人们所表现出来的模仿行为，在一定程度上印证了塔尔德有关模仿的典型规律性认识，即塔尔德对模仿规

---

① ［法］加布里埃尔·塔尔德：《模仿律》，何道宽译，中国人民大学出版社2008年版，第7页。

律的认识。

塔尔德把模仿分为"逻辑模仿"与"超逻辑模仿"两个层面。"逻辑模仿"指范本成为模仿对象的内在逻辑规律，主要包括以下两方面：一是和传统越接近的发明，越容易成为模仿对象；与先进技术越接近的发明，越容易成为模仿对象。二是地位最高、距离最近的人，最容易成为模仿的对象。"超逻辑模仿"是指范本成为模仿对象的外在逻辑规律，主要包括"从内心到外表"扩散的模仿以及"从上到下"辐射的模仿。①

当然，世界上一切事物都是互动的，互相影响的。塔尔德同时指出："互相模仿是人的普遍天性。事事处处都被人模仿的个人已经不复存在。在诸多方面受到别人模仿的人，在某些方面也要模仿那些模仿他的人。由此可见，在普及的过程中，模仿变成了相互的模仿，形成了特化的倾向。"② 因此，模仿行为本身也是自我创新的一种形式，其也可能包含着创新及调适过程，是螺旋式循环系统的一个循环节。

受个人因素的影响，每一个模仿行为可能会有不同的结果，一种是亦步亦趋地模仿对象，另一种是反其道而行之，但两者都可以增加习俗变迁的可能性。模仿行为既是对自身判断的验证，又是参与群体习俗变迁过程的一个重要组成部分。个别人的模仿行为不足以让习俗特质发生结构性的变化，只有这种模仿行为成为多数人的选择，大部分人从内心里对这一改变有了足够的认可时，对整个群体来讲才会发生变迁。正如涂尔干所说："习惯是逐步在个体之间传播的，直到它渐渐变成集体性的东西。"③

---

① ［法］加布里埃尔·塔尔德：《模仿律》，何道宽译，中国人民大学出版社 2008 年版，第 7—9 页。

② 同上书，第 10 页。

③ ［法］爱弥儿·涂尔干：《职业伦理与公民道德》，渠东等译，上海人民出版社 2001 年版，第 269 页。

四　整合

整合主要指创新者所承继、采借或创新的异质性文化特质被其他大多数成员最终接受或排斥的结果。整合是整个"模仿律"的最后一个环节，大部分模仿行为都能在一定程度上促使习俗的变迁。但是，如前所述的盲目跟风情况，可能在未达到整合前就宣告失败。

例如，近些年，随着种植技术的推广，村民们看到部分人利用独特的气候条件种植冬季黄瓜取得了很大的收益，遂开始大面积种植，从而导致市场供大于求，价格下跌，大量黄瓜无法卖出。第二年，村民们很多人都认为，还是继续种植原有作物更有保障一些，从而放弃种植黄瓜，使整合失败。

如水在达到一定温度后变成水蒸气一样，整合的过程需要一个临界点，这一临界点在习俗的物质、精神及制度层面存在着极大的不同，因而必须加以分别界定。在物质层面，人们对习俗的价值判断主要集中在相对易于比较与评判的经济价值方面，因而其变迁的临界点较低，整合的速度明显要快一些。但在这种整合过程中，有时并非一次完成，需要多次反复的过程才能最终突破临界点。

例如，牙开村有人开始种植冬季蔬菜后，大家都看到其通过市场交易所带来的丰厚经济回报，纷纷改种，从而导致产量过剩，市场价格走低，有的村民甚至亏损。在这种情况下，部分村民在第二年选择放弃，但也有村民坚持下来。反复几次后，村民们最终认识到种植冬季蔬菜从总体上说还是有收益的，最终实现整合。

在制度层面，一方面构成了人类行为的习惯和规范，另一方面也制约或主导精神与物质层面习俗文化的变迁。制度层面的习俗一经形成，便会在一定范围、一定时期内保持相对的稳定性，其在变迁过程中的整合速度要相对慢一些，有些时候必须有外在力量的推动才可能实现，因而其变迁的临界点比物质层面的习俗要高。在精神层面，习俗表现为人们共有的意识形态和文化观念，是人们价值体系中最核心、最重要的部分，也是最为稳定的部分。人们在这一层面的价值判断标准不一，从而使得评判的过程异常复杂，实现整合的难度也会增大，其临界点也是最高的。

1. 案例一："模仿律"在居住习俗变迁过程中的实现

60多年间，牙开村的居住习俗经历了三次重大的变迁，即由茅草屋向仿汉式"金"字形屋的转变，由仿汉式"金"字形屋向平顶房的转变，由平顶房向楼房的转变。其中每一个转变都是一次"模仿律"的实现。现举例进行说明。

WMY（1943年生，黎族），他的哥哥是当时毛路大队的队长，经常到琼中等地开会学习，看到外面都在建造仿汉式"金"字形屋，觉得自己住的茅草房无论是从使用寿命、舒适程度等方面都没法与之相比，于是萌生改造茅草房屋的想法。加上毛路大队又积极响应政府的号召，开办砖瓦烧制业务，WMY在经过广泛打听、求证并亲自体验后，决定拿出自己的3000元积蓄，请琼中县的四名汉族建筑工人建造牙开村第一座仿汉式"金"字形屋。最初建造时，因为对自身的影响不大，虽有好奇者打听，但并没有表示疑虑。待房子建成后，WMY邀请村里的老人过来一起庆贺喝酒，席间，不断有人打听这房子的价格及功能，表现出极大的兴趣。

随后，村里的人调适自己的心态，都觉得这种房屋确实要比茅草房好。于是，家里较为富裕的人纷纷开始建造，牙开村的仿汉式"金"字形屋越来越多。虽然建房材料上都是一致的，屋内格局却由于渗入了个人的价值判断显得纷繁多样。这种仿汉式"金"字形屋在牙开村获得了广泛的认同。虽有部分人仍然在建茅草房，但已经不属于严格意义上的住宅了，要么用作厨房，要么用作谷仓。也有少部分人因为资金短缺，至今仍没有完工。

WGA（1931年生，黎族），1956年至1995年在五指山农业银行上班，1984年他开始建造牙开村第一座平顶房。据WGA回忆，当时在牙开村建造平顶房主要有三方面原因：一是在五指山农业银行工作期间，看到很多人修建平顶房，既漂亮又耐用，确实比"金"字形屋要好；二是由于生产队在1971年就停止生产砖瓦，砖瓦的数量减少，价格提高；三是自己在银行上班，工资待遇相对有保障，有能力建造。开始建造时，村里的人出于好奇，也时时关注着房屋的整个建造过程。待平顶屋封顶时，WGA邀请全村的人来喝封顶酒。当村里的人看到平顶房坚固又美观，都纷纷打听平顶房的建造情况，从而不断调适自己的审美价值判断。

从此以后，牙开村建造平顶房的人不断增多，而且新建房屋再也没有出现过仿汉式"金"字形屋。从调查结果来看，最开始模仿的几户人家几乎是完全模仿；随着人们接触面的不断拓宽，认识能力的不断提升，创新性的模仿行为不断出现，不同样式、不同结构的平顶房相继在牙开村建成。当WGA再一次建造平顶房时，新房的结构也有了模仿其他人平顶房的痕迹。一系列模仿行为，改变了牙开村的居住格局，而其居住习俗特质的改变，促使整个居住文化的结构发生了改变，完成了整合环节，习俗也因此完成了阶段性的变迁过程。

2. 案例二："模仿律"在民间信仰习俗变迁过程中的实现

从前文分析来看，牙开村黎族民间信仰习俗出现了明显的变迁，这些变迁明显也是通过"模仿律"而实现的。

20世纪50年代，牙开村黎族对自然环境有很大的依赖性，因此广泛存在着对土地、河流、天神等一类鬼神的崇拜。当一些疾病、事故及其他不利事情出现时，牙开村人认为这是有鬼在作祟，就会请来人神之间的联系人进行人神之间的对话，查明是什么鬼在作祟，然后要通过杀牛、杀猪等解除鬼的缠绕。这种方式虽然从一定程度上满足了牙开村人的精神需求，但因为要杀牛、杀猪，这对于当时的黎族社会来说无疑是非常困难的，有的家庭为了买牛、买猪，甚至把自己赖以生存的土地进行置换。

牙开村人长期以来一直存在的这一矛盾，在1978年以后得到了缓解。村民WZ（1961年生，黎族）到五指山水满乡学习一种叫作"圣"

的法术，学成回村后，这一创新的举动并没有得到村民的认可，村里的老人还百般阻挠，极力反对。数次成功的"做法"之后，村里的人知道这种"圣"术确实有效，不仅可以治好小孩晚上的哭闹，还能实现一些神奇的效果，而且只需要杀鸡便可以实现。村里人开始调适自己的心态，更有部分人觉得这种法术很好，也拜师学习，至今牙开村共有11人懂得"圣"术，村里人叫他们为"朝兵"。

每一次简单而成功的行为，都会使更多的人确定这一行为的有效性，也会从内心里激发模仿的冲动。当然，这种模仿行为也可能让部分模仿者失败，但这丝毫不影响变迁。

应当指出的是，"模仿律"只是对牙开村黎族习俗变迁中选择与适应过程的一般概括。在对牙开村黎族习俗变迁的实际观察中，有以下几方面需要作说明。

其一，"模仿律"在突变的习俗变迁中并不适用。比如在农业合作社、"大跃进"和"文化大革命"时期，政治在人们的社会生活领域强制性介入，习俗的变迁主要是通过非正常的、突变型的"革命"变迁模式实现，"模仿律"这种自然的变迁模式是难以实现的。

其二，"模仿律"反映的是一个十分复杂的实现过程。在整个习俗变迁过程中，有两类主要的角色，即被模仿者和模仿者。但两者的定位却不是唯一的，两者的角色可以互换。比如模仿者，在模仿被模仿者时发现了更加合适的生活方式继而采用时，被模仿者也可能成为模仿者，同一个行为就有了新的开始，而且是在原有基础上的进一步完善。

其三，"模仿律"体现的是过程，而不是结果。习俗的变迁虽然由众多的模仿行为组成，但囿于个人因素，不是所有的模仿行为都会带来变迁的结果。有些行为可能只对特定的人有效，对其他人却不见得有效，在这种情况下，人们的模仿行为很可能仅仅停留在尝试阶段，其最终并不会引起习俗的变迁。

第二节 牙开村黎族习俗变迁的原因

文化变迁是一种常态，伴随着民族发展的始终。对研究者来说，我们关注的不是文化应否变迁，而是"理解文化变迁是怎样出现的以及为什么出现变迁"①。在人类社会发展史上，自然灾变与生态变迁、文化的传播、人的心理因素、生物性、经济因素、地理环境等都曾引起剧烈的社会文化变迁。在文化变迁研究中，可把其视为变量整合到该文化变迁动力系统中去，但要避免因此而陷入决定论窠臼。

社会是发展变化的，社会的每一次进步都有其必然性与偶然性，更有着必然的因果关系。在具体的历史时空之下，文化变迁或许因为地理环境的改变，或许因为经济基础的改变，或许因为生物基因的突变，凡此种种都有可能。因此，文化变迁只能有某一次变迁的原因，并不存在普遍意义上的根本原因，要具体问题具体分析。鉴于此，我们在具体分析牙开村黎族习俗的变迁原因时，应将其放在特定的时空，作综合性的分析。

按照马克思主义哲学理论，事物的变化都是通过内因和外因共同起作用的，推及文化本身，牙开村黎族习俗的变迁也有内部原因与外部原因。内部原因与外部原因是辩证统一的，内部原因是习俗变迁的根据，外部原因则是习俗变迁的外部条件，外部原因要通过内部原因才能发挥作用。

一 内部原因

内因变迁指促使习俗变迁的原因是来自内部，是由社会内部的变化

---

① ［美］C. 恩伯、M. 恩伯：《文化的变异——现代文化人类学通论》，杜彬彬译，辽宁人民出版社 1988 年版，第 173 页。

引起的。内因性变迁的一个显著特点是，文化系统中人们生计活动的结果首先使它的生活环境发生改变，被改造了的生活环境又反作用于文化系统本身，如此相互促进，使演变不断向前发展。

从马克思主义的观点来看，文化变迁的内因主要是生产力和生产关系的矛盾运动，生产力决定生产关系，生产关系又反作用于生产力。生产力包括人、生产工具和劳动对象。衡量生产力进步的标志主要是生产工具的革新，而生产工具的革新主要依靠人类的发明和发现。当新的发明和发现转化为现实的生产力时，就会促进人类的文化变迁。

由此笔者认为，牙开村黎族习俗变迁的内因，主要取决于两个内在动力，即人们的需要和利益不断得到满足，以及由预期利益引起的利益冲突不断得到缓解。这里面包含紧密联系的两方面，即生产力以及人们的需要和利益。生产力的发展是牙开村黎族习俗变迁的根本动力，人们的需要和利益是人类一切历史活动的内在动因，二者利用利益自身的双重结构实现动力传递。利益机制是习俗变迁动力结构中的动力传递机制，而利益冲突是诱发习俗变迁的最直接动因。

马克思的需要理论认为，人的需要是人的本质，它与生命同一，是与生俱来的人的"内在规定性"。人的需要会以意识和思想动机的形式指导人的活动，成为其行为的欲求动因。"就个别人说，他的行动的一切动力，都一定要通过他的头脑，一定要转变为他的愿望的动机，才能使他行动起来。"① 因此，人们对需要和利益的追求，是生产力发展和制度变迁的内在主体动因。

同时，马克思的利益理论认为，利益以人的需要为前提和基础，是人与人之间因对需求对象的依赖而产生的相互关系。在社会生活中，人的需要采取了利益的形式，利益是人的需要在社会生产关系中尤其是经济关系中的体现。因此在社会关系中，"人们奋斗所争取的一切，都同

---

① 《马克思恩格斯全集》第 21 卷，人民出版社 1965 年版，第 345 页。

他们的利益有关"①。利益是一个关系范畴，是一个两位一体的统一体，既包含利益主体，又包含利益客体。利益主体是指在一定的社会关系下，从事生产活动或其他社会活动，以便直接或间接地追求自身社会需要满足的人；利益客体则指利益主体追求并实现满足的客观对象。对利益客体的占有关系既决定了利益主体之间的关系，同时又与利益主体关系一起构成了利益关系。因此，当生产关系与发展了的生产力不相适应，二者矛盾激化的时候，生产力对原有生产关系的剧烈冲击会加剧物与物之间的矛盾关系，并通过利益自身双重结构的动力传递，将其展现为人与人之间的矛盾关系，形成利益冲突。这样，在利益追求的刺激和利益冲突的作用下，人们出于对旧有习俗的不满，形成调整习俗的思想动机和主体动力。

20 世纪 50 年代，牙开村黎族是以农耕产业为基础的，大多数人从事简单的农业生产。随着改革开放和城镇化的不断推进，牙开村的产业结构不断发生变化，人们设法通过一些途径来改变村落生活的落后状况。比如，利用特有的气候，种植橡胶、冬季蔬菜等。再如，随着牙开村人口的不断增多，人口数量的大幅度提高与土地资源稀缺之间的矛盾日益突出。在这种情况下，人们开始想方设法利用先进的种植技术，提高土地的产量；或者采用分类种植方式，提高土地的利用率。

二　外部原因

在人类历史发展中，经济因素的确在社会文化变迁中扮演了非常重要的角色。马克思主义虽然看到了经济基础的重要作用，但是也认为任何历史事变和社会文化变迁都是复杂的，经济虽然是基础，但是科学技术、政治、法律、哲学、宗教、文学、艺术以及人们头脑中的传统观念等都是交互作用的。正如恩格斯所说："整个伟大的发展过程是在相互

---

① 《马克思恩格斯全集》第 1 卷，人民出版社 1956 年版，第 82 页。

作用的形式中进行的……这里没有任何绝对的东西，一切都是相对的。"① 正因如此，笔者认为，影响牙开村黎族习俗变迁的外部因素也至关重要。

1. 政治改革是牙开村黎族习俗变迁的"外部推力"

习俗作为政治生活的一个写照，是和政治导向、政府政策密切联系在一起的。中华人民共和国成立后，面对一穷二白、百废待兴的局面，国家为加快经济、社会、文化等各方面的发展，建立起了"总体性社会"。所谓"总体性社会"，是指"社会的政治中心、意识形态中心、经济中心重合为一，国家与社会为一体以及资源和权力的高度集中，使国家具有很强的动员和组织能力，但结构较为僵硬、凝滞"②。在这种社会体制下，国家力量处于绝对的强势地位，整个社会生活完全依靠国家机器的驱动。

在思想文化上，毛泽东强调："在建设社会主义社会的过程中，人人需要改造……劳动者也要改造。"③ 在实际的操作过程中，就是发动一系列社会运动，包括集体化运动、社会主义教育运动、"文化大革命"等。由于是国家发动的、民众被迫或自觉参与的政治运动，包含大量国家仪式性表演因素和象征形式，因此也被称之为国家仪式，它具有不容分说的强迫性。国家仪式的"文化表演"可以支配民众行为的社会与心理过程，对人们的命运实现操纵，使得国家权力与政治力量能够深刻而透彻地嵌入普通民众的日常生活之中。④

和其他黎族村寨一样，牙开村也受到运动的极大冲击，其大量的习俗被贴上了"落后习俗"的文化标签，遭受到了严厉批判与强行取缔。

---

① 《马克思恩格斯选集》第4卷，人民出版社1972年版，第486页。

② 孙立平、王汉生：《改革以来中国社会结构的变迁》，《中国社会科学》1994年第2期。

③ 《毛泽东文集》第7卷，人民出版社1999年版，第223页。

④ 郭于华：《民间社会与仪式国家：一种权力实践的解释——陕西骥村的仪式与社会变迁研究》，载郭于华主编《仪式与社会变迁》，社会科学文献出版社2000年版，第338—383页。

例如，黎族的传统服饰，在"破四旧、立四新"的口号声中被大量焚烧，传统宗教仪式被认为是迷信活动而被强行禁止，人们的民间信仰受到极大的冲击。在国家主导的文化模式"形塑"过程中，牙开村黎族习俗的完整性遭到极大的破坏。结婚时，黎族服饰只能偷偷地在晚上穿；丧葬中复杂的宗教仪式也被简单化、形式化，传统节日中载歌载舞的场面不再出现。

1978 年以后，随着改革开放政策的逐步实施，国家建构起相对宽松的政治环境，对各民族的影响主要通过国家政策的宣传等方式来实现。在牙开村黎族社会，人们的自主权得到增强，一些民间传统习俗重现，传统节日、宗教仪式等文化象征符号体系又开始活跃在社会中。这从某种意义上说是一种回归，是人们在长期压抑后的一种情绪性的释放。随着市场经济的建立，国家以更加开放的姿态积极引导人们解放思想，鼓励人们参与社会互动。村民们顺应时代的要求，积极地通过调适行为，对传统习俗进行了恢复和创新。

从整体上看，在牙开村黎族习俗 60 多年的变迁中，国家与社会的影响是巨大的。国家是自变量，发挥着主导作用，对民族习俗发起了有计划的变迁；相比而言，社会是因变量，因国家的势能、话语而进行理性的调适与改变。

2. 科学技术的发展是牙开村黎族习俗变迁的"基础动力"

在人类社会文化的发展过程中，科学技术占据着不可替代的重要地位。尤其是改革开放以后，科学技术的迅猛发展更是对整个社会产生了重大影响。学术界已经出现用科学技术发展程度的尺度来划分人类社会进程的思潮，例如，"第三次浪潮""后工业化社会""信息社会""知识经济社会"等。这些概念的提出和随之出现的种种理论，都明白无误地显示，科学技术正在成为国家和社会发展的重要动力。[①] 科学技术对习俗文化的影响体现在物质、制度及精神三个层面，而且是依次递进

---

① 孙小礼：《科学技术与世纪之交的中国》，人民出版社 1997 年版，第 210 页。

的，即是从文化和习俗的最外层开始，经中间层最后进入最内层，完成整个作用过程。

首先，科学技术对习俗结构的物质层次发生作用。在现代社会，科学技术为人们提供了大量的物质和文化生活用品，比如电话、电视、摩托车、电脑等，这些科技产品处在整个习俗系统的最外围，当科学技术作用于整个系统时，最先引起反应的就是整个结构中的物质层次。一些具有先进性、实用性和高效性的科技产品，会使人类的社会生产、社会生活和行为方式得到极大改善，人们可以直接从这些科技产品中感受到好处，这种吸引力是巨大的。

在整个牙开村，这种影响可以从下面的一组数据中得到体现。2009年，牙开村138户中，98户有摩托车，62户有耕田机，32户有压胶机，除此之外，还有电脑9台、收割机2台、货车2辆、面包车2辆。科学技术的发展使牙开村的生产、生活习俗发生了巨大变迁，比如20世纪50年代有"牛踩田"的传统耕作习俗，现在则用耕田机，方便、快捷、整齐。50年代用"手捻刀"来逐株收割稻谷，现在则用收割机逐排收割，生产效率大大提升。

其次，科学技术对习俗结构的制度层次发生作用。科学技术对习俗文化的影响，不会仅仅停留在物质层次上，它必然导致并影响制度层次发生变化。习俗文化结构的制度层次包括人类精神产品的非物质形式的对象化，如政治制度、教育制度等。[①] 科学技术的发展与社会的政治、经济制度是紧密相连的。科学成果的转化、应用与推广，需要变革科技成果的管理制度；而为了培养高层次的科学技术人才，就必须变革教育制度。

生产力发展和经济的增长，需要不断有新技术的出现，新技术的出现又进一步促进了制度改革。比如，随着冬季蔬菜种植技术、割胶技术

①　徐祥运：《论科学技术影响文化变迁的微观机制——兼论我国传统文化所面临的取舍》，《东莞理工学院学报》2009年第2期。

的出现，牙开村以种植水稻为主的传统农业受到冲击，原有社会的保障体系被打破，这就需要从制度层面规范各种生产行为，从而建立良性循环的农业发展体系。事实上，制度层次并不像物质层次那么活跃、易变，科学技术不可能很快动摇制度层次，它是现代科学技术产品本土化的过程。

最后，科学技术对习俗结构的观念层次发生作用。观念层次是文化结构中最核心的部分，是文化习俗结构的最里层，它主要是指文化心理状态，包括价值观念、道德情操、宗教情绪和民族性格，等等。价值观念是人们对自身需要及外部事物满足自身需要的意义的认识，它具有一定的社会性和历史性，随着社会历史的发展，价值观念也在逐渐改变。[1] 科学技术在对习俗文化结构的物质层次和制度层次产生影响后，最终会冲击到观念层次。例如在牙开村，现代科学技术的应用极大地提高了劳动生产率，给人们带来了丰富的物质产品，人们的闲暇时间增多，相应的精神文化需求也不断扩大，人们的消费观念也正在从物质消费为主变为以精神消费为主，人的价值观得到很大改变。

3. 大众传媒的普及是牙开村黎族习俗变迁的"加速器"

传播是习俗文化变迁的重要途径。文化特质和思想通过各种传播渠道被传递到接受文化的一方，产生影响，并促使接受方发生变化。马凌诺斯基认为："社区内部所引起的文化变迁是由于独立进化，不同文化接触产生的，文化变迁则由于传播。"[2] 在每个民族的文化中，都有很大部分是由传播而来的。美国人类学家林顿认为："一个民族的90%的文化来自于外族的传播和影响。"[3]

---

① 徐祥运：《论科学技术影响文化变迁的微观机制——兼论我国传统文化所面临的取舍》，《东莞理工学院学报》2009年第2期。

② B. Malinowski, *The Dynamics of Culture Change*, The Muray Printing Co., Forge Village, Mass., 1965, p. 1.

③ 转引自童恩正《人类与文化》，重庆出版社1998年版，第205页。

恩伯认为："一个社会的新文化要素的源泉也可能是另一个社会。一个群体向另一个社会借取文化要素并把它们融合进自己的文化之中的过程就叫做传播。借取有时能使一个群体在发展某个过程或建立某种机构时，绕过某些阶段或避免某些错误。"①

　　大众传媒在牙开村人的生活中扮演着越来越重要的角色，其中电视已经成为全村人获取信息的主要渠道。在对 70 户家庭的问卷中，有98％的人闲暇时间有看电视的习惯。除此之外，村委会每天早、中、晚都会通过广播播放新闻、法律类节目，人们可以很方便地获取信息。正如韦尔伯·施拉姆所言："现代传播方法进入传统村落之后所能产生的力量，是使所有见到过的人都不会怀疑的。"②

　　大众传媒对牙开村黎族习俗变迁的影响主要体现在以下三方面：一是大众传媒有力地推动了牙开村社会经济的发展。通过大众传媒的传播，农业新技术的应用，橡胶、瓜果、蔬菜等购销信息的传递，使牙开村人可以根据市场需要确定生产计划，大大提高了生产效益，经济发展的速度明显加快。二是大众传媒极大地丰富了牙开村人的精神生活。大众传媒让牙开村人的生活有了更多的选择，从而改变了过去除了做工就喝酒的生活习俗。同时，许多年轻人通过大众传媒学会了现代舞蹈、现代音乐，晚上也会到村里的露天舞厅休闲交友。三是大众传媒加快了牙开村人与外界的沟通。

　　美国社会学家罗吉斯和伯德格在《乡村社会变迁》中指出："大众传媒某种程度上可以补偿自然形成的乡村隔绝状态。报纸、杂志、广播和电视为农民传播了现代道德，大众传播开阔了农民的视野，传播了信息。"③ 在现代社会文化的较量中，文化宣传力是构成文化实力的重要

---

　　① ［美］C. 恩伯、M. 恩伯：《文化的变异》，杜彬彬译，辽宁人民出版社 1988 年版，第 535 页。

　　② ［美］韦尔伯·施拉姆：《大众传播媒介与社会发展》，费孝通译，华夏出版社 1990 年版，第 21 页。

　　③ ［美］埃弗里特·M. 罗吉斯、拉伯尔·丁·伯德格：《乡村社会变迁》，浙江人民出版社 1988 年版，第 333 页。

因素。通过大众传媒所呈现的各民族先进的文化、先进的思想及先进技术，使牙开村黎族不断地调适自己的生产生活。

4. 异质文化的传播是牙开村黎族习俗变迁的"外源动力"

文化选择行为的对象是多种文化可能，而各种文化体系之间必然存在着程度不同的内在特质或表现形式上的差异，这种差异的普遍存在称为文化间的异质性。相对于某一民族传统文化，外来的文化或文化现象即是异质文化。① 异质文化的到来，激发了文化主体对本文化的反思和再认识，从而相应地产生了或接纳、或抗拒、或犹豫的不同行为结果。

以德国文化圈学派和英国传播学派为代表的学者认为，外来文化的传播是文化变迁的根本原因。里弗斯（W. H. Rivers）在《美拉尼西亚社会史》的序言中就宣称："各族的联系及其文化的融合，是发动各种导致人类进步的力量的主要推动力。"②

笔者认为，上述观点忽视了接受文化系统本身的因素，有其不科学的地方。从牙开村实际情况来看，异质文化的传播只是加快其习俗变迁的外在动力。

异质文化在牙开村黎族中的传播，除了政府和媒体推介外，族际互动也是一种主要形式。通过升学、婚嫁等方式进入汉族地区和城市中的人越来越多。

特别是在改革开放以来，外出打工的人逐渐增多，他们的文化观念和行为不仅通过族际互动得到改造，而且通过探亲、返乡等各种方式，将城市和汉族地区的文化带回原地，改变着家乡人的传统生活方式和思想观念。如汽车、拖拉机、摩托车等现代交通工具的引入，改变了黎族传统的出行方式；手机、电话、网络等通信技术的应用，加强了黎族与外界的联系；收录机、电视机、影碟机及杂志报纸等的进入，进一步加

---

① 毛颖：《当代民族文化变迁中文化选择的外部动因》，《昆明冶金高等专科学校学报》2004年第1期。

② 转自引［苏］C. A. 托卡列夫《外国民族学史》，中国社会科学出版社1983年版，第167页。

速了文化信息的传递，等等。

当然，面对异质文化的侵入，牙开村人作为文化的传承主体，他们所表现出的对本文化的认同程度以及面对文化选择时的情绪状态是影响文化走向的关键因素。

比如道教在牙开村的传播，直接反映出牙开村黎族对原有民间信仰习俗所存在的认同问题。"花更少的代价，实现更好的效益"是牙开村人普遍的价值选择标准，而道教文化恰恰迎合了牙开村人的这一思维逻辑，因此很快被接受。但在精神层面并没有完全受道教影响，而是处于不断的试探过程中，因而有了目前存在的原始宗教文化与道教文化共同存在的状况。

第三节　牙开村黎族习俗变迁的趋势及其导引

一　变迁的趋势

从全球的经济发展来看，中国的城市（镇）化速度创造了新纪录。尤其是近十年来，中国城市（镇）化率每年大约提高 1 个百分点。这个速度远远超过了美国的城市（镇）化速度。2010 年，中央经济工作会议再次确定，国家的一系列政策将围绕城镇化逐步展开。可见，城镇化将是包括各少数民族地区在内的必然趋势。

城镇化也称城市化，是世界各国经济社会发展的必然产物和共同现象，是衡量一个国家和地区社会发展程度的重要标志。它是一个由生产力的发展所引起的，包括人类的生产方式、生活方式、思维方式和人口分布方式演变等在内的、复杂的经济社会文化变迁的过程。城镇化是一个社会或地区的文明进步最集中的表现，也是其变迁与发展的直接动力和必然道路。

但是，中国国土辽阔，不同地区之间自然条件、经济发展水平、社会文化差异较大，不但存在发达地区、中等发达地区、欠发达地区的巨大差异，而且各类地区内部、各民族之间也存在很大差异。因此，各个地方、各个民族城镇化的发展道路不能千篇一律，必须因地制宜，探索符合本地区、本民族特点的城镇化的发展道路和模式。

2009 年 12 月，《国务院关于推进海南国际旅游岛建设发展的若干意见》正式发布，由此，海南建设国际旅游岛的目标上升为国家战略。2010 年 6 月，《海南国际旅游岛建设发展规划纲要（2010—2020）》发布，对海南国际旅游岛的建设提出了具体工作安排。牙开村处于合亩制地区，拥有丰富的民族文化及生态资源，是海南国际旅游岛建设的重要组成部分。因此，牙开村以及周边地区应该会在这种背景下，走出一条独特的城镇化发展道路，即"旅游城镇化"道路。

"旅游城镇化"的概念是在"旅游城市化"的概念基础上提出的。"旅游城市化"（tourism urbanization）是由澳大利亚学者 Patrick Mullins 于 1991 年提出的，其主旨是"旅游业特别是旅游者消费带动了城市发展"。"旅游城镇化"则是受旅游业发展引发或驱动的城镇化现象和过程，属于城镇化多元发展和旅游业成熟发展的共同作用结果和综合表现，一般发生于城镇（市）旅游热点区域或旅游景区。

作为城镇化的一种重要类型，旅游城镇化表现为旅游经济和相关人流、物流、信息流会向旅游业相对发达区域的地理集中。而这种集中过程必然对在我国城乡二元格局中的乡村文化尤其是民族村寨文化的保护与传承带来新的影响。

在这种"旅游城镇化"发展的背景下，牙开村黎族习俗在宏观上会有如下变迁趋势。

第一，牙开村黎族习俗将面临多重选择。马克思和恩格斯指出："人们的观念、观点和概念，一句话，人们的意识，随着人们的生活条件、人们的社会关系、人们的社会存在的改变而改变。"① "旅游城镇化"将会使牙开村成为各种文化的汇合地，各种文化之间的交流、碰撞不可避免。牙开村黎族习俗的未来发展有三种选择：一是保持与外来

---

① 《马克思恩格斯选集》第 1 卷，人民出版社 1972 年版，第 270 页。

文化的对立和冲突，拒绝"旅游城镇化"；二是在"旅游城镇化"语境中放弃文化传统；三是进行积极的对话，寻求契合点，进而达到某种程度的融合。从牙开村黎族习俗变迁的历史规律来看，第一种选择显然是不现实的。第二种选择可能造成民族性的弱化，这是牙开村人所不能接受的。因而，对牙开村人而言，其未来习俗的变化更为可能的是消解文化冲突，并积极寻找与外来文化之间的共性，推进文化融合。

第二，牙开村黎族习俗将经历一个复杂的适应过程。在"旅游城镇化"背景下，牙开村黎族习俗不可避免也不能回避来自各种外来文化的冲击。面对外来文化，简单的取舍显然不符合牙开村黎族习俗变迁的规律，采取包容的态度应对承接，在思想上还是文化上更加符合牙开村黎族习俗的特点，更能促进牙开村经济社会发展，同时也会经历一个逐渐适应的过程。牙开村人在自身文化与外来文化的对比过程中，一方面会对本民族的文化进行重新认识和价值确认，另一方面会对外来文化进行甄别、筛选。在这个过程中，牙开村人会有意识地选择性吸收他们认为先进和优质的文化因子，并通过对自身文化的改造，在一系列采借、转换、涵化、整合过程中完成变迁和重构。

二　变迁的导引

历史唯物主义认为，习俗有其产生、发展和消亡的渐进过程，有其自身的发展规律，文化的融合、同化、重组和再生是人类社会发展的必然。"文明的所有手段或工具，都必须在人们追求当下目标的过程中证明其自身的效度，无效者将被否弃，有效者将被保留……随着旧的需求的满足以及新的机会的出现，新的目标也会不断出现。"[1]

事实上，牙开村所处的合亩制地区的社会变迁，已经不再可能是一个自然的变动过程，而是被赋予了"旅游城镇化"的价值标尺和追求

---

[1]　[英] 弗里德利希·冯·哈耶克：《自由秩序原理》，邓正来译，生活·读书·新知三联书店1997年版，第37页。

目标。从绝对意义上说，社会发展必然带来社会文化要素之间的暂时失衡，文化失调是社会发展过程中的必然现象。社会变迁越剧烈，文化失调也就越严重。在这种背景下，其变迁的复杂性可想而知，因变迁所带来的种种社会问题也会不断出现。

法国国家社会科学高级研究院研究员阿兰·图雷纳（Alain Touraina）就曾敏锐地观察到，"我们身在追求成就的社会，可也目睹人们向归属，向民族、族群、宗教、地方、性别和家庭的认同回归。所以就出现了脱钩——不妨说是身体与头脑、记忆与判断的脱钩。我们惯于称之为现代性、人道主义或民主的东西，请许可我重复一句，其特征乃是整合，决不是如某些人所声称的那种一分子对另一分子的侵略和胜利。今天，以在不断变化的市场社会中生活的人们为一方，以在富于侵犯性认同的个人或集体的文化中生活的人们为另一方，二者之间的鸿沟正在扩大"①。

值得注意的是，牙开村黎族习俗在"旅游城镇化"的过程中必然会遇到同样的问题。旅游一方面促使牙开村黎族传统习俗的正向变迁，使民族传统文化从现代文化中吸纳积极健康的因素，从而使民族文化与民族经济协调发展。与此同时，旅游所带来的一些负面效应也可能诱使习俗文化逆向变迁，使其健康的肌体不断被现代文明滋生出的一些不良现象所侵蚀。

这其实是人们在不完全具备面对生产与生活方式转型所必要的适应能力时所产生的问题。在一个社会习俗文化变迁中，正常的逻辑是以正向变迁为主流，负向变迁不会处于主要方向。如果一个社会负向变迁的现象大量出现，就说明这个社会的文化选择机制已经不再起作用。

如果出现类似发展趋势，就必须采取干预的措施。伍兹在《文化变迁》中所阐述的"指导变迁"给我们提供了一条可供借鉴的干预

---

① 中国社会科学杂志社：《社会转型：多文化多民族社会》，社会科学文献出版社2000年版，第32页。

道路。指导变迁是指个人或群体主动地和有目的地介入另一个民族的技术、社会和思想传统。[1] 指导变迁能否顺利实现，取决于变迁的推行者和接受者各自的"行动"与"反应"。伍兹认为，与接受者有关的三个重要因素是：接受者是否对新的文化成分一开始就感到需要，接受者是否看到采纳新的文化成分会带来实际利益，接受者的传统领导者是否参与和以身作则。如果所有这些因素或这些因素的多数是肯定的，那么新的文化成分就有可能被接受。[2] 指导变迁虽然曾经被用来为殖民统治服务，但在当代，它已经被广泛应用于帮助落后、贫困地区发展经济、促进教育、改善医疗状况等方面，并且发挥着重要作用。

对于如何通过指导变迁促进文化变迁，西方的相关观点主要包括 Robert Chin 和 Kenneth D. Belme 的经验理性策略、规范化再教育策略和权力强制策略，Richard E. Walton 主张的巧妙运用权力策略和增进互信友好的态度转变策略，Philip Kotler 的权力策略、说服策略和教育策略，Gerald Zaltlnan 和 Robert Duncan 的促进策略、再教育策略、说服策略和权力策略。[3] 这些策略分别适用于不同的社会文化环境，并不完全适合于牙开村黎族的习俗变迁，但从中我们可以获得以下启示。

第一，政府主导及典型带动。Philip Kotler 等人的权力策略认为，指导变迁需要借助制度内外的某些权力来实现。牙开村黎族普遍对政府部门有较强的信任感，无论是新作物品种的推广还是新型技术的应用，只要有政府部门的参与，便会加快原有习俗的变迁。但这种指导只是具有方向性，而且在具体的实施过程中也会产生偏差。因此，除了政府的主导外，还需要政府部门努力在一定区域内培养人才，特别是作为精英的知识分子，他们在客观需要、价值取向方面，很大程度上决定了习俗

---

[1]　［美］克莱德·M. 伍兹：《文化变迁》，何瑞福译，河北人民出版社1989年版，第65页。

[2]　同上书，第69—70页。

[3]　Steven Vago, *Social Change*. Peking University Press, 2005, pp. 364–368.

文化发展变化的方向。比如，鼓励牙开村黎族广泛种植冬季蔬菜时，可以在牙开村依靠一个或多个致富能人，由他们牵头种植，其影响力也会大大增强。

第二，加强信息的交流与沟通。一般情况下，人们对待新生事物总有一个观望及徘徊期。这段时期，每个人都在对新旧事物做比较或取舍。加强相互之间的信息交流，使被指导方深入了解到新事物的积极作用，将会使指导变迁的效果大大增强。比如牙开村黎族开始对于国家实行农村医疗合作制度是持怀疑态度的，但在乡镇及村干部的积极入户宣传工作的推动下，牙开村人对这一制度的优越性有了更深入的了解，其推广的难度会大大降低。

第三，充分借助传统权威的力量。精英人物由于其权威、视野与经验，经常可以对民族群体起到行为引导作用。[①] 传统社会中，牙开村黎族"奥雅"对于维护正常的生产、生活秩序起到过重要作用。一直到现在，其影响力虽然在逐步减弱，但在精神层面上，牙开村人仍然非常尊重他们。因此，在指导习俗变迁特别是精神层面习俗变迁时，要充分利用传统权威的力量。比如，牙开村的"圣"术实际上就是一种迷信，但在人们心目中它的影响力是巨大的，要彻底废除这些迷信行为，靠国家强制力推进很难实现，如果能够对村里的传统权威"奥雅"进行专门的教育及引导，并通过他们的行为来影响其他人，就会收到事半功倍的效果。

第四节　国际旅游岛建设与黎族习俗文化的保护利用

一　黎族习俗文化的当代价值

按照黑格尔（Hegel）的说法："一般说来，就是文化使民族形式

---

① 关凯：《现代化与少数民族的文化变迁》，《中南民族大学学报》（人文社会科学版）2002 年第 6 期。

实在化。"① 黎族习俗是黎族在长期共同的生产实践和交往过程中自发形成的一种错综复杂的社会文化现象。在一定历史时期，它在维系民族成员之间的理解与信任、促进民族间情感的凝聚，以及形成本民族生活、心理、性格、道德特征等方面起着重要的作用，保存着黎族精神和文化的精华。同样，这种带有传统印记的文化现象的当代价值也是不可估量的，体现在文化、经济、社会等多个领域，是值得发掘和发扬的。

1. 文化价值

黎族习俗的文化价值主要来源于黎族人的感情趋向、社会心理和价值观念等内在核心层面，其文化价值主要体现在以下几方面。

首先，黎族习俗是黎族文化的重要组成部分。黎族习俗是黎族人智慧的结晶，蕴含着丰富的文化信息、艺术养分和生活素材，是黎族文化不可或缺的营养元素。黎族习俗的传承，保证了黎族文化的延续性和持久繁荣。黎族习俗的变迁是黎族文化不断发展的依据。

其次，黎族习俗是黎族文化发展的源泉。人类文化发展的深刻规律，体现在传统因素与现代因素在文化积累中的并存状态。黎族文化的发展是建立在对传统文化进行实地调查和科学研究基础上的扬弃和超越。传统文化在创造中形成，又在创造中被突破、被创新而不断发展。比如，黎族习俗中所包含的人与自然之间、人与人之间和谐共生的精神内涵，如大公无私、助人为乐、尊老爱幼、廉洁自爱等文明风尚，恰恰能对现代文化的发展具有重要的启示作用。

最后，黎族习俗是黎族文化认同感形成的基石。黎族习俗真实地反映了黎族人民群众生产、生活实践，是他们易于并乐于接受的，也更容易使他们形成对于本民族文化的认同感。

2. 社会价值

作为一种文化形式，黎族习俗所内蕴的价值观念是经过反复演示、

---

① ［德］黑格尔：《法哲学原理》，范扬、张企泰译，商务印书馆1961年版，第355页。

不断传播并集体遵从的，在一定程度上具有维系民族团结、整合村落秩序、娱乐和教化民众等功能，其社会价值主要体现在以下几方面：一是有利于维系民族团结。民俗统一群体的行为与思想，使社会生活保持稳定，使群体内所有成员保持向心力与凝聚力。① 黎族习俗对黎族人来说有着特殊的感情，其情感的凝聚、道德的教化作用非常明显，尤其是黎族习俗中蕴含的优秀民族精神，更是培养、激发黎族成员民族自尊心和自信心、树立民族自豪感的重要因素，对于维系民族团结具有重要作用。二是有利于维持社会秩序。黎族习俗是黎族人对于社会生活的认识和经验的总结，当这种经验总结成为习惯进而发展成为普遍遵从的习俗之后，便发挥着普遍的约束，自然成为当地通行的社会规则，自动地维护着某种社会秩序。即便是在当代社会，黎族习俗也在人们的行为规范方面发挥着不可替代的作用。三是有利于娱乐和教化民众。黎族传统的民俗活动常常融入了人们的各种感情。民俗活动的开展过程中，人们可以通过娱乐、宣泄、补偿等方式，调剂生活和心理。同时，在某些黎族习俗中，通过对一个特定事物或事件的褒奖或鞭挞，完成价值观念的宣扬，也可以教化人心，匡正风气。

3. 经济价值

随着海南社会政治、经济、文化的发展，黎族传统文化的经济效应也日益凸显并受到极大关注，其经济价值是不可估量的。一是黎族习俗文化是海南发展旅游的核心竞争力之一。集民族性、地域性、历史性、艺术性于一体的黎族习俗文化，使海南旅游更加具有鲜明的特色，而这恰好是核心竞争力的关键。通过黎族习俗文化与旅游的结合，在旅游活动中渗入丰厚的文化底蕴和多彩的生活情趣，将有助于海南旅游业的快速深入发展，从而带动相关产业的整体发展，解决人们的就业、增收等问题。二是黎族习俗所内蕴的价值观念有助于经济的良性发展。经济的发展需要资金、实物、人的体力、智力的参与，同时也需要诚信等伦理

---

① 钟敬文：《民俗学概论》，上海文艺出版社1998年版，第30页。

道德形态的资本介入其中，而黎族习俗中所蕴含的诚信、互助等精神，无疑会促进社会经济的良性运转。

二　如何看待黎族习俗的变迁

对任何一个民族而言，习俗传统都是无法彻底割舍的，习俗文化所包含的魅力与价值，使得其必然会长期存在于人们的现实生活中。作为一种历史范畴，传统的习俗文化与现代文化的冲突也是不可回避的。笔者认为，习俗文化的发展要与时代同步，并不断注入新时代的元素，否则，任何一种习俗文化都会因为缺乏生命力而枯竭。因此，黎族习俗的变迁是必然的，这类变迁或者是"自适应"的，或者是"他适应"的。

应当指出的是，并不是所有的变迁都是向好的方面发展，有的变迁可能阻碍社会的发展。既然变迁并非都是符合社会发展规律的，我们研究这种变迁，除了适时记录习俗整个的变迁图像之外，更多地是想通过对这种变迁规律的认识来进行适当的干预或调适，以便使其更加符合客观规律。这里就涉及一个必须面对的问题，即习俗的发展究竟是要促进其民族特点更加发展、更加显著还是使其淡化或同化？这实际上是解决习俗的发展要不要讲求民族形式的问题。

有学者主张不讲求民族形式。理由是自然同化是进步的现象，引导一个民族的习俗向先进的民族同化是进步的，可以增进民族融合因素；有意培养民族特点，突出民族区别是没有必要的。

笔者认为，随着经济的发展，民族之间的交流更加密切，自然同化的机会也相应增多。但这并不是说民族习俗的特色就不要了。因为即便是民族之间的同化，也是一个互相渗透与影响的过程，而且一般情况下是渐进的过程。笔者认为，民族习俗除了要向文明、健康、有利生产等方向发展外，在形式上还要尽可能保留和发展其民族特色。有些习俗只要是群众喜闻乐见、符合该民族意愿的，可加以扶持、帮助，从而增强民族的认同感，促使他们更加热爱自己的民族。

三　国际旅游岛建设背景下黎族习俗的保护、开发与利用

随着海南国际旅游岛建设步伐的加快，海南黎族习俗传统将面临前所未有的现代文化及异域文化的全面冲击，这必然会加快整个合亩制地区，包括牙开村旅游城镇化的发展步伐。如何处理好黎族习俗保护、开发与利用，就成为现阶段迫切需要解决的问题。

现代旅游业的崛起，为解决习俗的传承与保护提供了一条很好的发展路径。正如王德刚所述，现代文化旅游是传统习俗文化传承与创新的重要方式。适当合理、可持续发展的旅游开发，是"复活"传统文化的重要手段和有效途径。旅游开发作为传统文化在现代社会的一种存在方式，不仅使一些失去生存土壤、即将消逝的传统文化得以保护和传承，而且能够激发传统文化的新发展——创造性发展。①

结合传统习俗文化而开展的旅游开发，在大多数民族都有过尝试，但在实际操作过程中还存在诸多问题。比如有的没有很好地梳理民族习俗文化资源，从而对什么是可以开发、什么是要讲究方式方法开发、什么是应该严格禁止开发的民族习俗文化资源，没有真正厘清。有的太注重于市场运作，从而使民族习俗文化表面化、庸俗化、商业化。有的为了迎合旅游者的口味或者满足某些旅游者猎奇的心理和低级趣味，有意夸大甚至伪造民族习俗，如性、暴力、奇婚异俗，等等。这些问题的出现说明，不合理的旅游开发给旅游地的民族习俗带来了消极影响和负面效应，民族习俗文化保护与旅游开发的矛盾正日益凸显。如何在国际旅游岛建设过程中避免类似的问题，进而实现旅游开发与黎族习俗文化的有机整合，笔者将结合本研究认真加以思考。

文化的生存环境是变化着的，产生于特定生存环境的黎族习俗文化也不可避免地随之产生变异，要想原汁原味地加以保护既不可能也没必

---

① 王德刚：《传承与变异——传统文化对旅游开发的应答》，《旅游科学》2006 年第 8 期。

要。黎族人趋于现代化的生活方式，是社会发展的大趋势，并非是人为能改变的。不能因为开发民族文化旅游，就要求所有的黎族人一律保持传统面貌，希望其生活方式永远守旧。如何通过旅游业合理、科学开发，既保持民族习俗文化特色，又能满足现代人旅游的需要，笔者认为，以下几方面需关注。

第一，加强理论研究，弄清黎族习俗文化的内涵。无论是哪一种习俗文化，都是黎族不可或缺的要素，构成了黎族的深层心理，联系着黎族的过去、现在和将来，都应该加以保护。但是，随着时代的变化，黎族习俗文化在适应现代化过程中会有着不同的表现特征，有的因不适应自身需要而逐渐消减，有的则会适应时代发展需要进行创新完善，因而其采取的保护与利用方式也不同。通过理论研究，掌握各种黎族习俗的特性，并加以分类，这是进行旅游开发的基础。

例如，通过黎族居住习俗中船形屋的研究，可以发现现代建筑无论从形式、质量、舒适度等角度都优于传统的船形屋，船形屋的消失不可避免。因此，对船形屋这种传统习俗文化就应该实行静态的保护方式，如在博物馆中陈列或在文化园中模拟展现。再比如，黎族织锦技艺因其需要有人的传承，就应该实现动态保护方式，可以结合新的技术，创新发展，并通过进入市场来加以保护。

第二，制订旅游规划，明确战略发展方向。如果说理论研究是拆分习俗文化的过程，那么围绕习俗文化制定旅游规划则是重新整合的过程。在整合过程中，要综合考虑三方面的因素：一是旅游业的发展是否能够与传统习俗的保护和发展相一致；二是旅游业的发展是否与社会发展相互促进；三是传统习俗的利用是否能够促进旅游业的持续发展。

笔者认为，如何利用传统习俗促进旅游业，以下几个思路可供借鉴：一是组织编排一台反映黎族发展历史的原生态大型民族歌舞文艺节目，开展商业演出，进一步展现黎族原生态文化的魅力和特色。二是可以考虑选择几个有显著变迁特点的黎族村寨，建设没有围墙的乡村生态博物馆，还原历史生活场景，并附以文字、图片或者视频介绍，既可以吸引旅游者参观，又可以让村里的黎族人近距离了解并记住过去的生活。三是与"一村一品"战略相结合。"一村一品"指一个村子或是一个社区创造一种品牌，主要宗旨是"立足本地，放眼全球"，即通过展现个性而形成品牌效应。比如，黎族山栏酒，味道与糯米酒、甜酒并没有太大区别，然而由于生产山栏酒的山栏稻属于稀缺资源，这就为形成品牌效应奠定了基础。如果在某个村寨种植山栏稻，酿制正宗的山栏酒，就可以实现品牌效应。

第三，营造文化氛围，增强黎族传统文化保护与传承的自觉性。民族文化资源的开发和保护不只是政府和专家学者的事，更重要的是广大群众的认同和参与。因此，要在整个黎族社会营造开发和保护民族文化的良好氛围。一是合理利用民族文化元素及非物质文化遗产，特别是本地的三月三和"七月七嬉水节"，打造具有黎族文化传统特色的节庆、建筑、标识和特定的自然场所品牌，扩大活动的参与面，让黎族尤其是广大黎族青年充分感受到本民族的习俗，进而自觉地从事文化保护。二是要通过招募本地高校或者民族院校的青年志愿者，以给当地中小学生上课的方式参与社会实践，宣传黎族传统文化，使当地黎族学生充分认识本民族的文化。三是以海南民族博物馆为依托，设立"流动博物馆"，定期走入黎乡村寨，将宣传教育触角向更深层次、更广方面延伸，从而激发他们热爱民族传统文化的兴趣，使他们自觉投身于传统习俗和传统文化的保护与开发中去。

第四，坚持以人为本，重点保护黎族习俗文化传承的核心力量。旅游开发与习俗文化保护的有机结合，关键要落实到人本身，因为任何习俗文化都是以人为载体来传承的，它本身就是活态的，而在其中关键核心的是传统文化的传承人。

保护好传承人包括以下四方面：一是健全文化传承人的保障机制，解除传承主体的后顾之忧，以提高传承人主动而毫无保留地传授技艺的自觉性；二是积极引导传承人拓展文化旅游市场，以凸显文化特有的现实生产价值，吸引中青年一代传承人自觉自愿地投身到传承活动中；三是健全常规培训体制，有计划、有步骤、有重点地面向社会、学校举办各类专题培训班，形成"一师授多徒，一徒学多师，一徒承多艺"的培训格局，避免传承遗漏或传承谱系单一的被动局面，以保证传承主体队伍的不断壮大和文化传承意识的可持续性延伸；四是采取对文化艺人发放生活补贴、评定技艺等级、表彰先进集体和个人等方法，对其进行鼓励，以提高黎族文化艺人的工作积极性。

第五，创新传承载体，不断发掘黎族习俗文化保护与开发的新途径。民族传统习俗文化是通过一定的形式和载体传承的。随着时代发展，以前的载体或者已经消失，或者与时代不相适应，正在失去其存在的条件。黎族传统习俗文化要顺应时代的发展，创新传承载体。首先是创新传承的技术手段。利用现代先进科学技术，拍摄关于黎族习俗的电影、电视剧、专题片，创建研究网站和宣传网站，开发与黎族习俗有关的动画、益智网络游戏等适合年轻人特点的娱乐项目。其次是创新传承的活动形式。可以借组织文化旅游节，在全国范围内开展有关黎族的征文、摄影、绘画等大赛，并且开发与黎族文化相关的服饰、徽标等相关旅游产品等。

结　语

　　时代要前进，社会要进步，文化要发展，这是不可抗拒的历史潮流。当历史的车轮势不可当向前运动时，人们的记忆也随之渐行渐远。60多年间，无论是自觉或不自觉、有意或无意、自愿或不自愿，牙开村黎族习俗在不可避免地发生着变迁，而且这种变迁仍将持续下去，不会因为某个人或某些人的影响而中止或者停止，只会表现出或快或慢的进度而已。从对牙开村习俗变迁的研究可以看出，牙开村黎族习俗虽然在一定程度上发生了变迁，但这种变迁并不是与传统习俗的彻底割裂，而是传统因素和现代因素的互渗、整合与重构。新旧特质互渗、适应，是牙开村黎族习俗变迁的基本方向。

　　牙开村黎族习俗的变迁，是在牙开村人对自然和社会的不断选择与适应的过程中完成的。这一过程看起来比较复杂、曲折、无序，从个别现象上看，还存在着暴风骤雨式变革的偶然性，但从整体来看，其变迁是有规律可循的。"模仿律"是笔者对牙开村黎族习俗变迁的规律性认识：群体内的某一个或某一部分人受创新思维的影响，产生了改变已有习俗的想法并付诸实施。其他人则在观望中不断调适自己的价值判断，进而出现不断重复模仿行为。当大多数相似的行为足以影响到整个习俗特质的变化，习俗就发生了变迁。其中包括创新、调适、模仿、整合等四个关键因素。

　　习俗是一定社会地域环境和生存方式的反映，不同的历史条件、自然环境、政治背景、经济环境、科学技术和文化传播等，都会对其变迁产生不同的影响。因此，习俗的变迁并不都是向正确的方面发展，有的变迁可能会促进社会发展，而有的则会阻碍社会的发展。"模仿律"的发现，将有助于我们更加有效地运用政府主导、典型带动、信息交流、传统权威力量的借助等策略，对黎族习俗变迁进行干预与调适，最终实现黎族习俗的合理、有序的转型。

海南国际旅游岛建设步伐的加快，包括牙开村在内的黎族习俗传统将面临前所未有的现代文化及异域文化的全面冲击，这必然会加快整个黎族地区"旅游城镇化"的发展步伐。在这种背景下，正确处理好黎族习俗文化的保护与传承、开发与利用的关系，是一个迫切需要思考的问题。

笔者以为，一个民族的习俗只有不断地适应时代发展的形势，适应人民群众生活的需要，才具有经久不衰的魅力、蓬勃旺盛的生命力和生生不息的传承力。当然，习俗的变迁并不是与传统习俗文化的彻底隔离和决裂的，应当在继承的基础上选择、吸收和包容，淘汰传统习俗中那些消极的因素，弘扬和传承那些积极的、优秀的因素。面向未来，不沉醉于对过去的眷恋，在变迁中走向兴旺发达的未来，才是文化变迁的真谛。

参考文献

一 史志资料

1. 《后汉书·南蛮传》，中华书局1980年版。

2. （宋）范成大：《桂海虞衡志》，文学古籍刊行社1955年版。

3. （宋）乐史：《太平寰宇记》，中华书局2007年版。

4. （宋）周去非：《岭外代答》卷二，《海外黎蛮》，广陵书社2003年版。

5. （明）唐胄纂：《正德琼台志》，海南出版社2003年版。

6. （清）张庆长：《黎岐纪闻》，光绪三年刻本。

7. （清）陈坤：《治黎辑要》，光绪庚寅年刻本。

8. （清）明谊修，张岳崧纂：《道光琼州府志》，海南出版社2003年版。

9. 符桂花主编：《清代黎族风俗图》，海南出版社2007年版。

10. 海南省民族学会：《黎族藏书》，海南出版社2009年版。

二 著作

1. 《马克思恩格斯选集》，人民出版社1972年版。

2. ［英］马凌诺斯基：《文化论》，费孝通译，华夏出版社2002年版。

3. ［英］艾伦·巴纳德：《人类学历史与理论》，王建民、刘源、许丹译，华夏出版社2008年版。

4. ［英］爱德华·泰勒：《人类学：人及其文化研究》，连树声译，广西师范大学出版社 2004 年版。

5. ［英］拉德克利夫－布朗：《社会人类学方法》，夏建中译，山东人民出版社 1988 年版。

6. ［美］乔森纳·特纳：《社会学理论的结构》，吴曲辉等译，浙江人民出版社 1987 年版。

7. ［美］露丝·本尼迪克特：《文化模式》，王炜等译，生活·读书·新知三联书店 1988 年版。

8. ［美］托马斯·哈定：《文化与进化》，韩建军、商戈令译，浙江人民出版社 1987 年版。

9. ［美］莱斯利·怀特：《文化的科学》，沈原等译，山东人民出版社 1988 年版。

10. ［美］克莱德·伍兹：《文化变迁》，何瑞福译，河北人民出版社 1989 年版。

11. ［美］罗伯特·F.墨菲：《文化与社会人类学引论》，王卓君译，商务印书馆 2009 年版。

12. ［美］埃弗里特·M.罗吉斯：《乡村社会变迁》，王晓毅、王地宁译，浙江人民出版社 1988 年版。

13. ［美］P.K.博克：《多元文化与社会进步》，余兴安等译，辽宁人民出版社 1988 年版。

14. ［美］史蒂文·瓦戈：《社会变迁》，王晓黎等译，北京出版社 2007 年版。

15. ［美］杜赞奇：《文化、权力与国家：1900—1942 年的华北农村》，王福明译，江苏人民出版社 2008 年版。

16. ［法］迪尔凯姆：《社会学研究方法论》，胡伟译，华夏出版社 1988 年版。

17. ［法］加布里埃尔·塔尔德：《模仿律》，何道宽译，中国人民大学出版社 2008 年版。

18. ［日］富永健一：《社会结构与社会变迁》，董兴华译，云南人民出版社 1988 年版。

19. 斯蒂文·郝瑞：《田野中的族群关系与民族认同》，广西人民出版社 2000 年版。

20. 费孝通：《中华民族多元一体格局》，中央民族学院出版社 1989 年版。

21. 费孝通：《乡土中国 生育制度》，北京大学出版社 1998 年版。

22. 费孝通：《江村农民生活及其变迁》，商务印书馆 2001 年版。

23. 林耀华主编：《民族学通论》，中央民族大学出版社 1997 年版。

24. 麻国庆：《走进他者的世界》，学苑出版社 2002 年版。

25. 庄孔韶主编：《人类学通论》，山西教育出版社 2003 年版。

26. 宋蜀华、白振声：《民族学理论与方法》，中央民族大学出版社 1998 年版。

27. 宋蜀华：《中国民族学理论探索与实践》，中央民族大学出版社 1999 年版。

28. 汪宁生：《文化人类学调查》，文物出版社 1996 年版。

29. 林惠祥：《文化人类学》，商务印书馆 1990 年版。

30. 黄淑娉、龚佩华：《文化人类学理论与方法》，广东高等教育出版社 2004 年版。

31. 吴仕民主编：《中国民族理论新编》，中央民族大学出版社 2007 年版。

32. 徐杰舜主编：《族群与族群文化》，黑龙江人民出版社 2006 年版。

33. 徐杰舜、许立坤主编：《人类学与中国传统》，民族出版社 2006 年版。

34. 周大鸣编：《中国的族群与族际关系》，广西民族出版社 2002 年版。

35. 金炳镐：《民族理论通论》，中央民族大学出版社 1994 年版。

36. 乌丙安：《中国民俗学》，辽宁大学出版社 1985 年版。

37. 王明珂：《华夏边缘：历史记忆与族群认同》，允晨文化实业公司

1997 年版。

38. 王明珂：《羌在汉藏之间：一个华夏边缘的历史人类学研究》，联经出版事业股份有限公司 2003 年版。

39. 徐平：《大瑶山七十年变迁》，中央民族大学出版社 2006 年版。

40. 徐平：《羌村社会：一个古老民族的文化和变迁》，中国社会科学出版社 1993 年版。

41. 夏建中：《文化人类学理论学派》，中国人民大学出版社 1997 年版。

42. 钟敬文主编：《民俗学概论》，上海文艺出版社 1998 年版。

43. 郑杭生主编：《社会学概论新修》，中国人民大学出版社 2003 年版。

44. 风笑天：《社会学研究方法》，中国人民大学出版社 2004 年版。

45. 吴泽霖：《人类学词典》，上海辞书出版社 1991 年版。

46. 候钧生主编：《西方社会学理论教程》，南开大学出版社 2001 年版。

47. 雷振扬：《马克思主义社会发展理论与中国社会发展问题研究》，民族出版社 2002 年版。

48. 雷振扬主编：《民族学人类学论坛》（第一辑），民族出版社 2006 年版。

49. 段超：《土家文化史》，民族出版社 2000 年版。

50. 柏贵喜：《转型与发展——当代土家族社会文化变迁研究》，民族出版社 2001 年版。

51. 高丙中、纳日碧力戈等：《现代化与民族生活方式的变迁》，天津人民出版社 1997 年版。

52. 于建嵘：《岳村政治：转型期中国乡村政治结构的变迁》，商务印书馆 2001 年版。

53. 李伟：《民族旅游地文化变迁与发展研究》，民族出版社 2005 年版。

54. 王善超：《关于人的理解》，河南人民出版社 2011 年版。

55. 王铭铭：《村落视野中的文化与权力：闽台三村五论》，生活·读书·新知三联书店 1997 年版。

56. 梁漱溟：《乡村建设理论》，上海世纪出版集团 2006 年版。

57. 张世文：《农村社会学调查方法》，商务印书馆 1947 年版。

58. 徐平：《文化的适应与变迁：四川羌村调查》，上海人民出版社 2006 年版。

59. 王义祥：《当代中国社会变迁》，华东师范大学出版社 2006 年版。

60. 严昌洪：《20 世纪中国社会生活变迁史》，人民出版社 2007 年版。

61. 巫达：《社会变迁与文化认同》，学林出版社 2008 年版。

62. 韦茂繁等：《苗族文化的变迁图像：广西融水雨卜村调查研究》，民族出版社 2007 年版。

63. 刘玉照、张敦福、李友梅：《社会转型与结构变迁》，上海人民出版社 2007 年版。

64. 原中国科学院广东民族研究所、原中国科学院民族研究所广东少数民族社会历史调查组：《黎族古代历史资料》，海南出版社 2016 年版。

65. 邢关英：《黎族》，民族出版社 1990 年版。

66. 中南民族学院编辑组编：《海南岛黎族社会调查》，广西民族出版社 1992 年版。

67. 符和积主编：《黎族史料专辑》，南海出版社 1993 年版。

68. 吴永章：《黎族史》，广东人民出版社 1997 年。

69. 黎雄峰：《海南社会简史》，海南出版社 2003 年版。

70. 王学萍主编：《中国黎族》，民族出版社 2004 年版。

71. 王建成主编：《首届黎族文化论坛文集》，民族出版社 2008 年版。

72. 王养民、马姿燕：《黎族文化初探》，广西民族出版社 1993 年版。

73. 邢关英：《黎族》，民族出版社 2005 年版。

74. 苏英博等主编：《中国黎族大辞典网》，中山大学出版社 1994 年版。

75. 孙有康、李和弟：《黎族创史诗五指山》，暨南大学出版社 1990 年版。

76. 邢植朝：《黎族文化溯源》，中山大学出版社 1993 年版。

77. 高泽强、文珍：《海南黎族研究》，海南出版社 2008 年版。

78. 高泽强、潘先锷：《祭祀与避邪——黎族民间信仰文化初探》，云南民族出版社 2007 年版。

79. 苏海鸥、符震编：《黎族情歌选阅》，花城出版社 1982 年版。

80. 龙敏、黄胜招编：《黎族民间故事集》，南海出版公司 2002 年版。

81. 王学萍主编：《五指山五十年》，海南出版社 1999 年版。

82. 李旭：《五指山南麓：黎族》，云南人民出版社 2003 年版。

83. 陈立浩等主编：《海南民族文学作品选析》，南海出版公司 1992 年版。

84. 华子奇、陈立浩主编：《五指山风韵》，南海出版公司 2003 年版。

85. 王海、江冰：《从远古走向现代——黎族文化与黎族文学》，华南理工大学出版社 2004 年版。

86. 张俊豪：《黎族》，中国水利水电出版社 2004 年版。

87. 张跃、周大鸣主编：《黎族：海南五指山市福关村调查》，云南大学出版社 2004 年版。

88. 《黎族简史》修订本编写组：《黎族简史》，民族出版社 2009 年版。

89. 詹慈编：《黎族研究参考资料选辑》，广东省民族研究所 1983 年版。

90. 王国全：《黎族风情》，广东省民族研究所 1985 年版。

91. 陈秋云：《黎族传统社会习惯法研究》，法律出版社 2011 年版。

92. 韩立收：《查禁与除禁：黎族禁习惯法研究》，上海大学出版社 2011 年版。

93. 叶英萍：《黎族习惯法——从自治秩序到统一法律秩序》，社会科学文献出版社 2012 年版。

94. 王献军、蓝达居、史振卿主编：《黎族的历史与文化》，暨南大学出版社 2012 年版。

95. 王玉芬主编：《番茅村调查》，中国经济出版社 2012 年版。

96. 卿志军：《电视与黎族生活方式的变迁》，中国传媒大学出版社 2013 年版。

97. 韩立收：《不落夫家：黎族传统亲属习惯法》，法律出版社 2015

年版。

98. 王献军、张继环、张秀坤、王瑞选编：《黎族现代历史资料选编》（第一辑），海南出版社 2016 年版。

99. David Gartman, "Bourdieu's Theory of Cultural Change: Explication, Application, Critique", *Sociological Theory*, 2002.

100. Steven Vago, *Social Change*, Peking University Press, 2005.

三　论文

1. 邢关英：《黎族的母权制遗风》，《中央民族大学学报》（哲学社会科学版）1983 年第 2 期。

2. 符和积：《黎族女子"不落夫家"婚俗浅析》，《社会科学战线》1988 年第 2 期。

3. 潘善武：《海南文化重构断想》，《海南师范学院学报》（社会科学版）1989 年第 4 期。

4. 刘明真：《从黎族的亲属称谓看其婚姻制度的演变》，《广东民族学院学报》1988 年第 2 期。

5. 于幼军：《马克思的社会发展理论及其当代价值》，《中国社会科学》1998 年第 4 期。

6. 王一民、林木林：《黎族风俗习惯改革之我见》，《新东方》1998 年第 6 期。

7. 吴永章：《黎族史散论》，《民族研究》2000 年第 6 期。

8. 瞿明安：《社会转型中的民族文化适应机制》，《贵州民族研究》2000 年第 4 期。

9. 王家忠：《论海南历史文化》，《海南师范学院学报》（人文社会科学版）2000 年第 3 期。

10. 郑晓云：《论全球化与民族文化》，《民族研究》2001 年第 1 期。

11. 朱竑、曹小曙、司徒尚纪：《海南文化特质研究》，《中山大学学报》2001 年第 4 期。

12. 马翀炜：《社会发展与民族文化的保护》，《广西民族研究》2002 年第 1 期。

13. 关凯：《现代化与少数民族的文化变迁》，《中南民族学院学报》（人文社会科学版）2002 年第 6 期。

14. 郑晓云：《日本民族传统文化的保护及其启示》，《云南民族学院学报》（哲学社会科学版）2002 年第 5 期。

15. 熊云辉、土洪兰、黄玲：《传承与发展——海南黎族婚俗的调查》，《湖北民族学院学报》2003 年第 4 期。

16. 姚丽娟：《浅淡海南岛黎族妇女民俗文化》，《中央民族大学学报》（哲学社会科学版）2003 年第 6 期。

17. 何星亮：《对传统与现代及其相互间关系的阐释》，《中央民族大学学报》2003 年第 4 期。

18. 许嘉璐：《论民族文化的雅与俗》，《北京师范大学学报》（社会科学版）2003 年第 4 期。

19. 李学江：《民族文化的发展变迁与少数民族文化旅游》，《宁夏社会科学》2003 年第 4 期。

20. 何志魁：《试论少数民族传统文化保存的理论依据》，《青海社会科学》2004 年第 1 期。

21. 段超：《关于民族传统文化创新问题的调查与思考——湖北民族地区民族传统文化创新调研报告》，《江汉论坛》2005 年第 11 期。

22. 石奕龙：《浅谈民族传统文化保护的若干问题》，《中央民族大学学报》2005 年第 1 期。

23. 王海：《碰撞中的交融与传承——试论黎族文化的特点及成因》，《华南师范大学学报》（社会科学版）2005 年第 3 期。

24. 王海：《黎族文化研究著述概评》，《西南民族大学学报》（人文社会科学版）2005 年第 7 期。

25. 黄学魁：《浅议黎族传统文化的几个特点》，《琼州大学学报》2005 年第 1 期。

26. 孙绍先：《"现代化"辐射下的民族文化抉择——以海南黎族为例》，《文艺争鸣》2006 年第 3 期。

27. 江冰：《试论现代化与全球化双重撞击下的黎族文化》，《海南师范学院学报》（社会科学版）2006 年第 4 期。

28. 陈光良：《论海南少数民族地区经济社会的演变——以黎族"合亩制"为例》，《海南大学学报》2006 年第 4 期。

29. 唐启翠：《歌谣与族群记忆——黎族情歌的文化人类学阐释》，《海南大学学报》（人文社会科学版）2007 年第 4 期。

30. 焦勇勤、杨德禧：《黎族"三月三"起源传说的文化内蕴》，《海南师范学院学报》（社会科学版）2006 年第 4 期。

31. 吴昊：《旅游对民族地区文化变迁的影响》，《经济与社会发展》2006 年第 5 期。

32. 罗文雄：《海南省民族地区现代化与民族文化保护》，载《中国民族文博》（第一辑），民族出版社 2006 年版。

33. 付·吉力根：《浅析旅游开发对民族文化变迁的影响》，《北方经济》2007 年第 5 期。

34. 龚锐：《断裂与重建——民族旅游开发与民族文化的再构建》，《贵州民族学院学报》（哲学社会科学版）2007 年第 5 期。

35. 阿迪力·买买提：《少数民族地区的社会转型与民族关系的调整研究》，《民族论坛》2008 年第 3 期。

36. 何明：《当下民族文化保护与开发的复调逻辑——基于少数民族村寨旅游与艺术展演实践的分析》，《云南师范大学学报》（哲学社会科学版）2008 年第 1 期。

37. 杨昌儒：《民族文化重构试论——以贵州布依族为例》，《贵州民族研究》2008 年第 1 期。

38. 卢家鑫：《原生态民族文化旅游开发及民族文化传承与发展》，《贵州师范大学学报》（自然科学版）2008 年第 1 期。

39. 曹端波：《旅游发展中民族文化的保护与开发》，《贵州社会科学》

2008 年第 1 期。

40. 童星：《论马克思的社会发展理论》，《江苏大学学报》（社会科学版）2009 年第 6 期。

41. 把多勋、王俊、兰海：《旅游凝视与民族地区文化变迁》，《江西财经大学学报》2009 年第 2 期。

42. 关丹丹、陈秋云：《习惯法视野下的黎族女性地位》，《行政与法》2009 年第 5 期。

43. 蔡志荣：《民俗文化的当代价值》，《西北民族研究》2012 年第 1 期。

44. 董国皇：《论黎族传统文化的传承与发展》，《四川民族学院学报》2012 年第 1 期。

45. 文珍：《黎族传统饮食的文化解读》，《民族论坛》2012 年第 20 期。

46. 亚根：《当代黎族的婚恋观及婚姻成立条件》，琼州学院学报 2013 年第 1 期。

47. 詹贤武：《黎族文化变迁中的主体立场》，《新东方》2013 年第 3 期。

48. 龙借琼、陈思莲：《论旅游开发与海南黎族文化的变迁与保护——以海南省五指山市水满乡为例》，《中央民族大学学报》（哲学社会科学版）2013 年第 3 期。

49. 冯琼：《民俗传播与集体记忆建构：以黎族"三月三"为例》，《现代视听》2014 年第 3 期。

50. 谢东莉：《黎族祖先崇拜论略》，《青海民族研究》2014 年第 4 期。

51. 李巍：《黎族婚姻习惯法与国家法冲突管窥——以海南四个黎族村寨为视点》，《海南大学学报》（人文社会科学版）2014 年第 1 期。

52. 王振威：《嗜酒习俗与原始宗教信仰的现代维系——以黎族杞黎地区为例》，《贵州民族研究》2014 年第 11 期。

53. 童玉英：《道公与娘母：侾黎宗教神职人员的分类及职能——基于对海南省头塘村的调查》，《湖北民族学院学报》（哲学社会科学版）2015 年第 3 期。

54. 张宝元：《〈桂海虞衡志〉所涉黎族文化生态解读》，《原生态民族
文化学刊》2017 年第 4 期。

55. 王敏：《海南黎族村寨社会变迁及其动因分析——基于海南省乐东
县头塘村的田野调查》，《北华大学学报》（社会科学版）2017 年第
3 期。

后 记

终于可以安静地坐下来写一些感性的文字，为过往的岁月留下痕迹。

本书是在我博士学位论文基础上修改而成的。2012 年 6 月，我顺利通过博士论文答辩。导师和答辩委员们给我提出了许多针对性极强的意见和建议。围绕这些意见和建议，我又连续两次返回牙开村做补充调查，进一步对论文进行修改完善。回首往昔，我未曾想过博士求学之路如此艰辛，需要克服遥远的路途，需要适应陌生的环境，需要融入真实的生活，需要忍受学术的寂寞。而更为艰难和痛苦的是论文的写作过程，真有点像"山穷水尽疑无路，柳暗花明又一村"的境遇，不断地遇到"瓶颈"，又不断地突破；不断地遭遇困难，又不断地克服。在这个过程中，心情也随之起起伏伏、跌跌宕宕，时而穷途末路，时而豁然开朗。

如今，这本书稿有幸付梓，我的心中充满了收获的喜悦，此时的我除了思绪澎湃、感慨良多之外，更多的是发自肺腑的感激之情。

中南民族大学雷振扬教授以他严谨求实的治学态度、广博精深的学术水平、诲人不倦的育人精神和海纳百川的宽厚胸襟深深影响、启迪着我，使我终身受益。在许多时候，老师既是一位严师又更像一位慈父，不仅为我的学术研究倾注了大量的心血，还为我树立一个要做学问先做人的榜样。无论是田野点的选择、论文主题的确定还是拟定提纲，再到撰写，都倾注了老师大量的时间和精力。特别在论文的修改定稿阶段，老师更是与我反复斟酌探讨，甚至是逐字逐句地修改、订正，耗功甚巨。书稿写作过程中，段超教授、李俊杰教授、田敏教授、许宪隆教授、柏贵喜教授、李吉和教授都提出了许多宝贵的意见和建议。此情此景历历在目，终生难忘。

感谢海南省民族研究所、海南省民族博物馆、海南省民族学会、五指山市、毛阳镇的各位领导和专家学者。可以说没有他们的支持和帮助，就没有我今天的研究成果。感谢牙开村的众多父老乡亲，特别要感谢的是毛路村党支部书记王忠及妻子王英容，他们总是不遗余力地为我精心安排食宿，协调调研。

此外，在论文写作期间，我还得到了多位学校领导、专家学者的指点，得到了许多师兄师姐师弟师妹、亲朋好友的关心与帮助，恕我不能一一列出，但我要向你们郑重地道一声：谢谢！

最后，我还要感谢我的家人。尤其是我的妻子，她不仅给了我一个温暖的家，而且还十分支持我的工作学习，努力做好后勤保障工作，让我能心无旁骛地专心学术研究。她的温柔和包容，是我生命中最美好的礼物。

学术之道，博大渊深，我的管窥之见还需要不断完善。对于老师们的很多建议和要求，虽万分珍惜，努力遵循，可能仍无法完全达到，深感惭愧。对于论文而言，这是一个句号；对于学术和人生而言，这又仅仅是一个小小的分号，代表着新起点的到来。学术之路漫漫，人生之路漫漫，我仍然需要不断地努力求索。

范 军

于中南民族大学南湖畔

2018 年 5 月 20 日